古代歷史文化 研究輯刊

十二編

王明蓀 主編

第 8 冊

中國古代君臣觀研究

楊晉娟 著

國家圖書館出版品預行編目資料

中國古代君臣觀研究／楊晉娟 著 -- 初版 -- 新北市：花木蘭文
化出版社，2014〔民 103〕
目 2+210 面；19×26 公分
（古代歷史文化研究輯刊 十二編；第 8 冊）
ISBN 978-986-322-888-2（精裝）
1.中國政治制度
618   103013894

ISBN-978-986-322-888-2

9 789863 228882

古代歷史文化研究輯刊
十二編　第八冊　　　　　　　　　ISBN：978-986-322-888-2

中國古代君臣觀研究

作　　者　楊晉娟
主　　編　王明蓀
總 編 輯　杜潔祥
副總編輯　楊嘉樂
編　　輯　許郁翎
出　　版　花木蘭文化出版社
社　　長　高小娟
聯絡地址　235 新北市中和區中安街七二號十三樓
　　　　　電話：02-2923-1455 ／傳真：02-2923-1452
網　　址　http://www.huamulan.tw 信箱 hml810518@gmail.com
印　　刷　普羅文化出版廣告事業
初　　版　2014 年 9 月
定　　價　十二編 20 冊（精裝）新台幣 38,000 元
版權所有・請勿翻印

中國古代君臣觀研究

楊晉娟　著

作者簡介

楊晉娟，女，1984 年生，山東臨沂人，哲學博士，畢業於南開大學哲學院，現執教於臨沂大學法學院，從事中國政治哲學、法律文化方面的研究。

提　　要

　　君臣關係是傳統政治文化中的重要組成部分，在中國長達兩千多年的封建史的長河中，鮮有比較融洽的君臣關係，而貞觀君臣卻是被後世推崇的君臣典範。本書以貞觀君臣爲例來探討古代君臣關係，既揭示出傳統君臣觀的內容，又進一步挖掘了中國傳統政治文化的特徵。

　　本書將君臣觀設置在天──君──臣──民的四維模式中，來探討君臣的治國思想、政治理想、政治倫理。天命、天道構成了傳統君臣觀的形上基礎，其中天作爲神聖的仲裁者解決了君權的合法性和政治權威的來源問題；君臣傚仿天道建立政治秩序，天道也爲君臣的政治理想奠定了理論基礎。君主要踐行天道成就一番功業、德業才能獲得聖王的稱號，而士大夫們也以弘揚天道作爲自己的政治理想，完成安民止亂的政治使命。良好的君臣關係離不開君臣雙方的共同努力，君主要踐行君道、完善君德來保障良好政治氛圍的實現，而爲官者則要提高官德，以大忠行大義，完善仁、智、勇三達德。君臣關係中最容易被忽略的是民的存在，傳統政治文化中民心、民意是政治統治的風向標，是天視、天聽的理論代言人，而在現實的制度設計中卻並沒有賦予民以任何政治權利，民失去了天所賦予的神聖性，恰恰因爲民的被動消失，使得天通過民所應起到的監督作用消失，君臣在互相猜忌、防範的過程中很容易走入困境。

　　反思傳統君臣觀，我們發現要實現君臣觀的現代轉換，必須以公民身份、公民心態取代臣民身份、臣民心態，在實現臣民文化向公民文化轉變的過程中以民主取代專制、以平等取代等級觀念，保障個體平等、自由而有尊嚴的生存。

目次

緒　論

　　君臣觀是我國傳統政治文化的重要組成部分，在現代，隨著民主共和時代的來臨，君臣關係所依存的政治制度、經濟制度和社會結構等都發生了改變，它在形式上隨著君主制度被丟入歷史的垃圾堆中。但是傳統君臣觀念所導致的某些政治文化還依舊殘留於社會環境和人的觀念之中，普通百姓依舊存有把官員當做父母官的意識，而一些政府官員同樣還有替民做主或恃權壓民的習慣，使得社會思想觀念和政府管理極不適應時代發展的要求。因而探討古代君臣觀的形成和演變，分析其產生的機制和弊端，有利於我們揭示傳統政治文化的特點，更深入地認識現實社會政治，更好地推動我們現代政治文化的建設與發展。

　　貞觀之治是歷史上有名的盛世，大唐王朝雖然開國艱辛，但是經過唐太宗及其群臣的奮發努力，在其統治期間內吏治清明，文化繁榮，疆域遼闊，他們也因此得到了後世帝王和士大夫的讚頌。貞觀君臣是這一治世的共同締造者，他們相處融洽，對政治理想和政治倫理的共同認識和踐履成為古代史上的典範，並以「貞觀故事」之名留垂青史，為後人所津津樂道。他們因何成為典範？貞觀君臣是怎樣做的？理想的君臣關係又是如何？為什麼歷史上鮮少能達到？對這些問題的分析和解釋，不僅可以豐富我們對古代君道、臣道的認識，也可以更全面地認識傳統政治文化中天、君、臣、民的政治地位，有助於我們以史為鑒，從中吸取治國的經驗、教訓。

　　君臣關係不僅是社會政治生活中的重要內容，同時它還是傳統儒家思想中所認定的人生必需的五種社會倫常關係之一。在中國早期的宗法政治裏，家國同構的社會形態下，齊家與治國、平天下並舉，因而在後起的儒家思想

中，對君之忠和對父之孝並列，尋忠臣於孝子之家，忠孝雙全也成爲傳統文化的美德。對於傳統儒者士大夫來說，積極投身政治、忠君奉國、建功立業、光宗耀祖，成爲他們自我實現的理想與目標。因而，出仕爲官成爲儒者自我實現的必然途徑，這個特點也成爲傳統儒家知識分子的典型特徵。那麼，我們今天通過探索貞觀之際的君臣觀，不僅對於我們理解傳統政治的本質具有極大的幫助，同時也對於我們探索傳統儒者的自我實現之路，以及今天現代知識分子的轉型具有重要意義。

第一節　君臣觀的選題意義

反思君臣觀，首先要弄清楚君臣觀所涉及的內容，並考察君臣觀的產生、演變，在與西方君臣觀的對比中，揭示我國傳統君臣觀的特點及君臣觀的研究意義。

一、君臣觀的內容

君臣觀是傳統政治文化中的重要內容，它的核心是考察君臣關係、君臣道德等問題，但是因君臣關係的特性，它又延及其他政治文化內容。在傳統政治文化中，構建君臣關係的理論基礎和統治權威的來源都被歸爲天命，君臣所共同面臨的對象就是作爲被統治者的普通百姓，因而傳統的君臣觀必然要涉及天、君、臣、民四者。所以，對君臣關係的考察，實際上也就是分析四者在政治文化中的地位及四者之間的關係。

（一）君臣關係的性質

1. 君臣關係首先是政治關係。政治必然涉及權力、階級和利益等問題，政治的目的即是要解決這一問題：誰掌握國家權力，他依何種價值原則來進行利益的分配。對這一問題的不同認識和解決產生了不同的政治體制和政治理念。

國家權力的不同組織形式，產生了不同的政治體制，如君主制、共和制。在我國古代社會，君主掌握了神授的國家權力，這就解釋了國家的起源和君主統治的合法性等問題，他對權力的認識和行使，解釋了利益分配、統治階級和被統治階級的關係等問題。因而君主制下，君主成爲政治文化的核心，君臣作爲統治階層，他們對權力的分配、及自身職責的界定產生了各種政治

制度，如宰相制、三省六部制。因而對君臣關係的探討，有助於我們分析古代君主如何認識和使用權力，如何處理君民、君臣關係等問題。

我國古代社會將君主制設定爲必需的存在，因而古代的思想家主要是論證君主應以何種價值原則來進行社會的治理，從而產生了德治、無爲、法治等治國思想，所以，對古代君臣關係的探討，也有助於我們進一步分析古代政治文化的特點。

2. 君臣之間的關係是上下關係，也是尊卑關係。在我國傳統文化中，君尊臣卑是君臣關係的一個基本論調，但是卻呈現出不同的君臣相處之道。隨著君主專制程度的加強，君臣之間尊卑劃分也越來越嚴格。在春秋戰國、秦漢、魏晉、宋明時期產生了幾次重大的變革，先秦時，孔子倡導「君使臣以禮、臣事君以忠」體現了君臣互相禮待的關係，秦朝建立中央集權制度之後，君主樹立起絕對的權威，並通過制度強化了君尊臣卑的關係，經漢朝三綱五常觀念的提倡，更是提高了臣民的忠君觀念，但到東漢後期，因選官制度、門閥世族等現象的存在導致了「二重君主觀」的產生，「因郡吏由太守自闢，故郡吏對太守，其名分亦自爲君臣。或稱太守曰『府君』，乃致爲之死節。除非任職中央，否則地方官員的心目中，乃至道義上，只有一個地方政權，而並沒有中央的觀念。甚至即已近身爲中央官，仍多爲其舉主去官奔喪。」〔註1〕唐宋科舉制度盛行後，由科舉而入仕的臣子都成爲天子門生，逐漸消解了這一現象，天子成爲臣子唯一效忠的君上。明清時期隨著君主專制的加強，臣子的地位逐漸降低，君臣之間的尊卑關係進一步深化，主僕關係勝於政治關係。

我國傳統政治理論也塑造了幾種不同的君臣關係類型：君臣道合、君臣義合、君臣利合。以道合者，君臣是天道、王道的踐履者，他們以君主臣鋪的方式來實現君臣共治，雙方是接近平等的師友關係，也是同道關係，他們擁有強烈的使命感和責任感。雙方能夠自覺地以公爲原則，以天下爲己任，完成天之所命——安民止亂。

君臣之義，源自禮制的要求，雙方按著禮所規定的君臣名分而行，完成君臣關係所內定的義務，禮之義要求君仁臣忠，君主以禮待臣，臣子應恪盡職守，做符合臣子身份的事情，不要僭越君臣之禮，禮之義對君臣都有一定的限製作用。君臣道合傾向於君臣面對萬民、天下之事時所共同具有的擔當精神和爲公之心，而君臣義合傾向於君臣在相互對待時所應具有的倫常德

〔註1〕錢穆：《國史大綱》，商務印書館，1996年版，第217～218頁。

性。「天道」、「道」將君臣置於所應共同遵守的規則之下，而「義」，則是等級禮制下君令臣行的言行規範原則，而此「禮」也將君臣關係轉變爲倫理父子關係，用道德感情來約束君臣。宋明時期，將君臣關係內化爲天道、人性之中，體現了君臣道義相合的特點，道體現在具體的義行之中，義以道爲最終價值。但在具體的實施過程中，君臣之道義被權勢者誤用，導致了愚忠愚孝的現象，失去了本來所具有的批判性和超越性。

君臣利合，即是君臣爲了某種利益建構君臣關係，此「利」可以是社會大利——公義，也可以是個人私利。以公義言，則君臣政治理想即是爲了天下百姓，以此爲基礎建立一番功業、德業留給後世子孫，此時君臣是一種協同合作關係，共同踐行道義。若以私利——權勢、名利言，君臣以計相交，因權勢、名利相合，君臣之間的關係成爲君給俸祿、臣獻智力的買賣關係，趨利避害使他們將權勢、利益作爲政治理想和處事原則，容易引發君臣矛盾。

現實的君臣關係即是通過道、禮、利來共同維繫的。統治者通過道來提高君臣共識，通過禮來強化君臣父子般的關係，通過利強調君臣是利益的統一體，並以權勢來保障君主統治的穩定。士大夫則通過道來匡扶君主，以禮來約束君主，通過功名利祿彰顯自身的價值。君主在君臣關係中居於主導地位，因而君主的政治理想和政治理性影響了君臣關係的性質和其統治集團的水平，君主應明確臣、民的作用，因勢利導使君臣、君民之間關係融洽。

3. 君臣關係也是一種倫理關係。君臣關係是五倫之一，與父子關係一樣，是傳統社會每個人都具備的天理性命。對君臣關係的踐履也是對天理性命的體認，也被看做是個體修身養性的重要一環，是「成人」的過程。傳統君臣觀倡導君、臣克己修身、踐行君德、臣德。用道德關係維繫政治關係，以政治關係強化道德關係，使傳統政治文化呈現政治道德化、道德政治化的特點。君臣關係被賦予倫理性，君臣關係的這一性質，凸顯了道德的作用。君主制下的君主成爲一個既具有絕對權力，又是稟賦天命、道德高尚的聖王，所以沒有任何天賦之權力、權利的士大夫只能從道德進路來約束君主，使君主能夠踐行君道、君德。而古代的明君也會從天命、道義的高度要求臣子盡忠奉公。君臣德性主要指其政治修養，君德涉及處理君臣、君民的關係，君主應體道行仁、勤政節儉、親賢納諫；官德則涉及臣與君、官與民、官與官之間的關係，官員應忠君愛民、清正廉潔、直道而行。對君德、官德的倡導凸顯了傳統社會重人治和道德感化的特點。

（二）天、君、臣、民的政治地位

君臣關係即是要處理天、君、臣、民四者之間的關係。首先，天（天命、天道）、禮爲君臣觀的建立提供了理論基礎。對天的信仰，使天成爲權力的授予者和人類社會的最終審判者。天命爲君主及其統治提供了合法性的神聖依據，同時也賦予了君主天之所命——安民止亂。君主應體天道而行，依天道建立人道秩序。而因循天道而建立的禮則鞏固了君與臣民之間的等級關係，及統理與被統理的關係。天（天命、天道）奠定了君臣的政治理想與政治倫理的理論基礎。君臣奉天而行，即是要以民爲本，完成天之所命，並弘揚天道仁愛、公正等精神；通過修養德性來配天命，在弘揚天道的過程中，充盈自己的德性人格。

其次，君主居於古代政治制度和政治文化的核心位置，政治文化則圍繞君臣如何治理社會而創，政治制度圍繞君權如何統治臣民而設。君主仿天道建立社會政治制度，踐行因循天道而設定的王道、君道。這一社會制度保障了君權的一統性（所有最高權力集於一人），維護了君主的利益。而官僚制度作爲君主制的衍生品之一，使君臣之間呈現時緊時鬆的關係，它在一定程度上限制了君權的無限性。但傳統政治文化中君權的神授性，使得其個人意願行之於天下，他能以一言而興邦、一言而喪邦。明君聖主即是擁有很高政治理性的個體，他們能以社稷爲念，認識到個體的有限性、臣民的重要性，能夠勤政節儉、親賢納諫，體道行仁，立信於民。

再次，官吏處於君、民之間，是社會治理的主體，本應起到協調君民關係的作用，然而事實上他們有時卻會引發、激化君民之間的矛盾。君臣相對於民而言，是利益的統一性，是特權的享有者、民眾的主宰者。然而君臣之間卻因治國理念上的不合、權力的爭奪等造成了君臣困境。在官僚隊伍中，士大夫群體的形象尤爲凸顯，他們在歷史不同時期有不同的形象特徵。但他們也體現了一些共性：深受儒家思想的薰染，以弘道爲政治理想，肩負致君堯舜、教化百姓的政治使命。天賦予了臣子以輔助者的身份，但並沒有授予其完成政治使命的權力，因而他們只能以道事君，使得這一使命的完成困難重重。他們一方面極力保持士君子的政治人格、仁智勇的政治品行，但另一方面卻因君臣離心、黨爭等，被隔離在權力中心之外，志不得伸、能不得顯，最終慘淡離場。因而君臣道義相合、君臣共治的實現，是建立在天下爲公的觀念、君臣互信等條件之上，這裡才凸顯了貞觀君臣的可貴，他們創造條件

實現了君臣共治。

最後，民的身份在傳統社會中即是被統治者。政事活動不容他置喙，百姓因此成爲政治的絕緣品，這種觀念一直影響到現代。歷史中除了農民起義之外，他們沒有任何聲音，無論載舟、覆舟他們都只是作爲工具而存在。歷史上的多數時候，君民、官民之間的關係是緊張的。君與官凌駕於百姓頭上，無視百姓的生存狀況，依仗權力、暴力魚肉百姓，他們最終得到天的終極懲罰：天命轉移、君主易位、官僚喪身。貞觀君臣卻能夠居安思危，他們畏天、畏民，意識到民的重要性，並在政治活動中踐行「民爲邦本」的價值觀。爲民擇官，不貪名勞民、縱慾役民，使民樂安。他們在踐行民爲邦本的過程中，體會到爲君難、爲臣難，因而採取以誠治國，並不斷提高自身的政治能力、政治倫理，以實現這一目標。

通過反思古代的君臣觀，從應然和實然角度考察君臣關係的性質，分析古代天、君、臣、民的政治身份，能幫助我們理解古代的權力觀、君臣政治心態等，反思我國政治文化中所出現的官本位、清官崇拜等現象，有利於我們明確權力的性質，權威的來源等問題，推動現代政治文化的發展。

二、中、西君臣觀比較

中、西封建社會中都存在君臣觀，但是卻產生了不同的政治文化現象，造成這一現象的歷史原因，我們或許可以從中西君臣觀的對比中窺知一二。中西君臣觀的確立都採用一定的儀式——策名委質禮、封臣禮。

中國古代的「策名委質」，即是臣子向君主獻禮臣服，君主則將臣子之名書於冊。它來源於「贄見禮」，西周、春秋時代，「貴族彼此初次相見，或者有重要事而相見，來賓都要按照自己身份和特定任務，手執一定的見面禮物，舉行規定的相見儀式。」〔註2〕「質」是指物品，如玉、帛、獸、禽，也稱爲「贄」，根據「贄」的品級（諸侯多用玉圭，卿士大夫多用麞鹿或羔、雁，士多用雉爲贄）和「贄」的授受儀式，表明主賓之間的關係，「禹合諸侯於塗山，執玉帛者萬國。」〔註3〕它是確立、維護、鞏固貴族間親族關係和政治上的君臣關係的重要禮節和制度。

〔註2〕楊寬：《「贄見禮」新探》，《中華文史論叢》第五輯，上海：中華書局，1962 年版，第1～2頁。
〔註3〕《左傳·哀公七年》。

　　「委質」的「質」，亦指身體、生命〔註4〕。春秋戰國時期，一些國家送出王室子孫作爲人質，以此表達自己對他人、他國的臣服，取得別人、別國的信任，因而「信」成爲「質」的本質，不允許君臣雙方出現違信行爲，所以說「委質而策死」：

　　　　臣委質於狄之鼓，未委質於晉之鼓。臣聞之：委質爲臣，無有
　　二心。委質而策死，古之法也。〔註5〕

　　　　策名、委質，貳乃辟也。

　　　　杜預注：名書於所臣之策，屈膝而君事之，則不可以貳辟罪也。
　　《正義》曰：策，簡策也。質，形體也。古之仕者，於所臣之人，
　　書己名於策，以明繫屬之也。拜則屈膝而委身體於地，以明敬奉之
　　也。名繫於彼所事之君，則不可以貳心。〔註6〕

委質使得君臣之間、國與國之間成爲一契約、盟約關係，不允許任何一方違背這一契約。在此關係中雙方都有責任、義務，主給名祿，臣獻智力，小國進貢大國，大國保護小國。但隨著秦朝建立起統一的中央集權制度後，君臣成爲人倫之大者，對於臣民來說具有了片面的絕對性的效忠關係，一旦食君之祿，只可諫君，終生不可背叛君王，春秋戰國時代的「臣擇君」的現象消失，君主直接以敕封、詔令的形式，選拔任命某人某官職爵位，由此建立起絕對的君臣關係。

　　歐洲封建時代封主、封臣之間確立關係也需要一定的儀式——封臣的臣服禮：

　　　　一方願意爲人效勞，另一方則願意或渴望接受他人的效勞；前
　　者合掌置於另一人雙手中——這邊是服從的簡單象徵。這種服從的
　　意義有時進一步由一種跪拜姿勢加以強化。同時，先伸出雙手的人
　　講幾句話即一個非常簡短的宣言，承認自己是面對著他的這個
　　「人」。然後主僕雙方以唇相吻，表示雙方的和諧和友誼。〔註7〕

締結君臣關係的雙方出於自願，經過宣誓、跪拜、親吻，完成這一儀式。從

〔註4〕　晁福林：《先秦社會形態研究》，北京：北京師範人學出版社，2003年版，第
　　　　588～596頁。
〔註5〕　《國語・晉語九》。
〔註6〕　《左傳・僖公二十三年》。
〔註7〕　（法）馬克・布洛赫：《封建社會》上卷，張緒山譯，商務印書館，2004年版，
　　　　第250頁。

加洛林時代（公元 9 世紀）起，冊封典禮加入了宗教性的儀式：「新產生的附庸將手置於聖經或聖物上，宣誓忠於主人。」〔註 8〕用神來約束委身者的效忠，這種臣服禮以此限定一個人的終生，由臣服禮確定的附庸關係在絕大多數情況下可以被繼承，即領主的後代或附庸的後代，可以接受其父所定的附庸關係，並承擔相應的義務。10 世紀以後，「親吻禮將兩個人置於同一水準的友誼上，使大家熟悉的附庸制從屬關係獲得尊嚴。」〔註 9〕西歐君臣隸屬關係的不平等性隨著歷史的發展逐漸淡化。

附庸臣服禮的目的是爲了強化個人與國王間的關係，「以便徵索役務，實施必要的懲罰」。在附庸等級次序中，每個等級的領主都要爲他的『人』負責，保護這人的人身安全、財產安全，「敦促附庸出席法庭，履行必要的軍事役務」，「更自願地聽從皇帝的命令和訓示」〔註 10〕

西歐臣服禮所建立的私人隸屬關係，更恰當地說是武士與領主建立的契約關係，是軍事附庸關係，與戰爭有關，臣子身份是武士。不同於農奴臣服禮〔註 11〕，附庸臣服禮在自由人與領主之間進行，他們享有充分權利，附庸者服從領主的調遣，爲領主提供援助，「在和平時期，附庸構成領主『御前會議』的成員。」〔註 12〕領主要轉讓部分財產——采邑，作爲附庸者服役務的報酬，受封者用其特殊技能爲領主服務。

西歐封建社會建立起層級依附的關係網，但這種附庸關係並不牢固，會出現一僕數主的現象。故而爲了強化附庸關係，就產生了「絕對附庸」，它比普通附庸，增加了口頭或書面協議，用來保障絕對領主對附庸者的優先性。但在君主制條件下，國王不僅要求附庸者絕對的臣服，也要求所有臣民的臣服，他獲得了絕對附庸的壟斷權，所以絕對附庸成爲臣民向君主臣服的代名詞。這種附庸關係成爲家族紐帶的替代品，「附庸長期處於一種補充親屬的地位，他的權利及義務與血緣親屬相同」〔註 13〕領主與附庸之間的殘殺被歸於

〔註 8〕 （法）馬克·布洛赫：《封建社會》上卷，第 251 頁。
〔註 9〕 （法）馬克·布洛赫：《封建社會》上卷，第 273 頁。
〔註 10〕 （法）馬克·布洛赫：《封建社會》上卷，第 267 頁。
〔註 11〕 農奴臣服禮：依附方因無力繳納稅款或是爲了生存，主僕之間簽訂「賣身契」，農奴在訂立契約時沒有選擇權。他們被排除在在公共制度之外，與「自由」相對，農奴主對農奴有生殺予奪的大權，「而不是收取保護費的保護人」，且這種農奴臣服禮延及後代。
〔註 12〕 （法）馬克·布洛赫：《封建社會》上卷，第 357 頁。
〔註 13〕 （法）馬克·布洛赫：《封建社會》上卷，第 362 頁。

家族群體內發生的事件，而在父子之間的訴訟案中，「父親被視作由效忠禮所決定的領主，而兒子則被視爲附庸」〔註14〕；附庸觸犯他人利益，領主要賠付相應的賠償金，若附庸被殺，領主獲得被害者的補償金。附庸義務高於親屬義務，在12世紀意大利的《采邑書》中標明「附庸必須幫助其領主反對任何人，包括兄弟、兒子、父輩們。」

　　從上述中我們可以得到一個結論，即中、西君臣關係的確立，都要經過臣服、任命、賜地等儀式，以便使這一關係公開化、合法化。中國古代所建立的君臣關係是以忠信爲價值基礎確立起尊卑關係；而西方的君臣關係以權利義務爲立契基礎確立起合作關係。

　　中西方的君臣關係在建立之初就有所不同，且後來呈現出不同走勢，中國古代所確立的君臣關係尊卑有等，而西方封建社會的君臣之間身份更顯平等，造成這些現象的原因是什麼？通過對原因的探討我們來進一步認識中西方的政治文化。

　　首先，中、西權力觀不同。君臣是一對政治關係，而政治的核心即是權力，因而君臣觀中一個重要的內容便是權力，中西權力觀的不同，使得中西形成不同類型的君臣關係。中、西權力觀都有神授的成分，中國傳統政治文化中，「天」授權君主撫育百姓，天成爲君權及君主統治合法性的根源，因而君主要以德配天行使權力，但是現實社會中「天」所衍生出的天命觀更多地成爲朝代更迭的藉口，它本應實現對君主的約束卻並沒有完全體現出來；而西方的封建王權受到習慣法、教會的約束，王權應被限制的觀念始終存在。在西方宗教觀念中，世俗社會不存在絕對的權力，國王和臣民一樣聽從上帝的命令，王權受到上帝的約束。現實中的國王依法統治臣民，國王及其王權受到法律、制度的制約，如9世紀英國的「賢人會議」，它擁有在王位繼承、分封、納稅等方面的權限，起到約束王權的作用。

　　由於權力觀的不同，中西形成了不同的權力結構。教會與貴族集團等都擁有與王權相抗衡的勢力，因而西歐封建社會形成了多元的權力結構，權力之間互相制約，王權與神權、貴族權力的鬥爭伴隨封建社會的始終。而中國的皇權高度集中在君主手中，並由天命加以神聖化、絕對化，國家統治權成爲君主的私有物，現實社會中的律法制度成爲君主個人意志的體現。官僚階層的一切權力都來自皇權，沒有形成與皇權相抗衡的獨立的經濟、政治、軍

〔註14〕　（法）馬克・布洛赫：《封建社會》上卷，第374頁。

事勢力，使得君權沒有受到任何強力的制約。中國古代的權力一統性的觀念始終伴隨君主制社會的始終，它所形成的權力結構只能是一元的。

其次，中、西政治制度不同。在歐洲封建社會，各封臣在其采邑區域內享有行政、軍事、司法等權力，王國呈現鬆散的政治結構。國王只是其國家範圍內最大的領主，他依靠自己的莊園收入供給王庭支出，而其對民眾的加稅則要通過議會的同意。如 13 世紀英國的《自由大憲章》規定：「除下列三項稅金外，設無全國公意許可，將不徵收任何免役稅與貢金。即贖回余等身體時之贖金（指被俘時）；策封余等之長子為武士時之費用；余等之長女出嫁時之費用──但以一次為限。凡在上述征收範圍之外，如欲徵收貢金與免役稅，應用加蓋印信之詔書致送各大主教，主教，住持，伯爵與男爵指明時間與地點召集會議，以期獲得全國公意。」所以，依此制度所建立的君臣關係中，君主雖是統治者的身份，但並不會被認為是權力的絕對擁有者。隨著西歐商品經濟的發展，新的政治力量（資產階級）出現，使他們之間的權力爭鬥更加激烈，君主與資產階級聯合共同對抗封建貴族，王權雖一度強化，但抗衡的最終結果是君主立憲制的產生，君主的權力被進一步地限制，市民卻擁有了越來越多的權利，使君民之間呈現平等的態勢。

先秦時期天子與諸侯的臣屬的關係也如西方的「我的臣屬的臣屬不是我的臣屬」的特點，君臣關係較為鬆散，天子相對於各諸侯王來說是天下共主，擁有祭祀天地和祖先的特權，起到維繫整個王朝宗法秩序的作用。而自秦建立以郡縣制為主體的中央集權君主專制制度以來，君主成為天下之主，普天之下莫非王臣，君臣關係絕對化，而君權的專制化，使得君主對臣子的人身束縛也逐步加強，君臣之間的尊卑程度越來越深。這種分別建立在集權制與領主制基礎上的兩種政治制度，使得中西方呈現出不同的君臣互相對待的態勢。中西方君臣之間雖都有爭鬥，但是他們爭鬥的結果卻是不同的，中國的王權爭奪只是君王或皇室名稱的變化，臣民的地位卻沒有絲毫改變，而西方的權力鬥爭的結果，是臣民權利的增多，這種不同的結局，使得中西君臣觀的差異越來越多。

第三，中、西思想文化不同。中國傳統社會中，無論是儒家還是法家，他們都提倡君尊臣卑，君主應維護君權，臣子的職責是輔佐君主，而自漢朝獨尊儒術之後，忠君觀念在臣子的自貶中得到強化。如前所述，中西君臣關係都要求臣子對君主的忠誠，但是中國古代更多地要求臣子的絕對服從，而

西方的臣子對君主的忠誠則是有條件的，君主不能不顧傳統、法律而行暴政，如果君主背棄誓言，臣子對君主的反抗則是正義的。且西方的君臣之間的界限比較模糊，因為在這些貴族封臣的觀念中，即使是國王也不過是他們貴族集團裏的一員，「主公與臣屬之間應該有一種相互的忠誠義務，除敬重之外，封臣對主公應盡的臣服並不比主公對封臣所持的領主權更多。」〔註 15〕這也就是說西方的君臣之間基於權利與義務的契約，在人格上是平等的。西歐從公元 476 年進入封建社會就伴隨著不同勢力的權力爭鬥，這種鬥爭持續了 10 個世紀，直到公元 1500 年，在這一對抗的過程中孕育出了近代民主精神。

政治文化的核心是權力觀，中西權力觀的不同導致了不同的權力結構，形成了不同的政治制度，而思想文化與政治的關係則進一步塑造了不同的權力觀。中西方在諸多因素上的區別，綜合導致了不同的政治文化傳統。

三、選題意義

貞觀君臣是中國歷史上比較少有的明君能臣的完美組合。以貞觀君臣為例，探討古代君臣治國思想、君臣理想、君臣倫理等，以此來揭示中國古代的君臣觀的內涵，有助於我們進一步認識傳統政治文化中的積極和消極因素。

中國古代社會以儒家王道思想為宗，上至君主的敕令封誥，下至臣子的奏章家訓，都充斥著儒家的禮儀教化。而縱觀兩千多年的封建統治，統治者並沒有嚴格踐行儒家治國方略。那麼儒家思想是否只是在理論上可行，有沒有實踐的價值？通過對貞觀統治集團治國思想的考察，我們認識到王道理想並非不切實際的空洞理論，踐行仁義德治，能夠實現社會的大治，同時我們也認識到王道理想的實現需要很多的條件。

貞觀之治的實現，是君臣共治的結果。貞觀元年，太宗對侍臣曰：「正主御邪臣，不能致理；正臣事邪主，亦不能致理，唯君臣相遇，有同魚水，則海內可安也。……朕雖不明，幸諸公數相匡救，冀憑嘉謀，致天下於太平耳。」〔註 16〕貞觀君臣明白只有正主與正臣知遇才能實現天下太平，如果僅僅天子英明，沒有群臣的諫諍和輔佐，天下是不能得到治理的。他們也明確的認識到天下太平的實現不可以只憑天命、神祇的庇祐，「天下不可以力勝，神祇不

〔註 15〕 轉自錢乘旦、陳曉律：《在傳統與變革之間——英國文化模式溯源》，杭州：浙江人民出版社，1991 年版，第 12～13 頁。

〔註 16〕 《舊唐書·卷七十·王珪列傳》。

可以親恃，惟當弘儉約，薄賦斂，愼終如始，可以永固。」〔註17〕治理天下重在人事，君主應愼始愼終地實施仁道教化，以此來鞏固江山。建立在這些共識上，他們明確「定天下」與「安天下」的區別，實施「偃武修文」、「布德惠施」的統治方針；以王道爲治國理念，實施德禮刑法兼備的治國方式。在執行這些方針政策的過程中，君臣互信奉公，踐行君道、臣道，恪守政治倫理，以此實現其政治理想。

貞觀統治階層重視儒學、禮教等文治事業的發展，唐太宗設弘文館、崇文館，詔修《五禮》，定《五經正義》，致使儒學之興前古未有。貞觀君臣有著較高的政治覺悟，他們善於從歷史中總結、吸取經驗教訓。貞觀君臣集體參與修史的過程，唐太宗親自撰寫關於晉宣帝、晉武帝、王羲之、陸機等人的評論，而貞觀群臣，如令狐德棻、岑文本等撰《周書》，魏徵等撰《隋書》，姚思廉撰《梁書》、《陳書》，李百藥撰《北齊書》，李延壽撰《南史》、《北史》，房玄齡、褚遂良等撰《晉書》等，他們從中深化了對治國之道的認識。他們也善於借鑒傳統政治文化中的成果，如魏徵、褚遂良等編《群書治要》、虞世南編《北堂書鈔》、《帝王略論》等，提高了君臣間的政治認同。貞觀君臣認識到民的重要性，他們因民能載舟亦可覆舟而畏民，體諒民之艱而能重民、惠民、爲民擇官，用禮儀教化、刑罰懲戒使民向善，君主行仁愛民、群臣忠君奉公。他們以身作則，爲國民樹立了良好的典範，帶動社會風氣的改善，印證了傳統文化中的聖王理念和君子人格。

貞觀君臣受傳統政治文化薰陶，在實踐傳統政治理想的同時，也反映了古代政治文化的缺陷。通過對貞觀之際君臣關係的構建、君臣理想、君臣倫理等的考察，我們可以認識到奠定君臣觀理論的天命、天道、禮制的消極性，君主政體的矛盾性、統治階層的虛偽以及國民的無力等，有助於我們認清權力的性質和使用目的，肅清封建權威，培養公民的法治觀念、權利意識；有助於政府明確自身職能，塑造服務型、責任型政府。通過對君臣觀的反思，挖掘傳統政治文化中的積極因素，實現它在現代的轉換。

反思傳統君臣觀，還有利於我們對現實社會政治發展的思考。如我國民主進程緩慢、官本位意識強烈、權利意識與社會公德淡薄、個體人格不能挺立等，在這些現象的原因構成中，中國傳統文化所積澱的社會意識佔據了重要部分。中國的現代社會與傳統社會形成了民主與專制、平等與尊卑、自立

〔註17〕《舊唐書·卷七十五·張玄素列傳》。

之公民與附庸之臣民等觀念、文化的鮮明對立。傳統文化所界定的權力的性質、權威的來源等，阻礙了我國現代政治文明的建設。因而對君臣觀進行探討，能幫助我們從文化的傳承、轉變上考察現代政治文明應如何更好地建設。我們今天研究古今社會政治制度的轉變，也有助於推動新的政治文化儘快地適應新的時代的要求。因而對古代政治文化的考察，對君臣觀的探析，有助於我們以史為鑒，在對比中挖掘適應現代社會的政治文化要素。

　　本書目的在於通過對貞觀君臣這一實例的考察，揭示他們的君臣觀特點，將君臣觀納入完整的政治文化體系中，挖掘傳統政治文化的合理因素，實現傳統政治文化在現代的轉變和發展。傳統政治文化中彌漫著眾多的消極的政治心理，如特權、尊卑、官本位等，通過反思臣民文化，有助於批判和消解這些消極觀念。並使現代個體意識到自身是擁有完整政治身份的公民，認識到民主和法治的神聖，以及人與人之間的平等與個體尊嚴、自由的可貴，有利於我們更好地推動現代政治文化的發展，實現臣民文化向公民文化的轉變。

第二節　研究現狀

　　目前學術界對貞觀君臣的研究主要集中在治國思想、領導藝術、以史為鑒及貞觀朝的制度等方面；對古代君臣觀方面的研究，主要涉及君臣關係、君道及士大夫精神、皇帝制度、官僚制度等方面。

一、貞觀政治的研究綜述

　　貞觀君臣成為後世學習的對象，方震華〔註 18〕論及在唐中後期和五代十國、宋初等時期，「貞觀故事」一度成為與堯舜三代相媲美的治國典範，是理想政治的現實代表。關於貞觀君臣政治的研究，首先，側重對貞觀統治集團治國思想的研究，學界普通認為他們實施德治〔註19〕，發揚儒學，為政以德、

〔註18〕方震華：《唐宋政治論述中的貞觀之政——治國典範的論辯》，臺大歷史學報，2007 年第 12 期。
〔註19〕葉哲明：《唐太宗魏徵君相知遇和貞觀治世絕唱之研究》，台州學院學報，2007 年第 8 期。
　　　　張秋芝：《貞觀之治——儒家德治思想踐行的結果》，雞西大學學報，2003 年第 11 期。
　　　　李斌誠：《『貞觀之治』的儒家內涵》，光明日報，2007 年 2 月 26 日。
　　　　莊　昭：《試論「貞觀之治」的施政方針》，學術研究，1993 年第 4 期。

以民爲本的儒家治國思想。

貞觀君臣政治的治國思想，不單是來自儒家，同時也是長期政治文化所積澱的結果，以兼容並包的態度對待其他文化，認爲「佛道設教，本行善事」〔註20〕，並不取締它們的存在。貞觀君臣以實用的態度對待文化，以穩定社會爲目的，通過政治政策確立儒家思想的地位，促進了三教的融合和發展。〔註21〕

貞觀初期，太宗勵精圖治，虛心納諫，克己奉公，但是貞觀後期卻不如前期。〔註22〕從魏徵的《諫太宗十思疏》中，可以看到太宗前後期的變化，經過太子廢立風波，貞觀臣僚在政治作風上也趨於唯諾，諫諍之風趨於靜止，太宗猜忌之心日盛，好大喜功，大興土木，勞使民力，反映了傳統政治文化的不足之處。

其次，對唐太宗的用人之道、領導藝術的研究。

貞觀君臣相遇，不僅有個人因素，如太宗與魏徵，他們的政治理性的成

方震華：《唐宋政治論述中的貞觀之政——治國典範的論辯》，臺大歷史學報，2007 年第 12 期。

蔡正發：《貞觀之治與儒家之道》，孔學研究，1999 年第 1 期。

〔註20〕《貞觀政要・卷七・禮樂》。

〔註21〕唐朝是儒釋道合流的重要時期，從北周開始，三教就進行論爭，促進了文化的交流和發展，唐建國受各方勢力的支持，其中有很多僧人、道士，趙克堯：《唐前期的佛道勢力與政治鬥爭》，浙江學刊，1990 年第 1 期。劉永剛：《儒釋道三教與貞觀政治》，隴東學院學報（社會科學版），2004 年第 5 期。

三教論議起自北周，建德二年，周武帝召集百官、和儒、釋、道三派，判定三教先後，以儒教爲先，道教爲次，佛教爲後。（《周書・武帝紀》）「南北朝時，即有儒釋道三教之目，至李唐之世，遂成固定之制度。如國家有慶典，則召三教之學士，講論於殿廷，是其一例。」陳寅恪：《馮友蘭中國哲學史下冊審查報告》，《金明館叢稿二編》，北京：三聯書店，2001 年版，第 283 頁。

唐初爲平衡三教，武德八年，發生了「三教論議」，唐高祖試圖以論議的方式解決三教問題，唐太宗直接以詔令的方式，貞觀五年，令沙門「致拜父母」，貞觀十三年，頒佈《道士女冠在僧尼之上詔》，參見《唐大詔令集・卷一一三》。

「從唐高宗開始，三教論議不再停留在表面的咬文嚼字，而是以佛道二教的教理討論爲主，辯論的雙方也多立足於各自的宗教立場和思辨方式展開論戰，三教論議成爲一種完整意義上的學術辯論和學術交流」。劉立夫：《唐代宮廷的三教論議》，宗教學研究，2010 年第 1 期。

佛道論議多以儒家思想引證，佛道的鬥爭並沒有影響儒家思想的主導地位，反而促進了佛教的中國化，推動了中國文化的發展。

〔註22〕陳恩虎：《貞觀之治的理想色彩及其成因》，安徽教育學院學報，1997 年第 1 期。

朱本政：《「貞觀」後期的唐太宗》，學術界，1987 年第 5 期。

熟，使他們君臣契合，也還有社會因素，魏徵既不是山東貴族，也不是山東武人，所以陳寅恪認為在太宗心目中，魏徵的責任「僅在於接洽山東豪傑監視山東貴族及關隴集團，以供分合操縱諸政治社會勢力之妙用。」〔註 23〕因而他善待魏徵，是為了維繫統治秩序的穩定。不論太宗出於何種目的與魏徵等人相處，但他們確實創造了貞觀這一盛世，不能因其動機不純，而抹殺他們所實現的社會大利。

唐太宗個人文韜武略，「其除隋之亂，比迹湯、武；致治之美，庶幾成、康。自古功德兼隆，由漢以來未之有也。」〔註 24〕他因而成為歷史中的帝王典範。貞觀時期人才濟濟，得益於唐太宗的識人、用人之能。「士庶同舉，新故共進，漢夷並用，任人唯才」。〔註 25〕其用人如器各取所長，用人不疑，推誠待下，唯才是舉，使得群臣能才盡其用。太宗奉行為民擇官，選用德才兼備者，尤其注重基層官員的素質。唐太宗和魏徵君臣遇合，在中國封建時代治國歷史上具有特殊的地位，並引發史家不同凡響的評價，其原因在於他們相當成功地解決了「統治者如何統治人民的理論和實踐，並以機制政策相呼應，求得兩者相對穩定與和諧。」〔註 26〕

太宗通過各種方式來灌輸忠君、君臣榮辱與共的思想；培育共識，讓君臣的治國理念、執政方針趨同；待人真誠、度量寬大、從諫如流、功推臣下，並完善各種制度保障君臣共治。〔註 27〕李世民的納諫之風在歷史上留下了光

〔註 23〕陳寅恪：《論隋末唐初所謂「山東豪傑」》，《陳寅恪集・金明館從稿初編》，北京：三聯書店，2001 年版，第 255～256 頁。

〔註 24〕《新唐書・卷二・太宗本紀》。

〔註 25〕萬澤民：《論唐太宗的「用人之道」與「貞觀之治」》，浙江大學學報，1994年第 12 期。

王隆華：《從〈貞觀政要〉看李世民防腐倡廉、興邦利民的舉措》，漢中師院學報（哲學社會科學版），1994 年第 3 期。

史力：《談唐太宗的輔臣對「貞觀之治」所起的作用》，河北師範大學，1986年第 4 期。

〔註 26〕葉哲明：《唐太宗魏徵君相知遇和貞觀治世絕唱之研究》，台州學院學報，2007年第 8 期。

〔註 27〕曹升生：《以史為鑒：唐太宗構建和諧君臣關係的成功實踐》，船山學刊，2009年第 1 期。

劉毓航：《〈貞觀政要〉的領導倫理思想探析》，中國浦東幹部學院學報，2008年第 1 期。

王壽南：《隋唐史》，臺北：三民書局，1986 年版，第 114～121 頁。

岑仲勉：《隋唐史》，石家莊：河北教育出版社，2000 年版，第 107～108 頁。

輝的形象，魏徵作爲一代諍臣成爲後世臣子的楷模。納諫能夠幫助君主拾遺補闕、集思廣益、通下情、辨忠奸、正身黜惡、納諫興邦等〔註 28〕。通過納諫反觀自身，不斷提高自己的政治修爲，使貞觀君臣保持了較高的政治理性。貞觀群臣在太宗的帶動下，能夠忠直盡責、「崇儉反奢、清廉知恥、謹言愼行、君臣共勉勿擾民」。〔註 29〕

再次，關於貞觀君臣以史爲鑒的研究。以古爲鏡可以知興亡，唐貞觀君臣身體力行，設立史官，編修晉、周、齊、梁、陳、隋代的歷史〔註 30〕，編纂實錄、國史等。君臣共覽史書，討古論今，以史爲鑒，吸取歷史經驗教訓，因而能夠更好地踐行君道、君德。在君臣論史的過程中，君臣的政治理念趨同、政治共識提升。《貞觀政要》記載了唐太宗與群臣多次就重大社會問題進行的廣泛討論，君臣各抒己見，互相磋商，然後再決策國家大事。這種活躍的政治局面爲中國封建社會史所罕見，堪稱唐太宗政治的獨有特點，史稱「貞觀君臣論政」〔註 31〕。「貞觀君臣討論現實問題時，言必先王、諸子，語必歷代興亡教訓。在理論、歷史和現實結合的基礎上，以宏觀的眼光，發展的觀點，君臣之間進行平等的、深入的討論」。〔註 32〕

〔註 28〕 張分田：《貞觀君臣的納諫理論及其專制主義性質》，歷史研究，1998 年第 8 期。

〔註 29〕 周敦耀：《淺議「貞觀之治」的法治、德治及官德》，廣西大學學報，2003 年第 6 期。

〔註 30〕 南宋史學家鄭樵所説：「古者修書，出於一人之手，成於一家之學，班、馬之徒是也。至唐始用眾手，《晉》、《隋》二書是矣。然並隨其學術所長者而授之，未嘗奪人之能，而強人之所不及。」《通志・藝文略》。

貞觀君臣貫徹的修史無隱的思想，去除了南北朝史家互以「索虜」和「夷島」等狹隘觀點，《資治通鑒・魏文帝黃初二年論》：「宋魏以降，南北分治，各有國史，互相排黜，南謂北爲索虜，北謂南爲島夷。」以「天下一家」爲原則修史，調和了民族關係，對後世的修史提供了歷史借鑒。且在有前史的基礎上，勘以眞僞，「自是言晉史者，皆斥其舊本，內有編年體，並棄之矣。竟從新撰焉。」《史通・卷十二・古今正史第二》。監修宰相房玄齡和史官敬播等人在貞觀十七年經過刪略國史後所撰成的《高祖實錄》和《今上實錄》各 20 卷，今以不存，唐代歷代君主在位修實錄，唐僅存有《順宗實錄》。

〔註 31〕 吳宗國：《〈貞觀政要〉與貞觀君臣論治》，袁行霈主編：《國史研究》卷三，北京：北京大學出版社 1995 年版。

王清傑：《從唐太宗「群臣論治」談「貞觀之治」的形成》，史學月刊，1994 年第 4 期。

陳志貴：《貞觀之治新探——唐太宗政績興與衰》，瀋陽：遼寧人民出版社，1990 年版，第 207 頁。

〔註 32〕 翦伯贊：《中國史綱要》，北京大學出版社，2006 年版，第 283 頁。

最後，關於貞觀時期的皇權運作、法制、監督機制等方面的研究。唐朝制度因襲隋制，三省六部制、均田制、府兵制、科舉制等，同時在隋制的基礎上又多有發展和創建，如《武德律》，在繼承《開皇律》的基礎上，進一步刪繁就簡、愼法薄刑，《貞觀律》正是在《武德律》的基礎上繼續發展，完善百官進諫制，建立諫官隨相入閣制、京官宿省制（京官五品以上輪流宿中書內省，以備隨時召見）。這些制度的施行，保障了貞觀之治的實現。

二、關於君臣觀的研究綜述

近年來，中國傳統政治思想研究成爲學術界的熱點，反思古代君臣觀，正視傳統政治文化，有助於傳統政治文化理論體系的完善。君臣觀的內容極廣，學者多選取君臣觀的某一方面進行研究，或是對某一個體君臣觀的研究。大體體現在如下幾個方面：

（一）對君臣關係的研究

學者們認爲由於政治家族化使封建專制主義通過綱常倫理與家長制結合，使君臣關係既是上下統屬關係，也是父子關係，「皇帝以君父的雙重身份來治理天下，視天下百姓爲臣、爲子，要求臣子作忠作孝。」〔註33〕對君臣關係類型的考察，顯示了君臣關係的歷史演變，呂思勉在《讀史札記》中認爲古代君臣之間有朋友之義，君臣經常與朋友並言。「在當時（孔子時代），君臣是一種互敬互助的合作關係，而不是人身依附的從屬關係，甚至都不是一種具有法律意義的契約關係。」王瑞來認爲「君臣以義合，只能存在於春秋戰國的亂世，而不可能延續到以專制爲特徵的君主制確立的秦漢以後。」〔註34〕查昌國認爲友道體現了君臣關係的理想模式，「諸子時代，友道寄寓了士階層的政治抱負和價值期許，集中體現了儒家的人文精神、平等觀念和道尊於勢的人格尊嚴。」〔註35〕歷史中出現君臣義合與君臣道合的不同關係類型，胡寶華認爲先秦強調的君臣之義主要是在批判君主的立場上，強調君臣要符合禮儀規範。隋唐後，文獻中出現了「君臣道合」，君臣道合強調君臣同心同德共同治理，強調二者之間共

〔註33〕徐連達、朱子彥：《中國皇帝制度》，廣州：廣東教育出版社，1996 年版，第571 頁。

〔註34〕王瑞來：《將錯就錯：宋代士大夫「原道」略說——以范仲淹的君臣關係論爲中心的考察》，學術月刊，2009 年第 4 期。

〔註35〕查昌國：《友與兩周君臣關係的演變》，歷史研究，1998 年第 5 期。

同承擔責任，「以責任取代義務的發展，意味著君臣觀念被賦予了新的含義」〔註 36〕。王國良認爲宋明儒者將君臣之義上同於天理，下納於人心，使它成爲「無所逃於天地之間的大本大倫」，它束縛人心，成爲後世批判的對象〔註 37〕。楊子彬認爲君臣共事於道——忠於民之道，「所以衡量君臣的共同價值標準就在於是否合於道和利害的大小，而不在於爲君還是爲臣。」〔註 38〕

（二）關於君道、臣道的認識

孟子區分一夫與君主，論證了君道與君主政治理想的重要性，馮友蘭認爲這是居君位者與盡君道者的區別，臣子忠於他們都可稱爲是道德的，前者依名教而言是「捨實從名」，後者則是「以名正實」。〔註 39〕學者們認爲君道是君主所應具備的修養、才能、品質、學識等，牽涉內容極廣。臣道是合格臣子所應具備的如忠君、諫上、保民、舉賢等素質。君臣之道即是君君臣臣，君臣克己，做到君臣有序〔註 40〕。「君道是一種政治藝術，恰如其分地調控自身、政治和臣民，是這種藝術的精髓。」〔註 41〕。張分田認爲君道即是帝王典範、也是治國之道，可稱爲治道，「君道實際上是從君主政治的歷史經驗和現實教訓中總結、歸納出來的。它是理想化的君主行爲規範。君道內涵著從實際出發所確立的最高政治目標、基本政治原則、政治價值及帝王術，是統治階級政治意識的聚集點。君道的根本目的是完善和強化帝王權力，而它一旦爲君主與臣民所認同，便又具有規範和制約君主的功能。」〔註 42〕

（三）對個體君臣觀的研究

首先，對古代哲人或經典中所蘊含的君臣觀的探究。比如對孔子的「以道

〔註 36〕 胡寶華：《從「君臣之義」到「君臣道合」——論唐宋時期君臣觀念的發展》，南開學報（哲學社會科學版），2008 年第 3 期。

〔註 37〕 王國良：《從忠君到天下爲公——儒家君臣關係論的演變》，孔子研究，2000年第 5 期。

〔註 38〕 楊子彬：《孔子的君臣觀》，齊魯學刊，1986 年第 5 期。

〔註 39〕 馮友蘭：《三松堂全集》第四卷《新理學》，鄭州：河南人民出版社，2001 年版，第 111～112 頁。

〔註 40〕 朱海風、史鴻文：《治國範疇論》，北京：中國政法大學出版社，1999 年版，第 36～47 頁。

〔註 41〕 劉澤華主編：《中國政治思想史》（隋唐宋元明清卷），杭州：浙江人民出版社，1996 年版，第 7 頁。

〔註 42〕 張分田：《中國帝王觀念——社會普遍意識中的「尊君——罪君」文化範式》，北京：中國人民大學出版社，2004 版，第 87 頁。

事君」、孟子的「正君」、「格君心之非」等觀念的分析,對荀子關於君臣雙方都應該行君道、臣道、民貴君輕等觀念的認識〔註43〕,有關管子和韓非子君臣觀的比較研究,管子、韓非子主張君臣職責不同,但管子主張君臣一體、君臣有信,韓非子則認爲君臣以利相交,凸顯君臣的矛盾〔註44〕。其次,對古代歷代帝王的君臣觀的研究,比如對朱元璋治國之術的研究,朱元璋認爲君臣吏的職責不同〔註45〕,君主應掌握馭臣之術、臣子應以法管吏等等。再次,對古代政治人物的君臣觀的研究。眾多的歷史政治文化名人都有從政經歷和政治理念,因而透過分析他們政治思想,能夠探索有關君臣觀念的演變,像對於杜甫、王安石等士大夫踐行儒家以道事君的觀念,強調君臣相合、知遇〔註46〕等思想的探討,也讓我們認識到古代士大夫尋求自我實現之路的艱難。

對君臣觀的研究,集中在皇帝制度、皇權等論域,對於構建君臣觀的理論,君臣政治理想、君臣相處之道等關注較少。目前學界主要在君主專制的理論背景下去考察君臣關係,或者是從儒者的角度去考察士大夫政治。前者看到了現實君臣相處中的權勢、實力的鬥爭,君臣之間的困境;後者看到了士大夫的理想與責任。前一理論認爲中國古代社會是皇權獨斷的社會,是君主個人專制,皇權是專制的核心。這種理論缺少對君臣協調共治的關注,忽略了君主制本身的「潤滑劑」的研究,如道,君臣作爲「天道」的踐行者,他們在政治理想和政治認同上的趨一,實現君臣觀內部微調和對權力的適量約束。後一理論凸顯士大夫的政治責任意識、政治自覺和歷史使命感。關注士大夫以道事君、以道抗勢所表現出的士大夫精神和氣節,在對士大夫的現實政治境遇的原因分析中,注重對士大夫理想的分析,而忽視了造成士大夫以道抗勢的原因分析,君尊臣卑以及君主私天下的觀念,使得士大夫從政並沒有權利的保障,他們受制於君主,沒有形成與君勢相抗衡的臣勢,從心理上臣服於君主。

〔註43〕 邵漢明:《原始儒家君臣觀的歷史演變》,社會科學在線,1998 年第 4 期。

〔註44〕 楊玲:《〈管子〉和〈韓非子〉君臣觀比較》,蘭州學刊,2006 年第 4 期。
裴傳永、孫希國:《〈管子〉的君臣觀初探》,管子學刊,1998 年第 1 期。
陳琛:《韓非子之君臣關係淺論》,貴州文史叢刊,2003 年第 3 期。
邊樹本:《晏子君臣觀淺論》,管子學刊,1993 年第 4 期。

〔註45〕 劉秀生:《朱元璋的君臣吏民觀》,理論探討,1988 年第 4 期。

〔註46〕 梁桂芳:《常願天子聖、大臣各伊周──王安石與杜甫君臣觀發微》,福州大學學報,2008 年第 6 期。
孫湘云:《簡析方孝孺的君臣關係說》,華中師範大學學報,1991 年第 4 期。

　　本書不是從史學角度出發去具體地考察現實君臣的相處方式，而是從政治文化的角度出發，以貞觀之際的君臣爲例，來探討古代君臣觀及傳統政治文化的特點。本書探討了古代君臣的治國理想、治國心態、政治人格等內容，也注意到皇權性質及其運作機制的特點，分析了君臣的政治理想及實現理想的途徑，揭示了在等級禮制、君主專制制度、官僚制度下的君臣民的關係等，試圖探討理想中的和現實中的君臣、君民、臣民關係。以政治文化的傳承、轉化的角度來探討古代政治文化中的權力觀、權威觀，及官本位、民本等觀念，分析傳統政治文化中積極和消極因素，實現臣民文化向公民文化的轉換。

第三節　研究方法與創新之處

一、研究方法

　　1. 以貞觀君臣爲例探討古代君臣觀，揭示中國傳統政治文化的特點，貞觀君臣既是對傳統政治文化的踐履，也體現了自身的特點；

　　2. 從應然和實然的視角分析理想和現實君臣觀的區別，從理論上分析君臣觀所包含的內容，反思君臣的現實處境，探討造成理想與現實脫節的原因；

　　3. 採用中、西比較的研究方法，廣泛涉獵政治理論和哲學、史學等方面的著作，探討君臣觀的歷史演變和中西君臣觀的特點；採用古、今對比的方法，研究君臣觀下天、君、臣、民的關係，分析四者在現代社會的身份和作用，實現四者的現代轉換；

二、創新之處

　　第一，將君臣觀放置在天、君、臣、民四個維度之中進行探討，注意到天和民在君臣觀中所擔任的顯的和隱的角色。認爲古代政治文化主要對君臣進行理想設定，卻將民忽略在歷史角落，始終無視民的政治身份，使他們以「被動的潛伏體」而存在，試圖解釋這即是中國政治文化不能健全發展的原因。

　　第二，系統地探究建構君臣關係的理論基石、君臣治國思想、政治理想、君臣政治倫理、政治人格、政治心態等，揭示中國古代政治文化的特點。

　　第三，通過對君臣觀的研究，認清權力的性質、權威的來源等，反思我

國現代政治文明建設中所遇到的問題，在市場經濟和全球化背景下，凸顯轉
變政府職能、提高政府公信力、官德建設、社會公德培養等問題的重要性，
為現代社會的政治文化建設提供歷史借鑒。

第一章　貞觀君臣的政治思想

　　貞觀君臣共同經歷了隋朝的興亡和唐朝的建立，他們以史爲鑒，以其豐富的政治、軍事經驗明確地提出了治國思想。他們首先區分了「定天下」與「安天下」在心態、方略上的差異。他們實施偃武修文的治國方針：以靜治天下、以民爲本、德法兼用。這些政策得以很好地施行在於貞觀統治集團有較高的政治認同，他們以畏、難、誠的心態對待政事。因畏、難所以更謹慎地治國，而能以誠對天下，取信於民。君臣同心以王道爲理想，以「君臣共治」的方式實現了貞觀之治。

第一節　唐太宗與貞觀群臣的治國方略

　　唐初貞觀，久經戰火荼毒的百姓，人心思定。貞觀君臣因勢利導，實現了社會大治。《貞觀政要》記載「至貞觀三年，關中豐熟，咸自歸鄉，竟無一人逃散，其得人心如此。……商旅野次，無復盜賊，囹圄常空，馬牛布野，外戶不閉。」〔註1〕貞觀之治遂被譽爲中國歷史上的太平盛世，它的實現體現了貞觀君臣治國方略的正確性，也彰顯了儒家王道思想的實踐價值。

一、偃武修文

　　貞觀時期，天下的政治局勢已經穩定，唐朝從定天下的創業階段過渡到安天下的守成階段，統治階層需要調整統治模式、治國方針，以解決新的社

〔註1〕《貞觀政要・卷一・政體》。

會問題。定天下是爲了確立統治之主，安天下是爲了確立統治之序。定天下是在群雄競起中攻破取勝，安天下是於賞罰制度中治亂安民。定天下者「出萬死而遇一生」，安天下者處「驕逸之端」、「危亡之地」，兩件事情都是任重道遠，對於統治君臣而言都是生死存亡之考驗。因而太宗說：「今草創之難既已往矣，守成之難者，當思與公等愼之。」〔註2〕定天下以武力得民力，安天下以德惠贏民心。二者在統治心態、統治方式和人才的標準等方面也有不同，前者以武治亂，後者以靜致靜；前者任用兵戈武力，後者任用仁德教化；雖然都強調才的重要性，而後者更注重官員品德。貞觀君臣明確了定天下和安天下的區別，據此制定了偃武修文的治國方針。

（一）以靜理國、崇儒修文

貞觀君臣確定的以靜理國的方針合於當時情形，唐朝雖然建立了政權，在某些地區實現了社會大治的景象，但是畢竟經過多年的混戰，許多地方的生產力遭到極大破壞。貞觀六年時，「今自伊、洛之東，暨乎海、岱，萑莽巨澤，茫茫千里，人煙斷絕，雞犬不聞，道路蕭條，進退艱阻。」〔註3〕如此景象，使他們不能滿足於現狀，因而繼續堅定地執行以靜治國的方針，希望儘快地恢復和發展生產力，實現真正的貞觀之治。

貞觀統治集團意識到朝廷的主要任務在於安民止亂，而要達成這一任務，首先要做的就是恢復民力，貞觀時期的政策是對武德時期（唐高祖）一些安民政策的繼承延續。貞觀群臣確立了以靜爲主的治國方略，所謂「以靜理國」，即是不妄爲，停息兵戈，減少武力征伐，均田地，務農時，使百姓不疲於奔命，安於生產。唐初民心思安，戰火停息，唐太宗說，「爲政之要，務全其本。若中國不靜，遠夷雖至，亦何所益。」〔註4〕他們明確穩定國內秩序是治國之本，凡事都以是否能利於百姓爲要，對於尚未歸附的地區，以仁德感召爲主，在對外的關係上，盡量不要動用兵戈。貞觀初，唐太宗能夠做到不尚虛名而勞民，貞觀五年，康國請求歸附，太宗不允，他說：

> 前代帝王，大有務廣土地，以求身後之虛名，無益於身，其人甚困。假令於身有益，於百姓有損，朕必不爲，況求虛名而損百姓乎！康國既來歸朝，有急難不得不救。兵行萬里，豈得無勞於民？

〔註2〕 《貞觀政要・卷一・君道》。
〔註3〕 《貞觀政要・卷二・直言諫爭》。
〔註4〕 《全唐文・卷十・政本論》。

　　若勞民求名，非朕所欲。所請歸附，不須納也。〔註5〕

太宗認爲不應該圖虛名而勞民，康國遠在萬里，即使發生急難也無法相救，況且出兵勞民傷財，於國不利。貞觀統治集團在貞觀初停兵戈、息征伐，而與民休息，處處以安百姓爲念，實踐以靜治國的理念。

　　與此同時，貞觀君臣能夠意識到儒學、禮教的作用，開始大興文教。唐太宗認爲：「夫功成設樂，治定制禮。禮樂之興，以儒爲本。弘風導俗，莫尙於文；敷教訓人，莫善於學。」〔註6〕新王朝國，必定要制禮作樂，全面建設新的社會政治文化制度，使王朝呈現一番新氣象。而在唐太宗看來，只有堅持儒家的禮樂文明，才能使王朝氣象更新，同時認爲這也是實現王道的必經之途，所以要大興文化教育事業，要求各級官員以弘儒學興教化爲務。

　　儒學在傳統政治文化中的作用是非常重要的，魏徵說到：「儒之爲教大矣，其利物博矣。篤父子，正君臣，尙忠節，重仁義，貴廉讓，賤貪鄙，開政化之本源，鑿生民之耳目，百王損益，一以貫之。」〔註7〕它能釐定君臣，移風易俗。所以，貞觀朝大力興辦儒學教育，建學館、立孔子廟堂於國學，「以仲尼爲先聖，顏子爲先師」，收天下儒士、賜帛給傳，並封以官職。唐太宗經常幸國學，令祭酒、司業、博士講論，國內儒生以及其他國家慕名而來者甚眾，「於是國學之內，鼓篋升講筵者，幾至萬人，儒學之興，古昔未有也。」〔註8〕貞觀四年，命孔穎達等人勘定五經，實行科舉考試。貞觀朝弘揚儒學，倡導禮儀教化，改善了社會風氣，使臣民融入儒學氛圍之中。

　　以武治亂定天下之主，以靜致靜安天下之心的策略，使得貞觀君臣實現了疆域、政權的一統，由此創立了偉大的功業、德業，獲得了百姓的擁護，使得唐朝的統治更加具有合法性、更加穩固。安天下即是要使近人懷安、遠人來服，實現國泰民安、萬國來朝的盛世，貞觀統治集團就是以此做爲他們的政治理想。這一理想的實現建立在他們能夠以史爲鑒的基礎上，他們意識到民的重要性，而能以民爲本，以古代聖王爲典範。

（二）與民休息、以民為本

　　與民休息在於人君寡欲，貞觀九年，太宗對群臣說，隋煬帝宮中美女珍

〔註5〕　《貞觀政要・卷九・征伐》。
〔註6〕　《唐太宗集・帝範・崇文篇》。
〔註7〕　《隋書・卷七十五・儒林列傳序》。
〔註8〕　《貞觀政要・卷七・崇儒學》。

玩無數，而猶不知足，還徵求無度，東征西討，窮兵黷武，百姓不堪，最終國破身亡，「此皆朕所目見，故夙夜孜孜，惟欲清淨，使天下無事。遂得徭役不興，年穀豐稔，百姓安樂。……君能清淨，百姓何得不安樂乎？」〔註9〕「安人寧國，惟在於君，君無爲則人樂，君多欲則人苦。」〔註10〕無爲即是不妄爲、任意作爲，不以天下滿足君主一個人的私欲，以民爲本要求君主能夠克己奉公，君主要使欲從人，不可使人從欲。

在貞觀群臣看來，以民爲本首先要有存民的意識，不過分地剝削百姓，竭澤而漁則無魚。貞觀君臣意識到君民相依，「君依於國，國依於民。刻民以奉君，猶割肉以充腹，腹飽而身斃，君富而國亡。」〔註11〕剝削百姓以滿足自身，如同割肉以飽腹，最終只能導致君亡國敗。因此貞觀君臣實施撫民策略以存養百姓，如安葬死於戰亂者，釋放大量的奴婢、宮女，從突厥贖回囚虜等，這一方面是出於仁愛子民獲取民心的心理，另一方面也是爲了增加國內人口，保障農業生產。

以民爲本還要使民有恒產，分給百姓田產以供生養。唐初實行均田制，鼓勵百姓遷往「寬鄉」，並給予減免賦稅的優惠措施，使民能休養生息。貞觀十一年，馬周上疏言「自古以來，國之興亡，不由積畜多少，唯在百姓苦樂」，「黎庶怨叛，聚爲盜賊，其國無不即滅。」〔註12〕百姓安樂，才能實現國家太平。因而統治者安撫存養百姓，應使百姓有恒產，而不過度地役使百姓，使百姓安樂而有恒心，國內秩序才能穩定。

以民爲本，還應教化百姓。既富之則教之，天爲民立君，即是要讓其完成安民止亂的使命，傳統政治文化提倡君主運用禮、法來實現社會秩序的穩定。教民就是教化百姓，使他們懂得君君、臣臣、父父、子子，知曉忠孝節義，使他們安於自身的名分，自覺維護社會秩序。鑒於魏晉南北朝時期人們的忠君觀念淡薄，弑君篡權行爲時有發生而導致天下大亂，唐太宗首倡忠君思想的教化，其次要使百姓懂得孝悌之道，以此來調節社會關係。

首先，倡導忠君觀念。唐太宗經常與群臣討論前朝忠臣之事，培養群臣的忠君觀念。如，爲忠臣樹碑立文，贈比干爲太師，諡忠烈公；或恩惠、優

〔註9〕　《貞觀政要‧卷一‧政體》。
〔註10〕　《貞觀政要‧卷八‧務農》。
〔註11〕　《貞觀政要‧卷一‧政體》。
〔註12〕　《舊唐書‧卷七十四‧馬周列傳》。

撫忠臣後代，貞觀五年，因敕所司，「採訪大業中直諫被誅者子孫聞奏。」〔註13〕貞觀十五年，詔「其周、隋二代名臣及忠節子孫，有貞觀已來犯罪配流者，宜令所司具錄奏聞。」〔註14〕對前朝逆臣、叛臣的子孫，永不錄取，使群臣百姓通過對比忠臣逆臣的不同下場而忠心奉上，貞觀七年，詔曰：宇文化及弟智及、司馬德戡、裴虔通等人，「大業季年，咸居列職，或恩結一代，任重一時；乃包藏凶慝，罔思忠義，爰在江都，遂行弒逆，罪百閻、趙，釁深梟獍。雖事是前代，歲月已久，而天下之惡，古今同棄，宜置重典，以勵臣節。其子孫並宜禁錮，勿令齒敘。」〔註15〕唐太宗昭告天下隋朝一些叛逆之臣的惡行，並禁錮他們的子孫後代於偏遠惡劣之地，以此來激勵臣民盡忠於李氏王朝。

其次，提倡孝親觀念。貞觀朝處於亂世之後，百姓愁苦，人人望安，統治者因勢利導，依據禮典淳化風俗，旌表孝親有聞者，嚴禁違禮背德的行為。

君主為了統治的穩定，一方面用禮儀教化倡導忠君孝親，另一方面以律法懲治不忠不孝之人。唐朝沿用「十惡」罪名，對於謀反、謀大逆、謀叛、大不敬等，即使是適用於「上請」、「八議」等特權的階層成員，都不得赦免。對於子民，若有惡逆、不道、不孝、不睦、不義、內亂等皆不得赦免。貞觀君臣通過禮與法兩方面的施為來淳化社會風俗，並運用刑與賞兩種方式來勸善止惡。房玄齡言到，對於百姓應「設禮文以理之，斷刑罰以威之，謹好惡以示之，審禍福以喻之，求明察以官之，尊慈愛以固之。故眾知向方，皆樂其生而哀其死，悅其教而安其俗；君子勤禮，小人盡力，廉恥篤於家閭，邪辟消於胸懷。」〔註16〕他們認為國家的治理需要用禮文、刑罰，使百姓懂得好惡、福禍，並任用明察之官和慈愛之人來實施，使君子、小人都能得到約束，實現社會風氣的改善。

以民為本即是要統治者重民、養民、富民、教民，使民恢復生力、生氣，保障民的物質生活，使其生活安樂。既能獲得民力，也能獲得民心，以此捍衛其統治，「使百姓乂安，此乃朕之甲兵也」〔註17〕。

〔註13〕《全唐文·卷十·祭比干文》。
〔註14〕《貞觀政要·卷五·忠義》。
〔註15〕《舊唐書·卷三·太宗本紀下》。
〔註16〕《晉書·卷五·孝愍帝紀》。
〔註17〕《資治通鑑·卷一九三》。

（三）任良善公直者

以民爲本，還應爲民擇官，選用良善公直者，以便更好地來理民、教民，推行國家既定的方針政策。君主不能一人獨治，需要良臣的輔助來完成上天的使命，因而擇官非常重要。百官是治國策略的具體執行者、實踐者，與民直接接觸，其德能素質直接影響治民的效果。「爲政之要，惟在得人。用非其才，必難致治。今所任用，必須以德行、學識爲本。」〔註 18〕唐太宗認爲官員是實施政策的關鍵，應選用有德行、學識的人來治理，表現了他以文治國，而非以武治國的治國思路。因爲定天下與安天下所要解決的問題不同，所以對於人才的界定有所區別。

定天下之時，取人重才，安天下者，重德才兼備。貞觀朝注重對所任者言行的考察，魏徵說「今欲求人，必須審訪其行。若知其善，然後用之，設令此人不能濟事，只是才力不及，不爲大害。誤用惡人，假令強幹，爲害極多。」〔註 19〕他們明確地認識到，治理百姓不應用惡人，這樣爲害甚大，任官之前，必須察訪，以確定他是否德才兼備。德重其仁愛百姓之責，才重其社會治理之能，前者以教化爲務，後者以吏清爲上。選用良善公直者，是因爲他們能夠以身作則教化百姓，且他們還有治理社會的才能，能夠實現社會的公正。

貞觀統治者注重對基層官員的任用、考覈，以保障以民爲本治國方略的實施。貞觀十一年，侍御史馬周上疏曰：「治天下者以人爲本，欲令百姓安樂，惟在刺史、縣令。……朝廷必不可獨重內臣，外刺史、縣令，遂輕其選。所以百姓未安，殆由於此。」〔註 20〕與百姓最直接相關的官員就是縣令和刺史，選拔好的官員擔任縣令和刺史才能使百姓安樂，所以朝廷不能只關注京官和朝廷大員，更應將目光轉向基層官吏。

貞觀時期還繼承隋代的創新，實行科舉制，以提高官員隊伍的文化水平，實施其以文治國的策略，並完善對官吏的監督、考覈機制。貞觀朝採用「四善」〔註 21〕原則爲二十七個官職設定最佳標準，稱爲「二十七最」〔註 22〕。

〔註 18〕　《貞觀政要‧卷六‧奢縱》。

〔註 19〕　《貞觀政要‧卷三‧擇官》。

〔註 20〕　《貞觀政要‧卷三‧擇官》。

〔註 21〕　《舊唐書‧卷四十三‧職官志二》：一曰德義有聞，二曰清愼明著，三曰公平可稱，四曰恪勤匪懈。

〔註 22〕　《舊唐書‧卷四十三‧職官志二》：二十七最：其一曰獻可替否，拾遺補闕，

根據它們來考覈官員，並劃分考覈結果爲九等，根據考覈的結果對官員進行升降賞罰。貞觀朝史治清明，得益於他們對這一考覈、監督機制的執行，而太宗本人也體道愛民、公平處事，帶動了整個統治集團的自律能力的提高。

貞觀朝確立了偃武修文的方針，靜君以安民，並選用良吏保障這一方針的貫徹執行。他們弘揚儒家文化，倡導以民爲本，並利用禮法、刑賞來勸善止惡，移風易俗，提高了國人的忠君、孝親觀念，穩定了統治秩序。

二、德法兼備

貞觀君臣是歷史上比較有作爲的一個政治團體，之所以說是政治團體，是因爲他們有著比較高的政治認同，具有共同的政治理想追求，這不僅保障了政治策略地順利執行，還使得君臣關係融洽，相互警醒，共同造就了貞觀之治的盛況。

貞觀君臣以偃武修文爲治國方針，採用禮德、刑法來治國。貞觀二年，太宗謂侍臣曰：「人無常俗，但政有治亂耳。是以爲國之道，必須撫之以仁義，示之以威信，因人之心，去其苛刻，不作異端，自然安靜，公等宜共行斯事也。」〔註23〕撫以仁義爲德治，示以威信爲法治，德法兼備，則能使善人、惡人都能得到治理。

（一）兼用道釋

儒釋道的論爭自魏晉以來愈演愈烈，唐初儒釋道有三足鼎立之勢。由於南北朝時期戰亂的頻發，百姓流離失所，他們於寺院道觀中求生存，並以此

爲近侍之最。其二曰銓衡人物，擢盡才良，爲選司之最。其三曰揚清激濁，襃貶必當，爲考校之最。其四曰禮制儀式，動合經典，爲禮官之最。……其六曰決斷不滯，與奪合理，爲判事之最。……其十一曰承旨敷奏，吐納明敏，爲宣納之最。其十二曰訓導有方，生徒充業，爲學官之最。……其十四曰禮義興行，肅清所部，爲政教之最。其十五曰詳錄典正，辭理兼舉，爲文史之最。其十六曰訪察精審，彈舉必當，爲糾正之最。其十七曰明於勘覆，稽失無隱，爲勾檢之最。其十八曰職事修理，供承強濟，爲監掌之最。其十九曰功課皆充，丁匠無怨，爲役使之最。其二十曰耕耨以時，收穫成課，爲屯官之最。其二十一曰謹於蓋藏，明於出納，爲倉庫之最。其二十二曰推步盈虛，究理精密，爲歷官之最。其二十三曰占候醫卜，效驗居多，爲方術之最。其二十四曰譏察有方，行旅無壅，爲關津之最。其二十五曰市廛不擾，姦濫不作，爲市司之最。其二十六曰牧養肥碩，蕃息孳多，爲牧官之最。其二十七曰邊境肅清，城隍修理，爲鎮防之最。

〔註23〕《貞觀政要・卷六・慎所好》。

來慰藉心靈，加之各民族的融合，使得佛教和道教獲得了極大的發展。唐朝在創業階段，曾受到過道士的幫助，李唐王朝追溯老子李耳爲遠祖，因而對道教大加提倡；而貞觀臣子也有嗜佛的，如蕭瑀「好釋氏，常修梵行，每與沙門難及苦空，必詣微旨。」〔註24〕所以，唐太宗在提倡儒學的同時，也利用釋、道導人向善，肯定其對社會穩定的積極作用：

> 老君垂範，義在清虛；釋迦貽則，理存因果。求其教也，汲引之迹殊途；窮其宗也，宏益之風齊致。然大道之興，肇於遽古，源出無名之始，事高有形之外……故能經邦致治，反樸還淳。至如佛教之興，基於西域，逮於後漢，方被中華。……況朕之本系，出於柱史。今鼎祚克昌，既憑上德之慶；天下大定，亦賴無爲之功。……自今以後，齋供行立，至於稱謂，其道士女冠，可在僧尼之前。庶敦本之俗，暢於九有；尊祖之風，貽諸萬葉。〔註25〕

唐太宗承認佛、道二教對社會都有作用，認爲道教在中國產生較早，而佛教源自西域，東漢以後才在中國盛行，且李氏王朝尊老子爲其遠祖，從尊祖的因素出發，將道教排在佛教之前。貞觀時期以致整個唐朝，對於文化採取兼容並包的原則，實現了各種文化間的交流融合，但在政治上依舊以堯舜王道理想爲目標，依舊視君臣父子的倫常秩序爲社會大本，不可動搖。所以貞觀時期對佛道仍有所限制，要求其存在以不擾亂社會名教秩序爲原則：

> 貞觀五年，太宗謂侍臣曰：「佛道設教，本行善事，豈遣僧尼道士等妄自尊崇，坐受父母之拜，損害風俗，悖亂禮經？宜即禁斷，仍令致拜於父母。」〔註26〕

佛道出家人不僅不禮拜王公，而且也不敬父母，這在太宗看來是有悖風俗倫理的，因而他通過政令來要求佛道僧尼禮拜父母。這確實體現了太宗對儒家文化的堅定信仰，他也明確地說到：「朕今所好者，惟在堯、舜之道，周、孔之教，以爲如鳥有翼，如魚依水，失之必死，不可暫無耳。」〔註27〕唐太宗將堯舜之道看作是治國必需的，如鳥需翼、魚需水，將其視爲治國之大經。

〔註24〕 《舊唐書・卷六十三・蕭瑀列傳》。

〔註25〕 《全唐文・卷六・令道士在僧前詔》。

〔註26〕 《貞觀政要・卷七・禮樂》。

〔註27〕 《貞觀政要・卷六・慎所好》。

（二）為政以德

貞觀之初，統治集團確定依堯舜之道來治國，施行德治教化，追求王道理想的實現。而這個政治理想追求實現的過程也正是君主修其德業的過程。君主一方面要克己修德，另一方面也要以仁德作爲制定政策的原則，「恩加於人」以獲取民心。

爲政以德，不僅要惠及百姓，還應爲百姓營造一個公正的社會環境。恩威並施，使犯上作亂者得到應有的懲處，因而唐太宗不提倡大赦，認爲那是對善人的不公：

> 貞觀七年，太宗謂侍臣曰：「天下愚人者多，智人者少，智者不肯爲惡，愚人好犯憲章。凡赦宥之恩，惟及不軌之輩。古語云：『小人之幸，君子之不幸。』『一歲再赦，善人喑啞。』……夫謀小仁者，大仁之賊。故我有天下以來，絕不放赦。今四海安寧，禮義興行，非常之恩，彌不可數，將恐愚人常冀僥倖，惟欲犯法，不能改過。」

〔註28〕

犯法之人不會是君子，多是愚人和小人，如果對他們實行大赦，就會引發他們的僥倖、覬覦之心，使他們再次犯法而不能改過遷善。所以，嚴於刑罰是治國的重要原則。雖然爲政以德，但也需要刑罰的輔助。

以德治國，即是以道德來規範人們的行爲，強調個體的自律在維護社會秩序方面的示範和引導的作用；以法治國，即以刑罰來懲戒人們的行爲，強調外在的約束在維護社會方面的強製作用。「導之以禮」、「齊之以刑」才能使違法亂德之人，既有因不德而有恥感，也因不法而有罪感。禮儀德治和刑罰律令都是維護社會秩序的手段。「夫刑者，制死生之命，詳善惡之源，翦亂除暴，禁人爲非者也。」〔註29〕刑罰能夠主宰人的生死，使人們明於善惡，起到除暴安良的作用，它始於勸善，終于禁暴。通過德和法，使國民對統治者「愛之如父母，仰之如日月，敬之如神明，畏之如雷霆。」〔註30〕民對君既愛又敬又畏，才能使善惡之人都得到治理。德法兼備才能防範禍亂的產生、延長國祚：

> 夫刑極於死而止矣，其不得不有死刑者，以止惡，以懲惡，不

〔註28〕《貞觀政要·卷八·赦令》。
〔註29〕《隋書·卷二十五·刑法志》。
〔註30〕《貞觀政要·卷六·奢縱》。

得已而用也。大惡者，不殺而不止，故殺之以絕其惡；大惡者，相

襲而無所懲，故殺此以戒其餘；先王之於此也，以生道殺人也，非

以惡惡之甚而欲快其怒也。〔註31〕

死刑是刑法之中最重的懲處，設置死刑的目的在於除掉大惡之人，是不得已
的行為，所以死刑並不是出於厭惡和解恨等緣故，而實際上是「以生道殺人」，
使社會免受惡人的荼毒，也是為了使其他人不要被惡人感染而犯惡。「以生道
殺人」實際上體現了我國傳統文化引禮入法的目的，將仁德顯於刑罰之中，
使人們感受到統治者的仁愛精神。

　　所以，這也是德治與法治的區別，二者都任用刑罰，但側重點不同，有
慎刑慎罰與嚴刑酷法的區別，其體現的精神和原則也不同。前者強調刑罰的
目的在於使人改過向善，是一種道德教化方式，讓人不恥惡行；而嚴刑酷法
以懲罰為目的，使百姓有畏懼之心、順從於暴力不敢亂法。貞觀君臣能夠意
識到德治與法治的不同，因而強調任德不任刑，貞觀元年，太宗曰：「朕看古
來帝王以仁義為治者，國祚延長，任法御人者，雖救弊於一時，敗亡亦促。」
〔註32〕古人所謂的「任法」即是純任刑罰，以嚴刑酷法而非公平公正為特徵，
容易產生冤假錯案，不利於社會的治理。秦朝尚法，以法理國，雖然社會有
序，但是嚴刑酷法帶來「路人以目」的現象，隱藏了社會混亂的因素。貞觀
統治集團任德而用法，此法則取其公正、誠信的含義，他們慎刑慎罰，以法
為大信，成為貞觀德政的特色之一。

（三）寬平為上、法為大信

　　貞觀君臣以德法治國，體現了天道仁愛、公正的精神。寬則慎刑慎罰循
仁愛，平則以法為大信循公正，寬以施德、平以博信。

　　以「寬」為原則制定、實施律令，減輕刑罰，減少死罪條目。太宗言：「本
以為寬，故行之。然每聞惻愴，不能忘懷」，後廢除肉刑，以加役流三千里，
作兩年代替，並根據犯罪者具體情形減輕連坐處罰程度，因對囚犯的刑具有
枷、杻鉗、鎖等，「皆有長短廣狹之制，量罪輕重，節級用之。」〔註33〕因「人
命至重，一死不可再生」而改死刑三覆奏為五覆奏，都體現了貞觀朝以「寬」、
「慎」制刑罰的特點。同時，太宗也警告主司刑獄的人，不可「利在殺人，

〔註31〕《讀通鑑論・卷十九・隋文帝三》。
〔註32〕《貞觀政要・卷五・仁義》。
〔註33〕《舊唐書・卷五十・刑法志》。

危人自達，以釣聲價。」〔註34〕不能以殺人、危人來顯現自己的剛直之名，而應以寬平爲務。律法的設定是爲了防民止亂，達到以刑止刑的目的，而不是爲了以刑致刑。

以「平」爲原則，即是要以公義爲原則，實現法之大信。魏徵認爲刑律懲處要出於公義，而不能以私害公：

> 故《體論》云：「夫淫、盜竊，百姓之所惡也，我從而刑罰之，雖過乎當，百姓不以我爲暴者，公也。怨曠飢寒，亦百姓之所惡也，遁而陷之法，我從而寬宥之，百姓不以我爲偏者，公也。我之所重，百姓之所憎也；我之所輕，百姓之所憐也。是故賞輕而勸善，刑省而禁奸。」由此言之，公之於法，無不可也，過輕亦可。私之於法，無可也，過輕則縱奸，過重則傷善。〔註35〕

魏徵認爲刑罰應以「公」爲原則，公即是對大多數百姓有益的，獲得大多數百姓支持的行爲，既使對惡人處罰過重，百姓也不會認爲我殘暴，若人因飢寒犯法，我寬宥輕判，百姓也不會有意見。私刑出於個人私義，不能取得百姓的信服。此「公」實現了法律勸善止惡的目的，實現了社會秩序的穩定。

法的執行應公平公正，突出法的效用：誠信於天下。貞觀時有人在選舉中詐僞資蔭，太宗讓他們自首，不自首者罪至死，後有詐僞者事發，戴冑依法判其流罪，太宗言：「卿自守法，而令我失信邪？」戴冑言「法者，國家所以布大信於天下；言者，當時喜怒之所發耳。陛下發一朝之忿而許殺之，既知不可而置之於法，此乃忍小忿而存大信也。若順忿違信，臣竊爲陛下惜之。」太宗稱善。〔註36〕法是國家制定的，定法的目的是爲了讓國民遵守，如果君主以言干法，因喜怒而行賞罰，則法如同虛設，君主不依法而行，國民豈會畏法？所以依法而行，才能取信於民。

信即是誠信，通過自己的言行獲取別人的信任。對於統治者而言取信於民，即是應堅持某一個原則，持之以恒地做下去，這個原則即是一個社會普遍通行的原則、規範——法。這個原則的確立要獲得大家的認可，否則偏於一方，也不會被人接受；在具體地實踐這個原則時，不能以身試法，知法犯法，而應秉公執法，這樣才能獲得大家的信任。傳統政治文化中，君主的個

〔註34〕《貞觀政要·卷八·刑法》。
〔註35〕《貞觀政要·卷五·公平》。
〔註36〕《舊唐書·卷七十·戴冑列傳》。

人意志超越於法律之上，若統治者以言代法、以私害公，則取消了法之公、信的性質，社會缺乏一個客觀、恒定的標準，人們無法措手足，導致社會的失序。

貞觀君臣以史爲鑒，統治階層確立法爲大信的原則，「信爲國本，百姓所歸」〔註37〕，國家以信爲本，制定的政策，才能被執行，百姓才願意歸附。這一君臣共識，使得統治階層的意識保持一致，互相制約，「大公行而私恩亦遂矣。」「是故親親之殺，與尊賢互用而相成，唯唐爲得之，宜其宗室之多才，獨盛於今古也。」〔註38〕王夫之評價到唐朝宗室之所以人才濟濟，即是在於他們能夠以法爲大信，與尊賢互用，群臣都能以社稷爲念，使大公行於天下。

政治執法以寬、公、信爲主，既不能嚴刑酷法，也不能濫施賞罰，貞觀十一年，魏徵上書：「夫刑賞之本，在乎勸善而懲惡，帝王之所以與天下爲畫一，不以貴賤親疏而輕重者也……刑濫則小人道長，賞謬則君子道消。小人之惡不懲，君子之善不勸，而望治安刑措，非所聞也。」〔註39〕刑法的目的在於勸善懲惡，不能按照親情的遠近和地位的高低而有所偏廢徇私，如果濫行賞罰，就會破壞法律的尊嚴，使得民眾無善惡之分，欲想國家得治是不可能的。

君主專制下的法律爲了適應當時的等級禮制，只有相對的「公」，但是執法者是否能夠按照已有的法律條文去執行，這就是所謂公允的存在，在已有的律法條件下，體現執法者的公允，體現法爲大信的存在。皇親國戚、功臣勳貴等與皇帝有很密切的聯繫，他們也會恃寵而驕，敗壞法度，對他們的處罰會慎之又慎，否則失法之公允。貞觀十七年，李元昌與太子李承乾謀反事發，太宗弗忍加誅，特赦免死，大臣高士廉、李世績等奏言：「王者以四海爲家，以萬姓爲子，公行天下，情無獨親。」〔註40〕貞觀群臣認爲君主應以四海爲家，不能因親情舊念罔顧國法，若施恩於謀逆者，如何明正典刑。太宗於是賜李元昌自盡於家，除其封國。太宗由此堅定地執行「畫一」之策，對犯法之人必不寬宥，以免使功臣居功藐視法的存在，實現了法之「公」、「信」，保障了貞觀之治的實現。

〔註37〕 《舊唐書・卷八十・褚遂良列傳》。
〔註38〕 《讀通鑑論・卷二十・太宗二》。
〔註39〕 《貞觀政要・卷八・刑法》。
〔註40〕 《舊唐書・卷六十四・高祖二十二子・李元昌列傳》。

法爲大信，強調法爲天下之法，即是使賞罰有度，如貞觀名臣李道宗，與太宗一起創業，但因貪贓被免官、削封邑，後被啓用，與李靖征討高麗，太宗讚賞其言行，時李道宗在陣損足，太宗親自爲其施針，賜以御膳〔註41〕。貞觀君臣能夠明確賞罰標準並以此實踐，所以能夠實現吏治的清明。但是考慮到君主也會因喜怒而濫賞罰，做不合「法」之事，所以在制度上需層層設防，約束君主的行爲，如死刑的「五覆奏」制度，即是爲了防範君主因怒而濫殺而產生的。

我們知道，在君主專制下法是合乎君主意志的法，君主的個人意志可以超越於此法之上，體現了君權的無限性。唐太宗因盛怒而錯罰、錯判，但又能聽諫改判或積極地完善制度減少類似事情發生，以此來約束君權的無限性，由此來說，貞觀之初的唐太宗還是一個善於反省的、有爲的明主，比歷史上其他君主強之。

第二節　貞觀君臣的政治心態

政治心態是從事政治活動的人的政治動機、態度、信念等，是人的心理活動，它可以通過言行表現出來。政治心態具有歷史傳承性，因而政治家們會體現政治心態的共性，如畏、難的政治心態，而政治心態也會爲某一群體所具有；政治家們又會因其性格、經歷、知識、能力等方面的不同導致政治心態的差異性。政治心態與政治理性密切相關，是決定政治家執政行爲的直接內因。貞觀君臣繼承了傳統政治心態的共性，又因他們的特殊經歷，使得他們的政治心態呈現出時代性和個體性的特徵。

貞觀君臣共同經歷了隋滅唐興，他們畏天而憫民，因治國之難而能治國以誠。對他們畏、難、誠的政治心態的形成原因的探究，能幫助我們更好地探究貞觀之治的實現原因。

一、畏

在君主專制的社會，除了神權外理論上沒有任何強力能約束君主，他擁有至高無上的權力，其個人意志超越任何人、事、物之上，他的言辭成爲敕令、詔書，可視天下爲自己的私物隨意處置。可是唐太宗卻說，「人言作天子

〔註41〕　《舊唐書·卷六十·宗室·李道宗列傳》。

則得自尊崇，無所畏懼，朕則以爲正合自守謙恭，常懷畏懼。」〔註 42〕唐太宗坦言他常謙恭畏懼。作爲一個曾在戰場上殺伐的將軍，一個走過朝代更替的秦王，一個經歷了兄弟相殘的君主，毋庸置疑他是一個勝利者，功成名就之後，志得意滿之時還要畏懼什麼？

畏，「懼也」、「恐也」〔註 43〕。畏，就是懼怕、擔心之意，是人對神秘之物、不可控之人、事的擔憂、害怕心理。它是人的一種原始心理，潛存於每個人的內心之中，有強弱程度之分。畏懼謹慎是中國古代政治所倡導的政治心態，具有政治心態的共性，它要求統治者要小心謹慎，敬畏天命，不可妄自尊大、得意忘形，要善始善終、小心翼翼地從政，以此來保持天命長遠。早在西周時期，周公輔佐武王奪取政權後，就大力警告分封的諸侯要敬畏天命，小心謹慎地從政，否則就會重蹈殷商覆亡的舊轍。在《尚書》中記錄了多處警誡之語，教導君主應該時刻保持一個畏懼之心，謹言愼行，不要做違天背德之事，周公對蔡叔說：「皇天無親，惟德是輔。民心無常，惟惠之懷。爲善不同，同歸於治，爲惡不同，同歸於亂。爾其戒哉！愼厥初，惟厥終，終以不困。不惟厥終，終以困窮。」〔註 44〕統治者愼始愼終地敬畏皇天、懷惠百姓，才能歸於善治。

畏懼之心能夠使君主謹慎誡懼，從全局的角度出發處理政事，顧慮百姓公利，也潛在地要求君主修身自律，以永固宗廟社稷，魏徵對太宗說：「願陛下守此常懼之道，日愼一日，則宗社永固，無傾覆矣。堯、舜所以太平，實用此法。」〔註 45〕在魏徵看來，堯舜以來的聖王之所以能夠取得聖王的美名，就在於「日愼一日」地勤勞政務。李世民的個人經歷、能力造就了他的政治心態的獨特性，作爲創業與守成之君，更能體會畏難謹慎的治國心理，所以他能接受諫言、反省自己，並警示群臣謹慎從政。畏懼謹慎的心態既源自對歷史經驗的繼承，也出自貞觀君臣對理想政治的訴求和實踐，因而他們能互相標榜、督促對方以畏難、謹慎的態度從事政治活動，這也體現了貞觀貞觀政治心態的時代性。

唐太宗作爲統治者，爲了維護天命、皇權，他敬畏皇天、民眾和群臣，他說，「天高聽卑，何得不畏？群公卿士，皆見瞻仰，何得不懼？以此思之，

〔註42〕 《貞觀政要·卷六·謙讓》。
〔註43〕 《廣雅·釋詁》。
〔註44〕 《尚書·蔡仲之命》。
〔註45〕 《貞觀政要·卷六·謙讓》。

但知常謙常懼，猶恐不稱天心及百姓意也。」〔註46〕他敬畏上天，因為上天能夠賞善罰惡，由畏天而畏民；他畏忌群臣，擔心百官不能清廉自守、奉公守法，誘發百姓聚眾叛亂，由畏民而畏臣；貞觀君臣以史為鑒，畏懼會重蹈因君臣離心導致國破家亡的歷史覆轍，由畏臣而畏史。畏天、畏民、畏臣、畏史的政治心態，既是對古代政治心態共性的繼承，也是唐太宗政治心態獨特性的體現。

（一）畏天

對天、天命的畏懼，古來有之，畏天是傳統文化中普遍的群體政治心態，為歷代的政治家所共同具有。古人相信天命的存在，舉凡個人的際遇得失，朝代的更迭，都被看做是天命在起作用。天命觀來自原始的上帝崇拜和祖先崇拜，天是人間社會事物的命運主宰，是政治統治權威的來源，也是歷代祖先死後所去的地方，她既能保佑地上的國君及其統治，也能剝奪君王的天命而改朝換代。武王伐紂就是順天應人的一場革命，它帶來了天命觀的變革，周公提出了「天命靡常，惟德是輔」的觀念，皇天上帝能賞善罰惡，唯有以德配天，以民為本，才能獲得統治管理社會的權力，這留給此後的帝王以畏天的政治心態。歷代王朝的開創者都被認為是天命的獲得者，後世子孫只是保有、持守祖宗所獲得的天命。所以在朝代輪換、君主更替時，都要舉行祭天、祭祖大禮，敬告上天、祖宗，天命發生了轉變或是人間發生了重大事件。

對天命的信仰建立在天人感應的基礎之上，晴陰風雨雷電與人的喜怒哀樂之情具有必然的聯繫，祥瑞災異日月星象都是君主的言行得失的反映。天人感應的理論建立起天道與人道的聯繫，通過天道來反省現實政治，據天所顯現的各種的訊息，來調節人事活動，以天道指導治道，這成為傳統儒家的共識，也被歷代統治者所接受。貞觀君臣也同樣有天人感應、災異譴告的觀念，如貞觀十一年，大雨，穀水溢，毀十九座宮寺，七百餘家住所被浸，太宗說：「朕之不德，皇天降災，將由視聽弗明，刑罰失度，遂使陰陽舛謬，雨水乖常。矜物罪己，載懷憂惕，……文武百官各上封事，極言得失。」〔註47〕太宗認為是自己失德，才使得皇天降災，他反思政事是否有失，並讓百官上封事。這樣就使得在人事、天事、政事之間構成了一個循環，人事影響天事，天事影響政事，天事是人事的表徵，以天事所顯反觀政事，人事、政事趨向

〔註46〕《貞觀政要‧卷六‧謙讓》。
〔註47〕《貞觀政要‧卷十‧災祥》。

不同，前者側重百姓之事，後者側重朝廷、君主之事。天命具有神秘性和不可抗拒性，所以人們在心理上畏懼它，因此天能夠起到監督的作用，成為改朝換代、任賢使能、改善政治、鏟奸除惡的口實與工具。

從現實政治來看，對天的敬畏能夠使統治者意識到民心、民意的存在，因為天人感應中最重要的一環，即是天心與民意相通，「天視自我民視，天聽自我民聽」，畏天在事實上是對民的畏懼。政治的好壞會通過民心向背來體現出來，傳統政治文化認為，民眾怨恨政治，其怨氣就會上昇於天，天就會降下災異來譴告統治者，統治者如果不知悔改，上天就會變革天命，王朝發生更迭。貞觀群臣看到了隋末災異造成流民聚亂成盜揭竿而起的現實，有鑒於此，太宗警惕天災的出現。所以，敬畏上天，畏懼天命的更迭，要根據上天的示警調節人事活動，在一定程度上對君主形成無形的約束，使君主反省自身，擴大君主的憫民之心，做些有益於民眾的事情，如輕徭薄役，寬刑慎法。因此，天人感應的觀念不能予以全部的否定，在歷史上還是起到一定的積極作用的。

（二）畏民

畏天而憫民，要求統治者必須以民為本，關心民生的疾苦，這是上天選擇統治者治理天下的神聖職責，否則百姓就會聚集成為一股不可抗拒的力量，推翻王朝的統治。隋文帝統一全國，革新制度，國力強盛，當時創下了何等的豐功偉績，然而二世隋煬帝窮兵黷武，大修宮室，多次巡遊天下，征伐高麗，致使百姓賦役繁重，加之天災頻發，造成大量的流民淪為盜賊，及國破身亡而不知何以至此。唐太宗生當其時，對此有深刻的感悟，他看到了民眾的力量，認為「為君之道，必須先存百姓。」〔註48〕「民為邦本」，只有使民生存，保住了民，才會「本固邦寧」。

由畏民而起，太宗與群臣執政後，制定了偃武修文、布德惠施的政策。首先安置百姓，以百姓之心為心，使他們恢復生產。太宗在《民可畏論》中論及，「天子有道，則人推而為主；無道，則人棄而不用，誠可畏也。」〔註49〕有道與無道的體現就在於是否能順天意、得民心。天子有道自然能得到百姓的歡心和擁護。所以，太宗因畏民而在人事活動中強調以民務為則，不以私害公。《貞觀政要》記載，皇太子的冠禮正值農時，太宗決定推遲太子冠禮

〔註48〕 《貞觀政要·卷一·君道》。
〔註49〕 《全唐文·卷十·民可畏論》。

的舉行而不擾民。他意識到自己的言行能夠給百姓帶來的影響，因而「愼言語」，以務農爲本，息兵戈，凡事利民而行。

因畏天而憫民，畏民而惠民，才能給民帶來實際的益處，百姓對朝廷才有信心，民樂安，社會秩序才能穩定。而要社會秩序的穩定需要有良好德行、才能的官吏，貞觀治世的出現，是在太宗和群臣共同努力下實現的，而群臣之所以能如此努力，源於貞觀君臣互畏的心態。

（三）畏臣

君臣互畏是傳統政治普遍存在的一種現象，它導致君臣心理的相互猜忌和設防，使君臣之間成爲矛盾對立的格局。臣畏君是畏其威勢，恐懼君王的喜怒而引發的賞罰無常。那麼唐太宗爲何畏懼群臣？太宗說，「人主惟有一心，而攻之者甚眾。或以勇力，或以辯口，或以諂諛，或以奸詐，或以嗜欲，輻湊攻之，各求自售，以取寵祿。人主少懈，而受其一，則危亡隨之。」〔註50〕臣子會因勇力、花言巧語等博取君主的寵祿，而君主稍微懈怠，就會被他們矇騙，危亡也就會臨近。

君主對臣的畏來自兩方面，一，畏忌權臣的出現；二，畏懼百官不能盡心治理。君主在君臣關係中的主導性，使其可以通過各種方式防範其所畏懼的事情發生，如以制度的形式，唐太宗爲防止權臣的出現，實行群相制、三省六部制，分散權力，並使各省之間相互制約；爲防範臣子不能盡心事主，而考覈、監督百官。但在太宗看來更重要地還是要使群臣自覺地維護君主的統治，表現出勇往直前、大公無私的政治品格，積極地輔佐他治理天下，所以太宗善待敢於直諫的魏徵，以勸勉群臣積極進諫。

太宗畏懼臣下不能共成治道，因而時刻提醒群臣，「君臣本同治亂，共安危」，君臣共治才能實現共存共榮。唐太宗意識到君失國、臣失身，都是由於不能盡忠納諫而導致的，他認爲臣子應本著公心來直諫君主，君主則應接納諫言，如此才能君臣合契。「古之帝王，有興有衰，猶朝之有暮，皆爲蔽其耳目，至於滅亡。」〔註51〕兼聽則明，因而每逢有諫言，太宗能和顏悅色地聽取，他明白若百官畏懼其威勢不敢言政治得失，就會耳目閉塞、國破家亡。

唐太宗積極鼓勵群臣參與政事，勇於提出不同的意見。而作爲君主的唐太宗也積極反思，謙恭克己，親賢納諫。唐太宗能夠體諒到臣子進諫的誠心，

〔註50〕《資治通鑑・卷一九六》。
〔註51〕《全唐文・卷十・民可畏論》。

認爲臣子進諫並不是蔑君之威，而是出於忠貞之心，是其竭誠忠君的體現：

> 朕每思之，人臣欲諫，輒懼死亡之禍，與夫赴鼎鑊、冒白刃，亦何異哉？故忠貞之臣，非不欲竭誠。竭誠者，乃是極難。……朕今開懷抱，納諫諍。卿等無勞怖懼，遂不極言。〔註52〕

唐太宗能夠體諒臣子之難，因而能主動求諫、積極納諫，消弱了臣子的畏懼心態，因而成就了比較和諧的君臣關係。貞觀群臣有鑒於歷史上的種種由於君臣互畏所導致的政治弊端，大力提倡以誠待人、以公爲念，通過互相警醒的方式消解君臣互畏的心理，實現了君臣契合，君臣共同努力，最終實現了貞觀盛世。

（四）畏史

太宗與群臣經常一起討論王朝興亡，獲取治國經驗，在君臣論史的過程中，君臣的政治理念趨同、政治共識提升。

以史爲鑒，可以知興替，因而「得失一朝，榮辱千載」〔註53〕。史書以直筆爲善，記載功過是非，後人品評榮辱得失，唐太宗由畏史而重史，設立史官，命群臣編修晉、周、齊、梁、陳、隋六史，實行修史無隱的原則，「良史善惡必書，足爲懲勸。」〔註54〕唐太宗認爲善惡必書的才是良史，因爲它能夠起到勸勉後世的作用。對於玄武門之變，太宗也讓其直書，魏徵說：「臣聞人主位居尊極，無所忌憚，惟有國史，用爲懲惡勸善。書不以實，後嗣何觀？陛下今遣史官正其辭，雅合至公之道。」〔註55〕唐朝確定了君主在位修實錄的原則，房玄齡等人在貞觀十七年經過刪略國史後修撰《高祖實錄》和《今上實錄》各二十卷。唐朝歷代的實錄，將君主言行記錄在案，對君主形成一定的約束。

「史氏有事涉君親，必言多隱諱。」〔註56〕而貞觀群臣卻能夠堅守自己的本職，秉筆直書，直諫君王。唐太宗希望不要書惡，褚遂良說，「史官之設，君舉必書。善既必書，過亦無隱。」〔註57〕給事中兼知起居事杜正倫曾對唐太宗說過：「君舉必書，言存左史。臣職當兼修起居注，不敢不盡愚直。陛下

〔註52〕《貞觀政要・卷二・求諫》。
〔註53〕《史通・內篇卷七・曲筆》。
〔註54〕《貞觀政要・卷七・文史》。
〔註55〕《貞觀政要・卷七・文史》。
〔註56〕《史通・內篇卷七・曲筆》。
〔註57〕《貞觀政要・卷六・杜讒佞》。

若一言乖於道理，則千載累於聖德，非止當今損於百姓，願陛下慎之」。〔註58〕貞觀群臣能夠秉承史官直書善惡的原則，直諫太宗，使太宗能夠克己修身。貞觀九年，太宗命以起居錄記錄帝王言行，太宗想翻看以知爲政得失，諫議大夫朱子奢上表，言到史官直書善惡，如君主翻看起居注，若遇庸君，史官未必能「無顧死亡，唯應希風順旨，全身遠害」〔註59〕，所以前代規定君主不能翻看起居注的原則。唐制，起居郎及舍人掌天子起居法度，貞觀初，以給事中、諫議大夫兼之，執事記錄。「給、諫兼領史官之職使史官執筆載事之權有了更加現實的政治內容，史官載事對於皇帝行動的限制通過現實政治生活中的諫諍等形式得以體現，無疑加大了對皇權行使之限制的範圍與現實意義。」〔註60〕貞觀年間政治清明，與這一制度的實施有很大關係。

貞觀君臣在畏懼、反思與改錯中實踐治國之道，以制度來防範他們所畏懼的事情發生。唐太宗因畏天，使其反觀自身的政治統治是否有不得當的地方，讓百官直書，徵引賢能之士；因畏民，使其「以百姓之心爲心」，寬刑慎法，教化百姓；因畏臣，使其放下姿態，求諫於臣，做到任賢使能、君臣共治，擴大參與政治決策者的範圍，使議政更廣泛深入，注重對官員監督、考覈，強調選拔德才兼備的基層官員；因畏史，使其能夠嚴於律己，吸取古代興亡的經驗教訓，讓史官秉筆直書，強調史書勸善抑惡的作用。唐太宗具有很強烈的反省意識，「朕每閒居靜坐，則自內省。恒恐上不稱天心，下爲百姓所怨。」〔註61〕他以合天人爲念，因而四畏之心能夠起到作用，這是政治心態個體性的顯現，在歷代帝王中不多見。

在君主專制的時代，任何君主都以維護自身政治統治、權力爲念，但實現這一目的的方式、手段不同，會導致仁政德治與嚴刑酷法的區別，所以要看這些手段方式，在多大程度上被群下接受，公利與私欲之間張力的大小決定了王朝的興旺。一君與一夫的區別，在於前者應以天下爲念，不以私廢公，君主擁有最豐富的人力、智力資源，君主一念所發，既能爲己之私欲服務，也能爲民之公利服務，所以亞里士多德認爲君主專制是好的制度，也是壞的制度，因爲這取決於君主的個人意志是否以正義和善爲原則。朱熹在解孔子

〔註58〕《貞觀政要・卷六・慎言語》。
〔註59〕《唐會要・卷六十三・史館雜錄上》。
〔註60〕任士英：《論隋唐皇權》，學術界，2003 年第 1 期。
〔註61〕《貞觀政要・卷二・求諫》。

所講的君子「三畏」中說,「知其可畏,則其戒謹恐懼,自有不能已者。而付畀之重,可以不失矣。」〔註62〕敬畏、畏懼之心能使人謹慎處理事情,權衡各方面的利害得失,因而以畏的心態從事社會活動具有現實指導意義。

當然,因時代不同,傳統政治文化中所畏的對象:天、民、臣、史四者,在現代社會具有不同的文化內涵。首先,對天、天命的畏懼,因對天的信仰的消失,使這一畏天的心態轉淡,外在的監督作用被法、輿論等方式所取代。其次,臣、民的身份因權利觀、人格平等觀念徹底改變,公民取代臣民身份,公民通過法律賦予的政治權利投入到政治活動之中,而政府公務人員則依據法所界定的職權,踐行為民服務的信念;再次,以史為鑒也放到了世界史的視野,吸取其他國家曾經有的經驗教訓,根據中國國情發展自己的政治經濟文化,在此視域下,政治心態體現了國際範圍的認同,又因各個國家文化背景不同體現了自己的特性。

四畏的政治心態是中國古代歷史經驗的總結,潛存於人們心理,在一定程度上能約束統治者的言行,常懷畏懼之心的君主能夠意識到他所造成的社會後果而有所放失。統治者對這四畏所採取的解決措施不同,導致了不同的政治結局。太宗以畏懼之心從事政治活動,群臣又時刻提醒君主不要志滿意驕,而應善始慎終,因而留下了貞觀之治,太宗也成為古代聖君代表,為歷史留下了一個現實的典範。

二、難

「難」的心態,即是要使統治者居安思危,不可輕忽政治。統治者應認清客觀形勢,以認真的態度對待政事,客觀地評價自身的條件、社會條件,以此確定切實可行的治國方略。「難」的目的不是要使大家喪失信心,而是要增強君臣之間的凝聚力、向心力,提升執政的責任心,提高君臣共識的水平,共同面對神聖的治國大業。如果君臣將國事看得簡單輕易,就會使君臣荒怠政務,君臣之間也會失去共同的理想追求,而離心離德。

(一)為君難、為臣難

貞觀初,國力衰弱,民數不足,如何能夠實現社會秩序的穩定,是對貞觀統治集團的極大考驗。

〔註62〕《四書章句集注・論語集注・季氏》。

　　貞觀群臣認為無論是定天下還是安天下，都非易事。而要解決安天下之難，首先在於統治者能夠居安思危。魏徵說：「觀自古帝王，在於憂危之間，則任賢受諫。及至安樂，必懷寬怠，言事者惟令兢懼，日陵月替，以至危亡。……安而能懼，豈不為難？」〔註63〕歷代帝王治國成功的關鍵在於始終懷有憂患之心、敬畏之心，這樣才能親賢納諫，君臣團結，共理朝政，若君主居安忘危、寬鬆懈怠，拒斥賢臣的忠言，就會堵塞言路，使小人當道，賢臣離心，最終敗身亡國。所以治國之道要求君王應始終以畏難的心態治國理民，虛心傾聽賢臣的諫議，這樣群臣就會盡忠盡職，為維護君主的統治獻計獻策。

　　在治理社會的過程中，貞觀君臣能夠體諒到對方的難處，認為為君不易，做臣亦難：

　　　　貞觀二年，張蘊古說：「今來古往，俯察仰觀，惟辟作福，為君實難。宅普天之下，處王公之上，任土貢其所有，具僚和其所唱。是故恐懼之心日弛，邪僻之情轉放。豈知事起乎所忽，禍生乎無妄。」〔註64〕

　　　　貞觀六年，太宗曰：「朕歷觀自古人臣立忠之事，若值明主，便宜盡誠規諫，至如龍逄、比干，不免孥戮。為君不易，為臣極難。」〔註65〕

　　　　太宗謂徵曰：「人臣事主，順旨甚易，忤情尤難。」〔註66〕

為君不易，為臣極難，這是貞觀君臣總結歷史經驗以及對自身政治實踐的親身體悟所得出的至理名言。臣子明瞭為君之難，因而主動進諫，太宗明瞭為臣之難，因而放低姿態主動求諫。貞觀君臣由互畏而能體諒到對方之難，使畏、難的政治心態發揮了積極正面的作用。

　　君王居於等級次序的頂端，擁有無上的權力，若非其有「畏」的心態，很難匡諫他們行克己之事，這同時也是為臣難的一面。群臣以道事君，既要履行匡諫的職責，又不能觸犯君主的威勢，他們在義與利、義與命之間進行艱難地取捨。所以君臣若能體諒到對方的難處，打消、平復對方的畏難心理，則能提高政治認同，有利於統治地順利進行。

〔註63〕《貞觀政要・卷一・君道》。
〔註64〕《貞觀政要・卷八・刑法》。
〔註65〕《貞觀政要・卷二・求諫》。
〔註66〕《貞觀政要・卷十・慎終》。

（二）識人、用人難

君王自身所界定的治國難，還在於識人、用人之難。君王不可能獨治天下，必須要與群臣共同治理，因而選拔賢能之人成爲君王治理天下的首要任務。然而君臣之間因利、權勢而建立的上下關係，使得君臣之間相交甚難。君主需要臣子輔佐，可是卻又怕被臣子蠱惑，君主若只憑權謀、智力來對抗群臣，必將防不勝防，稍有鬆懈，即會被臣子所欺。所以，君王必須要以天下爲公的心態，誠心待臣，以治國的理想和道德來喚起群臣自覺地維護君王的利益。有鑒於此，唐太宗履行「兼聽則明」的觀念，積極求諫、納諫，不偏信、偏聽，並提高諫官地位，讓他們可以與宰相隨行參知政事，拾遺補闕。並且任用德才兼備者、忠正公直者，在識人的基礎上正確地任用合適的人選。

貞觀群臣中大多數與太宗有親或有舊，太宗對他們有很深入的瞭解，他曾評價道：

> 長孫無忌善避嫌疑，應對敏速，求之古人，亦當無比；而總兵攻戰，非所長也。高士廉涉獵古今，心術聰悟，臨難既不改節，爲官亦無朋黨；所少者骨鯁規諫耳。唐儉言辭便利，善和解人，酒杯流行，發言啓齒；事朕三十載，遂無一言論國家得失。楊師道性行純善，自無愆過；而情實怯懦，未甚任事，緩急不可得力。岑文本性道敦厚，文章是其所長；而持論常據經遠，自當不負於物。劉洎性最堅貞，言多利益；然其意上然諾於朋友，能自補闕，亦何以尚。馬周見事敏速，性甚貞正，至於論量人物，直道而行，朕比任使，多所稱意。褚遂良學問稍長，性亦堅正，既寫忠誠，甚親附於朕，譬如飛鳥依人，自加憐愛。〔註67〕

貞觀君臣之所以能夠實現共治，在於太宗的識人之能、用人之能。他量才而用，使人盡其才，不對臣子求全責備。唐太宗認爲「故良匠無棄材，明君無棄土。不以一惡忘其善，勿以小瑕掩其功，割政分機，盡其所有。」〔註68〕他從智者、愚者、勇者、怯者身上取其所能，「智者取其謀，愚者取其力，勇者取其威，怯者取其愼，智愚勇怯，兼而用之。」〔註69〕使他們都能發揮作用，共同維護其統治。

〔註67〕《舊唐書·卷六五·長孫無忌列傳》。
〔註68〕《唐太宗集·帝範·審官篇》。
〔註69〕《唐太宗集·帝範·審官篇》。

治國之難不僅在於識人、用人之難，還在於能否善始善終，堅定王道理想走下去。一旦生活安逸，志得意滿，政局較平穩，即位君主懈怠於朝政，貪圖享樂，就會前功盡棄。「人有云，非知之難，惟行之不易；行之可勉，惟終實難。是以暴亂之君，非獨明於惡路；聖哲之主，非獨見於善途。良由大道遠而難遵，邪徑近而易踐。」〔註70〕歷史上的昏君和暴君並不是不知道治國的道理，但因爲正道難行，邪僻易走，他們不願意捨逸圖勞，而自恃祖宗基業，爲所欲爲。難爲之事必要一番心血、能力，君主若在眾多的誘惑面前不能克己自律，謹愼治國，必然會敗在虛榮、欲望的腳下，所以明君難爲。

孔子言：「如知爲君之難也，不幾乎一言而興邦乎？」〔註71〕這句話在貞觀群臣這裡得到確切的印證。君主以治國爲難，而能意識到爲何而難，積極主動地解決這些難題，國家自然能得到治理。唐太宗意識到治國之難，因而克己親賢；意識到識人、用人難而設定監察考覈等制度來審官。貞觀群臣也能體諒爲君之難，因而積極配合其治國，君臣以至公爲原則，以誠相待，因而實現了貞觀之治。

三、誠

誠則通，誠能動人，這是傳統哲學的共識。誠不僅作爲一種修身的方法和德性，同時也是統治者治國的一種必備的政治心態。在政治昌明的社會中，君臣民之間的關係融洽，君令民行，社會安定，井然有序，而君臣之間也呈現出一種眞誠的和諧狀態，他們從天下公義的角度出發來理國，實踐王道理想。因而以誠治國，既要求君臣以大誠之心治國，取信於民，也要求君臣之間坦誠相待，實現君臣互信。

（一）布誠信於天下

以誠治國的倡導，並不是要求統治集團將所有機密都布誠給所有人，做一個絕對透明的政府。而是根源於君主經常會因自己的意願行奢侈放縱之事，勞民傷財，也會因喜怒而濫賞濫罰，使國家的治理無規章制度可循。所以在古代社會布誠信於天下，體現在君主應以百姓之心爲心，奉行於民有利的政策，取信於民；也體現在君主嚴於律己，爲公去私，不行專斷之事。以

〔註70〕《唐太宗集·帝範·崇文篇》。
〔註71〕《論語·子路》。

此來實現國泰民安。

取信於民即是要獲取民心、民意。首先要滿足民眾最基本的生活需求，制定與民生息的政策；其次，要有一個相對客觀、公正的法律規範，並以此為行事原則，使民明於是非善惡。從統治者的角度出發，取信於民是為了取得統治的合法性，而讓百姓自覺、自願地安於統治：

> 貞觀十年，魏徵上疏曰：「臣聞為國之基，必資於德禮；君之所保，惟在於誠信。誠信立則下無二心，德禮形則遠人斯格。然則德禮、誠信，國之大綱，在於君臣父子，不可斯須而廢也。……然而言而不行，言無信也；令而不從，令無誠也。不信之言，無誠之令，為上則敗德，為下則危身，雖在顛沛之中，君子所不為也。」〔註72〕

德禮、誠信是治國之大綱，君主是為政之源，其詔令擁有最高權威，而無誠之令、不信之令，則會導致社會成員無所適從，政令不能被執行，君主則會失去其統治權威。因而這就變相地要求君主應提高其政治理性，以天下為念，為公去私。

（二）君臣互信，以公心為上

上面所提到的識人之難的問題也在於君臣之間不能以真心對待、互託誠信，君臣都矯飾自身利用對方獲取利益。真誠相待，才能以誠感人，才能招攬賢人。貞觀群臣〔註73〕多是與唐太宗有舊之人，或是姻親、舊屬，在感情上，唐太宗對他們都非常信任，他們因功、德、能而受到太宗賞識，唐太宗對他們多能推心置腹。例如，魏徵作為前太子的僚屬，太宗以誠待之，經常

〔註72〕《貞觀政要・卷五・誠信》。

〔註73〕 貞觀時期的統治層來源，從政治勢力看，有高祖重臣，如張公瑾；隋朝舊吏；割據勢力，如原被王世充任用的，如蘇世長、李玄道、戴胄、劉師立、段元哲等，李密部下的許敬宗；先歷李密後歷王世充的有牛進達、秦叔寶、吳黑闥、程知節、董蔡；由劉武周部入秦府的有尉遲敬德；由薛舉部入秦府有褚亮、遂良父子、蔡允恭；由竇建德部入秦府有齊善行、虞世南。自己帶小股勢力投靠李世民的有丘行恭、張士貴、李孟常等。其四，在野投靠類，指本身不是前朝或當朝官員，或由於家世背景，或由於體能武藝，或由於文史才華，被直接吸收為秦府成員的。其身份其父祖輩多在其他朝任職，如北周、北齊、梁陳而後入隋入唐，如關隴區域的權弘壽、公孫武達、薛萬均，山東區域的李守素、蓋文達、杜正倫、李桐客、盧赤松、戴胄、張亮、龐卿揮、秦叔寶、王君廓、張公瑾、元仲文、秦行師、田留安等，參看曹印雙：《唐代文化研究論稿》，陝西師範大學博士論文，2006年。

引入寢室談論事情，毫無猜忌防範之心。太宗創業之初，以誠待下，自然賢臣萃集，臣子報以知遇之恩，因而能夠竭誠事上，致使貞觀之際君臣際遇成爲千古佳話。

　　君主誠以待下，不僅是簡單的信任臣下，還在於君主要取信於大臣，能夠納諫改過，否則忠臣也會氣餒。魏徵說：「夫君能盡禮，臣得竭忠，必在於內外無私，上下相信。上不信，則無以使下，下不信，則無以事上，信之爲道大矣。」〔註74〕君使臣、臣事君，應以無私爲念，無私才能互信，才能實現心意相通。這樣才能有較高的政治認同，他們才能將心力放在社會事務的治理而非君臣爭鬥上。君臣互信使他們正視社會治理的問題，相互督促，共成治道。

　　在中國傳統政治中，法家學派將君臣之間看作是權勢的結合，在法家看來君臣之間的互信是不可能的，也是不必要的。因爲人性自私自爲，喜賞畏罰，所以可以用權術來操控，用嚴刑酷法來威脅：

　　　　人主之患在於信人，信人則制於人。人臣之於其君，非有骨肉之親也，縛於勢而不得不事也。故爲人臣者，窺覘其君心也，無須臾之休，而人主怠傲處上，此世所以有劫君殺主也。〔註75〕

在法家看來，君臣之間不需要誠信，信人則制於人，臣子如果知道君主所想所好，就會投機取巧，君王就會被臣子利用矇騙。法家將君主設置爲一個孤家寡人，將政治活動看成是君臣之間的博弈，認爲君主要牢牢掌握刑賞、權術，使自己立於不敗之地，且這種權術的施用一定要隱秘，不可爲群臣所窺知。因而君主也就無需依靠誠信理國，況且他們認爲君臣以利相合，沒有什麼共同的道德理想追求，也不可能實現以誠相待。

　　法家的君臣觀雖然歷代都有實踐者，但傳統政治文化還是將其作爲反面事例看待，貞觀君臣以隋文帝好行小術爲鑒，認爲只有君臣互信，才能最大的提高君臣之間的政治共識，爲共同的目標而共同努力。

　　歷史上有許多君臣互信的例子，但卻產生了不同的政治結局，如秦二世和趙高，劉備和諸葛亮，他們之間是互信的，但秦二世卻被趙高所殺，爲什麼會有不同的結局呢？原因在於君臣互信的建立動機和追求互信的方式不同。君主可能寵信一兩個奸臣、或會奇伎淫巧之人，他們之間或許有共同的

〔註74〕《貞觀政要・卷五・誠信》。
〔註75〕《韓非子・備內》。

興趣愛好，因而心意相投，但這種關係屬於私交，如果統治者以他們能使龍顏大悅爲條件對其加官晉爵，則會以私情害公義，對於政治活動而言，這種君臣互信是邪惡的，是誤國殃民的。而眞正的君臣互信，是二者都以公心爲念。

在君臣互信的關係中，君主居於主導地位，其行爲是導致君臣互信的理想關係的最終決定者。歷任隋唐兩朝的名臣裴矩就是一個典型的事例。裴矩先爲隋煬帝朝臣，以揣摩帝意爲上，只知悅媚取容，不知諫諍，煬帝卻稱其「大識朕意」、「奉國用心」，而後裴矩入唐爲官，時太宗初即位，務止奸吏，聽聞諸曹案典，多有受賂者，於是遣人以財物試之。結果有人收受，太宗怒要殺之，裴矩極言進諫，說：「此人受賂，誠合重誅。但陛下以物試之，即行極法，所謂陷人以罪，恐非導德齊禮之義。」〔註 76〕太宗納其言。司馬光對此評說道：「君惡聞其過，則忠化爲佞；君樂聞直言，則佞化爲忠。是知君者表也，臣者影也，表動則影隨矣。」〔註 77〕固然裴矩可能有首鼠兩端、投機善變的原因，但我們也可從中看到君臣關係中君主的主導作用。隋煬帝和唐太宗都稱裴矩是識大體之人，而隋煬帝卻不喜諫官，裴矩只能順風承旨，太宗虛心納諫，裴矩能夠犯言直諫，煬帝以拒諫亡，太宗以納諫興，導致不同的結局其原因不在於臣子，而在於君主能否以誠動人、虛心納諫。

貞觀君臣從亂而治，以隋亡爲戒，吸取歷史教訓，畏懼天命民心，以安天下爲難，因而能夠以誠的心態去認眞對待人事物。貞觀君臣布誠信於天下，以法爲大信，取得民眾的信任；同時君臣之間互相體諒，君主對於大臣也體現出信任與尊重，臣子以至公之心待君主，實現君臣同心。「誠者，天之道也，人之心也。天之道，其敢欺也乎哉！於是而知不敢之心大矣。天有所不敢，故多不雷而夏不雪；地有所不敢，故山不流而水不止；聖人有所不敢，故禹、湯不以天下與人，孔子述而不作。」〔註 78〕誠信、眞誠使人立於天地之間，統治階層以誠立國，即是以天下萬民爲福祉，約束自身，而不敢做出敗壞國家法政的事情，正是因爲他們不敢如此，所以才能取信於民，以誠做本心。

貞觀君臣以畏難之心從事定天下之事，而能以誠的心態對待百姓公事，取得社會大治，這種政治心態是中國古代政治文化所倡導的積極正面的政治

〔註 76〕 《舊唐書・卷六十三・裴矩列傳》。
〔註 77〕 《資治通鑑・卷一九二》。
〔註 78〕 《讀通鑑論・卷十七・梁武帝四》。

心態，這種心態所起到的效果是積極的。同時因唐朝的時代性，歷史人物的個性，使得貞觀君臣的政治心態又體現了他們自身的特性。政治心態是統治者應當如此的一種內在的道德自覺，「應然」是對「實際」的指導，此「應然」是理想形態下的，好的政治時代的來臨是「應然」與「實際」的結合，是統治集團集體的努力。

第三節　君臣共治

對任何一個統治集團而言，社會的治理都是一件困難之事，但因君臣關係不同，導致了君主獨治和君臣共治兩種現象。如秦始皇、隋文帝、明太祖，他們勤政理國，卻猜忌群下，因而凡事躬親，是君主獨治。君臣共治則是君臣分職，君主分權給臣下，百官勤於職守，君主考覈、監察，各盡所能。君臣共治建立在君臣以誠相待的基礎上。

為防民止亂而設君，君主不能一人獨治而設官分職，成為君臣共治的管理模式，從「共」的含義上看，君臣雙方為了某一目標而採取合作的關係，君臣對各自身份的認定決定了共治的性質：君主臣輔或君主臣僕。輔、僕顯示了臣子的不同政治地位。輔有補充的意味，僕則是工具，前者臣子擁有一定發言權，而後者則是完全的順服。君主臣僕的模式仍屬於君主獨治，貞觀時期君臣共治即是要君主臣輔，君臣雙方能夠認識到自己的責任以及對方的重要性。

貞觀時期被後世稱道的原因在於君主給了臣子更多的尊重和參政機會，讓這些臣子在君臣道義的要求下去參與社會治理，進而在制度設計上為君臣共治的實現提供了許多條件，貞觀君臣之所以能夠實現君臣共治，首先是對歷史經驗的總結和繼承。

一、以史為鑒

貞觀統治集團有較高的歷史意識和政治覺悟，君臣共覽史書，討古論今，吸取歷史經驗教訓，尋找治國方略。他們從歷史中認識到，君主獨治和權臣當道都導致國家的敗亡，只有君主臣輔才能穩固江山社稷。

唐太宗曾問房玄齡、蕭瑀，「隋文何等主？」房玄齡認為隋文帝能夠「克己復禮，勤勞思政，每一坐朝，或至日昃。五品已上，引之論事。宿衛之人，

傳餐而食。雖非性體仁明，亦勵精之主也。」隋文帝可謂是勤於政事的皇帝，而唐太宗卻說：「此人性至察而心不明。夫心暗則照有不通，至察則多疑於物。自以欺孤寡得之，謂群下不可信任，事皆自決，雖勞神苦形，未能盡合於理。朝臣既知上意，亦復不敢直言，宰相已下，承受而已。朕意不然。以天下之廣，豈可獨斷一人之慮？朕方選天下之才，為天下之務，委任責成，各盡其用，庶幾於理也。」〔註79〕隋文帝也是開國之主，勤勞政事，但是在唐太宗看來他有個致命缺點，即是「心不明」而多疑，不能信任群臣、任用賢臣共治天下，只憑一己智慧來獨斷專行，致使群臣俯首緘口，順從聽令而已。如果君主以猜忌之心對待臣子而事事自決，這就容易導致判斷決策的偏失，臣子則隱才懈怠，若君主智慧中庸，有可能自身不保，其宗廟社稷也不能長存，所以要發揮臣子的作用，委以任務，監督其成，使社會得治。貞觀五年，太宗感慨國內百穀豐稔，外夷皆服，認為「此非朕一人之力，實由公等共相匡輔。」〔註80〕唐太宗能夠認識到群臣的重要性，因而能夠實現君臣共治。

君臣之間的互信是共成政道實現的前提條件，若君主不信任臣子，臣子不敢直言進諫，或是一味的進諂媚之詞，都能導致社會不治，而要保證君臣互信，君主首先要嚴把所任官吏的素質，統一治國理念。貞觀君主明確要選任賢能之士，官員應德才兼備、忠心奉公，官不在多而在得人並任用能以民為本的官吏，在此基礎上不輕信小人之言使君臣互生嫌隙，貞觀十六年，太宗說他勤於三件事，「一則鑒前代成敗事，以為元龜；二則進用善人，共成政道；三則斥棄群小，不聽讒言。」〔註81〕唐太宗以史為鑒，吸取歷史上的經驗教訓；選任德才兼備之人，統一治國理念；親賢遠佞，實現了君臣共治。

二、君臣一體、契合而行

傳統政治文化提倡君臣以道、義相合，以成就「道」為目的，因而君臣共治即是踐行和實現王道理想。這需要雙方共同努力，它不是單方面的約束臣子就能實現，更需要統治者的自我克制，君主應兼聽納諫，否則臣子忠心如比干，也會陷於身滅之地。君臣作為社會統治者、治理者，他們在利益和執政職能上是一體的，唐太宗強調君臣之間是利益共同體、執政統一體，使

〔註79〕《舊唐書・卷三・太宗本紀下》。
〔註80〕《貞觀政要・卷十・慎終》。
〔註81〕《貞觀政要・卷六・杜讒佞》。

百官從現實角度出發認識到君臣一體的重要性。

首先，君臣同治亂、共安危。貞觀統治集團構成複雜，有隴西貴族、山東高姓、寒門士族等幾大利益集團，也有唐高祖朝臣、秦王舊部、降服臣工等不同身份。要使這幾類群體在朝堂共存，以社會大治爲念是一個艱巨任務，唐太宗在利益集團間實行制衡之術，並輔以忠孝節義觀念的倡導，來加強君臣同體的意念。貞觀君臣有鑒於隋亡，認爲君臣間，本應同甘共苦，共商國事，如果君王暴虐、自以爲是，臣下也不諫諍，則國家必然陷入危亡之地，國家危亡，臣民也不得其所。所以他們認爲君臣應各自發揮其作用，主納忠諫，臣進直言，以實現君臣共治。

其次，君臣一體。「夫人臣之於君也，猶四肢之載元首，耳目之爲心使也」〔註82〕，君爲元首，臣爲股肱，君爲心，臣爲四肢，「上下相須，乃成其體也。」君臣之間相互扶持，各取所需，才能「上下相得，乃成其用也。」。臣以君爲心，君以臣爲體，以心指導體，體配合心，做到心體合一，心安則體安。貞觀朝經常「八座」共議禮樂制度及政事〔註83〕，此八座即是六尚書、左右僕射及令，唐太宗與眾臣共議朝政，既使群臣獲得了參與朝政的機會，也使所制定的政令更加合理。君臣一體，使他們發揮各自的作用，共同踐行王道理想，實現社會大治。

自古聖主遇賢臣，明君遇忠臣，他們之所以能夠相遇，在於雙方有共同的目標、坦誠以待。貞觀君臣明確以堯舜之道爲治國理念，踐行君臣一體的觀念，貞觀二年，太宗說：「朕今志在君臣上下，各盡至公，共相切磋，以成治道。」〔註84〕唐太宗從君臣名分上要求臣子恪盡職守以公事爲上，君臣相互切磋協商以治國。現實中，他們能夠摒棄個人私利，以至公爲原則來處理社會問題，這裡凸顯了貞觀君臣的偉大。

之所以突出貞觀君臣也在於此，因爲現實的君臣關係鮮少經受住利益的考驗，使君臣一體觀念虛懸空中，很多朝代出現皇權獨斷或權臣治國的現象。皇權獨斷情形下，君主以利害之心、權謀之術擺弄不同集團之間的利益；或是君主恃才獨斷專行，以猜忌之心對待臣子，輕視臣子參與國家治理的能力；或寵信弄臣，國家權力成爲皇帝隨意賞罰的內容；權臣治國，則皇權被架空，

〔註82〕《臣軌・卷上・同體》。
〔註83〕《舊唐書・志八・音樂一》。
〔註84〕《貞觀政要・卷二・求諫》。

權力成為權臣為己牟利的途徑。君主專制時代下，君主依天命獲得統治國家的合法性，君主防範權臣、慎察寵臣，防止權力的分裂。所以唐太宗認為為君難，若不時時警醒就會跌入覆滅的道路。

因而在傳統政治文化中，君臣共治的實現，需要建立在君權統一的前提下，實現君臣利益的均衡，它要求君臣以道義相合，雙方以執政一體為念，分職而行，以此來實現政道。

三、君臣分職，共成政道

君臣共治使君臣成為一個執政統一體，君臣一體，但二者分工和責任不同。君主行監督職責，而不必事事親為，臣子是具體政策的落實和執行者，「君臣之道臣有事而君無事也，君逸樂而臣任勞，臣盡智力，以善其事，而君無與焉，仰成而已，事無不治，治之正道然也。」〔註85〕君逸臣勞是君臣共治的理想執政方式，君主處於無為的境地，若「人君自任，而務為善以先下，則是代下負任蒙勞也，臣反逸矣。……是以人君自任而躬事，則臣不事事也，是君臣易位也，謂之倒逆，倒逆則亂矣；人君苟任臣而勿自躬，則臣皆事事矣，是君臣之順，治亂之分，不可不察也。」〔註86〕若君主事事親為，則臣子安逸，這是君臣易位，只有君無為臣事事才是治國之道。君主無為並不是無所事事，而應用律法監督、約束臣子，以威勢掌控全局，否則權臣當道。但君主也不能因猜忌臣子，或炫耀自己的才能智力，使自己陷於瑣事之中，這樣都會使君臣倒置產生混亂。因而君臣共治應君臣分職，明晰君臣職責，並利用制度來規範，使政事活動有序。

君臣之責不可互換，是君臣之道的體現，「故冕旒垂拱，無為於上者，人君之任也；憂國恤人竭力於下者，人臣之職也。」〔註87〕君主的職責在於選任賢能，監其所任，而臣子的職責則在於處理具體事務。臣子應做好自己分內之事，同時還要匡扶君主，太宗說，「夫為人臣，當進思盡忠，退思補過，將順其美，匡救其惡，所以共為治也。」〔註88〕，臣子發揚君主美政，匡救其惡行，進退之間盡臣之責，如此才是君臣共治。

〔註85〕《慎子‧內篇》。
〔註86〕《慎子‧內篇》。
〔註87〕《臣軌‧卷上‧同體》。
〔註88〕《貞觀政要‧卷一‧君道》。

　　匡諫是臣子盡忠於君主最直接的方式，是君臣共成政道的途徑之一。君主納諫能夠知得失、通消息、改過近善、親賢遠佞。唐太宗認爲臣子不匡諫是隋朝滅亡的主因之一，「非是煬帝無道，臣下亦不盡心。須相匡諫，不避誅戮，豈得惟行諂佞，苟求悅譽。君臣如此，何得不敗？朕賴公等共相輔佐，遂令圄圄空虛。願公等善始克終，恒如今日！」〔註89〕因爲臣子能夠匡諫，天下才能太平。《貞觀政要》記載，太宗爲了能讓百官主動進諫獲知政教得失，每見人奏事，必假顏色。在君臣共治的方式上，唐太宗作出表率，因而臣子能夠以社會爲念，恪盡職守。太宗在政治制度上，也給君臣共治的方式提供了條件，唐太宗詔令「自是宰相入內平章國計，必使諫官隨入，預聞政事。」〔註90〕使得諫官能夠參知政事，詳知利弊，擴大了政治參與的範圍。

　　君臣共治，共成政道途徑之二，是君臣之間互相督促，自我克制。概凡王朝初建或君主繼任初期，君臣都能力行而不怠，但是後期則不能盡善，君主驕奢淫逸，臣子苟全官爵喪失臣節，魏徵說，「若使君臣常無懈怠，各保其終，則天下無憂不理，自可超邁前古也。」〔註91〕掌權之人容易借用自己手中的職權爲自己謀利，打壓異己。所以，唐太宗以詔令的形式，提醒眾臣以公心爲上，不要爲一己之情害國家公義，應滅私徇公，直道而行。唐初實行三省制，使三部門之間互相牽制，是對君臣共治的很好實踐。貞觀元年，太宗說，三省設置的目的是防過誤，三省之間本應互相監督，「人之意見，每或不同，有所是非，本爲公事。或有護己之短，忌聞其失，有是有非，銜以爲怨。或有苟避私隙，相惜顏面，知非政事，遂即施行。難違一官之小情，頓爲萬人之大弊，此實亡國之政」，隋朝官員以私害公，「當時皆謂禍不及身，面從背言，不以爲患。後至大亂一起，家國俱喪，雖有脫身之人，縱不遭刑戮，皆辛苦僅免，甚爲時論所貶黜。卿等特須滅私徇公，堅守直道，庶事相啓沃，勿上下雷同也。」〔註92〕所以太宗倡導群臣滅私徇公，直道而行，不要因畏於君威，順君之意以奏事，這樣無法實現君臣共治。

　　君臣權責明晰，其中隱含了君主不能隨意干涉臣子的職責，君臣分職即是要求君主不要以私害公。「故爲人主者，以無爲爲道，以不私爲寶。」〔註

〔註89〕　《貞觀政要・卷三・君臣鑒戒》。
〔註90〕　《貞觀政要・卷二・求諫》。
〔註91〕　《貞觀政要・卷十・愼終》。
〔註92〕　《貞觀政要・卷一・政體》。
〔註93〕　《春秋繁露・離合跟》。

93〕君主不要過多的干預正常的政事、司法等程序，而應以法爲大信，使公行於天下。君臣應從大體出發，以社會治理爲念，以公心對待政事。

貞觀君臣以史爲鑒，明確了君主臣輔的道理，因而太宗求諫、納諫，警誡大臣君臣同體同治亂共安危，要求臣子務盡臣責，以公心、公事爲念，滅私奉公，這樣才能保身安家。官爵是爲民而設，應爲民擇官，嚴把官員準入的條件，爲君臣共治提供了先決條件。君臣共治建立在君臣互信的基礎上，有共同的政治訴求，這樣才能共成政道。君臣間互相警醒、自我克制，以律法爲大信，以制度來設定各自的職責，這些成爲促成君臣共治的必要條件。

任何社會活動都需要人與人之間的合作，但又有上下級之分，但在傳統社會中君臣關係雖是君臣共同治理的「合作關係」，卻附加了人格尊卑、身份貴賤之分；應是責任、義務之異，卻成爲天理性命之別。君臣共治，只是從政事處理的需要上認爲君主應當有臣子輔佐，而不是從政治權利上，認爲每個人都有參知政治的權利，因爲君臣共治的前提是皇權獨攬，在不威脅皇權統一的條件下，賜予臣子執政的權力，忽視了政治活動的公共性，將政事看成是一家一姓的活動。

因君臣在人格、身份上先天不對等，使君臣以師友之道相處成爲只在三代曾出現的政治神話，而以義相處的君臣關係成爲現實君臣相處的理想狀態。在現實政治中，法家將朝堂看成是君臣權力博弈的場所，而不是「道」的實踐場所，君臣之間以猜忌、敷衍之心相處，無視權力的目的是爲民眾的利益。唐太宗則以君臣名分來論證君臣共治，並以利害之心約束君臣關係，使君臣關係落到現實政治領域，在君臣義務責任上談君臣共治的必要性，使臣子人格有所提高，在制度上保障臣子參知政事的權力，這是貞觀君臣相遇的成功之處。

第二章 貞觀時期君臣觀的理論基礎

　　通過對貞觀君臣治國思想的分析，我們認識到唐太宗和群臣以畏、難、誠的政治心態，採用以民爲本、法爲大信的方式，實施了偃武修文的治國方針，這使他們最終贏得了國民的擁護，鞏固了唐初政權。那麼支撐貞觀君臣實施這些治國思想的原因在哪裏？這些治國理念又是從哪裏來的呢？我們要從傳統政治文化中來尋找答案。

　　在傳統政治文化中，天的信仰奠定了傳統政治文化的基礎，天命爲君權和君主的統治提供合法性的神聖論證，君主因擁有天子的命格而獲得了統治權，因此要努力地完成天所賦予他的使命來鞏固這一統治權。在鞏固政權的實踐活動中，君臣要體天而行，用天道所彰顯的仁愛、公正、無爲等來行仁道德治，實現社會的公平公正，又可以利用聖人因循天道所設定的禮儀制度，來行禮儀教化，以此來捍衛統治權，維護社會秩序的穩定。貞觀君臣正是對傳統政治文化的踐履，所以才能夠取得社會的大治，他們因畏天而努力地踐行以民爲本的方針，體天道精神行王道德治，教化百姓知忠孝、行仁義。那麼天命、天道、禮如何奠定了這些治國理念的理論基礎，如何支撐了貞觀君臣踐行此治國理念呢，下面我們來詳細闡述。

第一節　天命、天道觀

　　現代文化觀念中的天是客觀的、外在的大自然，日月星辰是自然天體，晴雨雷電都是自然現象，但是在古代，人們將這些自然物體或現象意會成有意志的存在，將天擬人化、神聖化，並認爲天人相感，人類可以從各種天象中體會天的預示。

中國傳統社會對天的信仰，使天成爲神聖的、決定世間一切事物發展本質和命運的至上本體和權威。所有人與物都是天所生，上天愛護百姓，才選擇了有天命的聖王替天行道，治理、養育、教化他們。天爲了管理百姓，還派遣聖王根據天道制定了禮樂制度和君臣倫理。因此，正是天才產生國家政治，才出現了君臣父子倫理。因而君臣應體天而行，以安民止亂爲其政治使命，踐行天所彰顯的價值，實現其統治合法權的延續。

一、天：神聖的仲裁者

古人所認識的天有很多內涵，如自然之天、物質之天、天命之天、道德之天、意志之天、天理之天等。在儒家看來，天是外在的廣大的宇宙，也是宇宙萬物和人類社會的一切事物的本質所在，這個生機無限的宇宙並不是雜亂無章的客體，而是生生不息的、可以被認識的。而這也顯示出傳統政治文化中所信奉的天的警示性、賞善罰惡性、超越性，這一信仰通過天人感應的理論，使天成爲一神聖的仲裁者。

（一）天象警示

天一方面是一種客觀的存在，「天不爲人之惡寒也，輟冬；地不爲人之惡遼遠也，輟廣」〔註1〕，天的運行有規律可循，「天行有常，不爲堯存，不爲桀亡。應之以治則吉，應之以亂則凶。」〔註2〕但另一方面，天又被看做是意志命運之天，具有道德價值的涵義。漢代大儒董仲舒將天人相比附，在天人之間建立起同質的聯繫，使人們根據天之所顯調節人事，「人之形體，化天數而成，人之血氣，化天志而仁，人之德行，化天理而義，人之好惡，化天之暖清，人之喜怒，化天之寒暑，人之受命，化天之四時，人生有喜怒哀樂之答，春秋冬夏之類也。」〔註3〕在天人感應論的觀念中，人事的好壞會影響到天象的變化，大自然出現的各種災異都與政治的昏暗相關。所以，從先秦開始，歷代統治者都非常恐懼自然災異的出現。

貞觀君臣也不例外，也對日、月、星之異象非常重視，有很強的天人感應觀念。如貞觀十五年，太宗決定封禪泰山，但是行至洛陽宮，發生慧星之

〔註1〕　《荀子‧天論》。
〔註2〕　《荀子‧天論》。
〔註3〕　《春秋繁露‧爲人者天》。

變，於是太宗下詔罷其事。〔註4〕他們相信天象對人間有所昭示，並認為「在天成象，示見吉凶……天意人事，同乎影響。」〔註5〕因而他們有畏天的政治心態，重視天象的警示作用，「天道以星象示廢興，則甘、石所以先知也。是以祥符之兆可得而言，妖訛之占所以徵驗。夫神則陰陽不測，天則欲人遷善，均乎影響，殊致同歸……夫天有七曜，地有五行。五事愆違則天地見異，況於日月星辰乎？況於水火金木土乎？」〔註6〕魏徵等人在《隋書》中根據《洪範五行傳》中木金火水土的性質及表徵來評判前朝事件，相信祥符之兆、妖訛之占，如：

《洪範五行傳》曰：

> 水者，北方之藏，氣至陰也。宗廟者，祭祀之象也。故天子親耕以供粢盛，王后親蠶以供祭服。敬之至也。發號施令，十二月咸得其氣，則水氣順。如人君簡宗廟，不禱祀，逆天時，則水不潤下。開皇十八年，河南八州大水。是時獨孤皇后干預政事，濫殺宮人，放黜宰相。楊素頗專。水陰氣，臣妾盛強之應也。〔註7〕

傳統文化中，視君為陽，臣、妾為陰，若發生乾旱、洪澇，皆是水氣不順導致，人們就會反思君主是否言行不對，及臣、妾是否有逆行。人們根據陰陽、五行之性，附和他們的生產生活經驗，演變為他們認識、解釋社會現象的一種模式。以此，讓統治者反思自己的言行是否有缺，起到約束統治者的作用。

在古代，出於對天的信仰，每當有自然災害，統治者都會做一些補救措施，或下罪己詔，或舉賢良方正，或讓臣子上封事陳述國家利弊等，以息天之怒，慰民之念：

> （唐太宗）朕以眇身，祗膺大寶，託王公之上，居兆億之尊，勵志克己，詳求至治，兢兢業業，四載於茲矣。上不能使陰陽順序，風雨以時；下不能使禮樂興行，家給人足。而關輔之地，連年不稔，自春及夏，亢陽為虐。雖復潔誠祈禱，靡愛斯牲。膏雨愆應，田疇廢業。斯乃上元貽譴，在予一人，元元何辜？罹此災害。朕是用食不甘味，寢不安席，瞻西郊而載惕，仰雲漢而疚心。內顧諸己，永

〔註4〕《舊唐書・卷二十三・禮儀志三》。
〔註5〕《隋書・卷十九・天文志序》。
〔註6〕《隋書・卷二十二・五行志上》。
〔註7〕《隋書・卷二十二・五行志上》。

懷前載，既明不自見，德不被物，豈賞罰不衰，任用失所，將奢侈未革，苞苴尚行者乎。文武百辟，宜各上封事，極言朕過，勿有所隱。〔註8〕

「在予一人」的思維方式，凸顯了君主在政治運作中的地位，因爲君主是天之子，能溝通天人，是人間天命的代表，他通過虔誠的祭祀將祈盼國泰民安的心願轉達給上天。所以，每當有災異出現時，君王也首當其衝，要率先自遣，檢討政治的得失。

貞觀君臣特別重視對天地的祭祀，將其放在吉禮大祀中的首要位置，並規定了具體的祭祀儀式、器皿規格等，試圖通過祭祀來求得上天的庇祐，實現天人之間的和諧。對天的信仰，使君臣能夠通過天象反觀自身是否有違天之行，從而上思安神，下思利民，使神與民相安。

（二）天能賞善罰惡

天不僅是客觀的大自然，天還是能夠賞善罰惡的命運之天、主宰之天，是社會公正的最終裁判者，「我有天志，譬若輪人之有規，匠人之有矩」〔註9〕，天志不以人的意志爲轉移，因而人們相信天能夠決定世間一切活動，唐太宗從隋朝興亡中發出「天道福善禍淫，事猶影響」〔註10〕的感慨。天能感知人事、賞善罰惡，天雖然不能言語，卻能夠影響現實社會，「昔者，堯薦舜於天而天受之，暴之於民而民受之，故曰天不言，以行與事示之而已矣。」〔註11〕天將天下萬民傳與聖賢之手，賦予統治者以命數來統理社會；天依民心、民意賞罰統治者，賜予或剝奪其政權。這樣，天成爲一個客觀的仲裁者，理論上設定了以民眾心意和社會狀況爲根據來對君主行賞罰。

天也成爲傳統社會人們的精神寄託，人們相信天能爲社會主持公正，用「青天」來讚揚鐵面無私、主持正義的執政者，即是這種信仰的現實表徵。人們相信天之賞善罰惡的機制對每個人都適用，並不因爲你身份特殊、擁有特權就會免於天的賞罰。因而普通民眾會將社會的不公訴諸於天，祈求上天公平公正的審判，尋求心理的安慰。而統治者也非常注意不要引起民怨，並恭敬地祭祀上天，防止天命的流轉。

〔註8〕 《全唐文・卷五・祈雨求直言詔》。
〔註9〕 《墨子・天志中》。
〔註10〕 《貞觀政要・卷八・辨興亡》。
〔註11〕 《孟子・萬章上》。

無論是天的形態、運轉規律，還是其所體現的主宰、義理，都使天超脫人類的控制，成爲神聖的存在；然而天的規律又是可以被認識的，人們順應天時進行農事活動，根據天道所彰顯的，進行各種政事活動。

（三）天的超越性

天不僅爲世俗生活提供了指導，它也賦予人們以天命、天理作爲人的本質和使命，人們體悟天道，實現對現實世界的超越。天賦予萬物以性命，萬物因秉性不同，出現了人畜之別，而人被認爲是萬物之尊，獨得五行之全，所以人能與天合一，能在現實道德實踐中貞觀自我超越。在傳統文化中，天命、天道是一切社會政治、道德規範的神聖屬性，人的本性和人類社會政治的目的都由天所決定，具有道德屬性的天乃是人間社會政治秩序和君臣父子倫常關係的來源。人通過對天道的自覺與踐履實現自我價值的提升，通過對本性的修悟、對社會事物的知習來體認天理，最終達到與天地同體的境界。這也就使得傳統的君臣政治實踐具有了超越性，弘道成爲儒者士大夫的政治使命，也是其自我實現的必經之途。

二、天命：政治權威的來源

「命」，一方面是指人性，是天地生人時所賦予的性情，是之謂「天命之謂性」；另一方面，「命」帶有命定成分，「命者天之令也」〔註12〕，它是皇天上帝賦予萬物的命數，是人所稟賦的決定一生的福祿壽夭之必然性。在這裡著重強調命的第二層含義。古人的天命觀導致了對天地神祇的信仰，對家族祖先的敬奉，和對個人命格的認定。統治者通過對皇天上帝的祭祀，祈求天命不移、江山永固；臣民通過對宗廟祖宗的祭祀，祈求家福人和；個人則通過命格掌握自身的年歲際遇、尊卑富貴等，「天命」成爲古人的普遍信仰對象。

對於統治者而言，天命意味著社會政治的合法性和神聖性，統治者只有秉承天命才有資格統治百姓，只有稟賦天命的統治者，儒者士大夫才能效忠於他，百姓才會臣服。因而統治者會宣傳命定論，使臣民安於尊卑等級次序中，達到穩定社會秩序的目的。

貞觀君臣不否認君主的命定性，但在實際的社會治理過程中，更突出人爲的作用，如魏徵言到「前王沐雨櫛風，拯其溺而救其焚，信賞必罰，安而

〔註12〕《漢書・卷五十六・董仲舒傳》。

利之，既與共其存亡，故得同其生死。後主則不然，以人從欲，損物益己……齊氏之敗亡，蓋亦由人，匪唯天道也。」〔註13〕貞觀君臣認識到統治者的政治行為導致不同的結果，因而他們重天命，也重人事。他們相信天命，因而他們具有了神聖的使命感，但他們並沒有安於天命，逆來順受，而是積極吸取天命中道德有為的政治需求，積極地投身於社會政治的道德實踐中。

（一）天命：揀選君王的根據

傳統社會的士大夫和百姓相信天賦予君主治理社會的權力，使天子代替天在人間實施賞善罰惡，這一方面神聖化了統治者，另一方面也使君主的政權合法化。

君主承命建國，王朝存續興亡等都有一定的命數，隋恭帝禪讓唐高祖李淵時詔曰：「曆數有歸，實惟天命；興亡之效，豈伊人力。」〔註14〕唐高祖傳位詔曰：「惟皇天祐命烈祖，誕受方國，九聖儲祉，萬邦咸休。」〔註15〕王朝建立者承命，而其繼任者則是不斷地保守這一天命，使其萬年永固。

在傳統文化中，天子、君王只是人間社會的一個最高的爵位而已，並不被某一人所永遠壟斷，能夠被授予此爵位者都是具有天命的人，他們被天所選定，成為社會的統治者，「『天子，爵稱也。』帝王之德有優劣，所以俱稱天子者何？以其俱命於天，而王治五千里內也。」〔註16〕中國帝王都宣揚承命為君，臣民也相信得君位者，必有命數，「神器之重，自有所歸，不可以力爭。」〔註17〕所以心甘情願地接受聖王的統治，效忠於聖王。獲得君主的命數的人成為上天在人間的代表，「天命所歸」成為改朝換代的宣傳口號，擁有天命的君王都擁有許多不同於凡人的怪異之處，從其母感孕到出生、成長，都伴隨著怪異之事發生，預示著異於常人，如唐太宗出生時，「有二龍之符」懸於空中。

孔子曰：「不知命，無以為君子也。」〔註18〕孔子自認為五十而知天命。知天命即是指意識到自己一生的吉凶禍福，也意指人生完全明瞭天之所命。「天立王，以為民」，〔註19〕君主所擔負的天之所命即在於能夠安民止亂，實

〔註13〕《北齊書‧卷八‧後主帝紀》。
〔註14〕《新唐書‧卷一‧高祖本紀》。
〔註15〕《舊唐書‧卷一‧高祖本紀》。
〔註16〕《白虎通義‧爵》。
〔註17〕《舊唐書‧卷七十一‧魏徵列傳》。
〔註18〕《論語‧堯曰》。
〔註19〕《春秋繁露‧卷七‧堯舜不擅移湯武不專殺》。

現王道理想，完成治理社會的任務。君主成爲天在人間的代表，代替上天執行庇祐、管理天下蒼生的職責，這是君主命格所具有的內容，是成爲君主者所應承擔的責任，也是考覈君主是否合格的標準，所以天命造就了君主，也約束了君主。天命無形無象，可也有迹可循，成爲君王者必得民心受萬民擁戴，因而，擁有天命的人，必須具有一番文治武功才能被天命「附加」其上，「自古受命之君，非有德不王。自夏后氏以來，始傳以世，而有賢有不肖，故其爲世，數亦或短或長。」〔註20〕天命的承繼、持守都要求君主不可爲了自己的私欲而言行放縱，天所帶來的祥瑞災異成爲約束君主政治的風向標，能夠使君主反觀自身是否在履行上天所賦予的使命。

　　天子行天之所命，而具有天所賦予的性質和特權。天是唯一的，至上的，不可抗拒的，神聖的，天決定世間萬物，因而天之子——君主，也是唯一的，至尊的，且君命不可違，是神聖的，擁有對天下人、事、物的處置權。上天維護自然界的有序，君主維持社會的有序，上天既賦予了君王以絕對的權力，同時也要求君主以德配天。君主應秉持這一特權來勸善去惡、教化百姓等，建立一番德業。君主以社會責任擔負者的身份，繼承天所具有的性質，體現了孟子所謂獨夫與君主的區別，只有天之職責的繼任者、擔當者，才有資格居君主之位，否則只是獨夫民賊。

　　在今天看來，天命當然是虛幻的，不過是解釋皇權輪換的障眼法，可是在古代政治中，君臣百姓對天的信仰、敬奉卻是非常眞誠的，天命成爲維持政治秩序的規矩，對約束君主、穩定民心起到一定的作用。以天命作爲揀選統治者的標準，保障了君主的合法性，他要求任何一個統治者必須要具有天命的德性，否則就不會有臣民來擁護；而天賦予其使命，從使命完成狀況來抉擇是否讓其繼續保有天命，從理論上來說也是一種制約。

　　天命君主政治有利有弊，一方面，天擇賢德而立，爲社會權力的輪換造勢，每個有作爲的人都信奉或是讓別人相信自己是天命的獲得者，尤其是在社會動蕩時期，「天命之主」宣傳自己在做「替天行道」之事以博取善名籠絡人心，他依靠自身能力和魅力，使人們望向歸附，起到解除紛爭、解民倒懸，穩定社會秩序的作用。然而另一方面，古人雖信奉天爲最高的仲裁者，但天也只是給人以心理慰藉，它不能有效地改善人們的生活狀態。天命君主政治，使權力集中於一人，且沒有對它的監管，承命的君主大都不能履行天命的內

〔註20〕《新唐書・卷一・高祖本紀》。

涵，他們通常都是用神聖的權力作爲滿足私欲的工具，置民眾生死於度外，這就使得天命對君主的心理威懾只能建立在其天命觀念上起作用。

（二）天命：政權合法性的根據

法律意義上的合法性，指符合法律規範、規則的含義。而政治的合法性（legitimacy）不同於它，是指社會治理權力、公共權力的歸屬和使用是否是正當的、合法的。政治合法性是一個現代詞彙，合法性包括國家制度、政權、權威人物的合法性三重含義。在中國古代社會中，人們需要的是論證王朝統治是否符合天命、王道，是否順天應民。君主統治這一制度是否合法並不是一個需要考慮的問題，因爲傳統文化已經默認了社會需要一個統治者，「惟天生民有欲，無主乃亂。」〔註21〕而如魏晉阮籍《大人先生傳》「無君而庶事定，無臣而萬事理」，鮑敬言「古者無君，勝於今世」的論調很少。在傳統的文化觀念中，君臣的存在如同天地尊卑一樣，都是天經地義的存在。君主不會意識到他的統治是人民賦予的，而他爲民做主，雖然是他應履行的義務、責任，但這種義務和責任是來自上天，而不是來自百姓的賦予，百姓則是無權利觀念的民眾，是需要天子聖王照顧養育、嗷嗷待哺的被統治者。

在古代，政治合法性主要是論證統治者是否具有神聖的資格來做天子統治天下。而是否具有天命，又跟其取得天下的方式、治國天下的治國理念密切相關。也就是說，傳統政治文化所認可的政權合法性，不僅在於他擁有血統、實力等，還在於他是否能夠完成天命，體現天道，獲取民心。

政權合法性是古今中外任何一個政權都要面對的問題，馬克思·韋伯將合法性分爲三種類型：傳統合法性（基於古老傳統、信仰，如世襲皇權）、理性型的合法性（經選舉產生，以憲法爲行事準則）、領袖魅力型（聖雄）的合法性（人格魅力，神聖氣質、英雄主義），在古代，傳統合法性具有很廣泛地應用，但同時也要求統治者（聖王）具有領袖魅力，也就是說，中國的帝王不僅是王，還應該是聖。在西方政權中，軍事力量、教會、民意三者在不同的歷史階段充當了政權合法性的來源依據〔註22〕，政治合法性的目的在於使政權獲得認可，是統治者爲了更合理地治理社會而需要的手段，這種手段包括文化信仰的，也包括軍事實力的，這樣社會成員才會遵守此政權所設定的

〔註21〕《尚書·仲虺之誥》。
〔註22〕葉娟麗：《英國王權的合法性基礎及其發展》，武漢大學學報（哲學社會科學版），1995 年第 3 期。

規則秩序。中國古代的政治合法性包括，一是獲得君位者是否合法，君主是否順成天命，二是其所建政權是否符合正統，是否繼承華夏文化，實行禮儀教化，符合王道，這兩種合法性根據來源於文化信仰。

天命是揀選統治者的標準，毫無疑問，擁有天命者其所組建的政權肯定擁有了治理社會的合法性，天命賦予統治者庇祐天下蒼生的責任，這是其組建政權所要完成的任務，也是考察其政權是否合法的依據。因爲天命的可轉變性，使天命成爲統治者和其政權的一個外在約束，在此前提下，天命不再是統治者口頭的倡議，而是民心民意的表徵，它決定誰將擁有合法的身份去進行統治。

天命賦予統治者統治的合法性，在於其承擔了天命本身所內含的政治責任，天命的承擔者只有很好地履行了這些責任，才能更長久地保守其統治權，否則身敗國亡，造成天命的轉移。這就要求統治者應使位與德、能相符合：

夫天地之大德曰生，聖人之大寶曰位。非其人而處其位者，其禍必速；在其位而忘其德者，其殃必至。〔註23〕

古先帝王之興也，非夫至德深仁格於天地，有豐功博利，弘濟艱難，不然，則其道無由矣。〔註24〕

貞觀君臣認爲如果有位而無德，國家必然遭殃。但有德者又不一定有位，比如孔夫子。德位相應者肯定是德才兼備的聖王，其時代必定是太平盛世。

禪讓和革命是是傳統政治文化中天命轉移的兩種方式，也是獲得政治合法性的兩種形式。禪讓是政權的和平順延，而革命則是通過暴力手段獲取政權，堯舜禪讓、湯武革命都是天命的更迭。天命爲何改變，如何持守，在傳統文化中倡導「以德配天」，認爲只有君主有德，才能贏得天命，長保天命。「帝制中國的君權合法性信仰的基本結構，是一個以德爲本位、以德爲核心，同時以『天命』、『功業』、手段之『明受』等方面相配合的信仰模式。」〔註25〕南北朝時期的政權多以「禪讓」方式實現，其禪讓的理由在於君主不德，不能統治好黎元，君德在表面上成爲天命流轉、新主開國的充分條件。堯舜禪讓的方式，是繼位者賢德獲得民眾和統治者等全體的認可，而湯武革命的

〔註23〕　《晉書·卷一百二十二·呂光載記》。
〔註24〕　《隋書·卷七十·楊玄感列傳》。
〔註25〕　張星久：《論帝制中國的君權合法性信仰》武漢大學學報（哲學社會科學版），2005年第7期。

方式也論證了有德者居之。如清朝雍正皇帝言：「蓋生民之道，惟有德者可爲天下君。」〔註26〕因此天命和德行成爲統治者宣傳自身獲取政權合法性的必要條件。唐王朝代隋而興，雖然靠的是實力和軍事強權，但是在表面上也是通過禪讓的方式登基即位的，高祖李淵就是通過逼迫隋帝下詔將君位禪讓給他：

　　　　隋恭帝下詔：「相國唐王（李淵），膺期命世，扶危拯溺，自北徂南，東征西怨。致九合於諸侯，決百勝於千里。糾率夷夏，大庇氓黎，保乂朕躬，繫王是賴。德侔造化，功格蒼旻，兆庶歸心，曆數斯在，屈爲人臣，載違天命。」〔註27〕

由此可見，天命信仰對於唐朝政治，乃至整個中國傳統政治都具有十分深遠的影響。

　　政權合法性也是一種價值評價，合法性即是「被治者認爲是正當的或自願承認的特性，它將政治權力的行使變成了『合法』的權威。」〔註28〕政權要獲得權力客體的普遍認可和支持，才能穩定其統治，而這建立在君主的德業和功業上，所以歷代統治者都以此爲政治理想，建立一番文治武功，獲取民心，鞏固社稷。由於君臣利益的一體性，臣子會輔佐君主實現國泰民安、萬國來朝的願望。對古代的百姓而言，認可某一政權建立在其物質生活的保障程度上，養民、富民才能獲取民心。所以我們看到政權合法性的評價標準是一個歷史範疇，隨著歷史的發展不斷演變，在現代政權合法性是理性型的合法性，政權運作模式是否遵循民主，人們是否滿意當權者所提供的物質、精神生活等，所以臣民社會向公民社會的轉變之一，即是政權合法性評價標準的轉變。

　　合法，合乎什麼「法」，此法不是一個具體的條文，它代表了一種理念，誰能更接近這種統治理念，誰就擁有更合理的身份。在古代，其統治理念即是能夠秉持仁道庇祐天下蒼生，天命就是合法性的「法」的源泉。政治理念的實施是統治階層獲取認可的方式，也規定和約束著統治階層的言行規範。

　　仁道德治是中國古代政治的統治理念，統治者依據這一原則進行統治，

〔註26〕 《大義覺迷錄》。
〔註27〕 《舊唐書‧卷一‧高祖本紀》。
〔註28〕 （美）傑克‧普拉諾：《政治學分析辭典》，中國社會科學出版社，1986年版，第82頁。

也就擁有了合法的身份，名正則言順，言順則事成，名正言順才能爲人所信
服。統治者踐行仁道以德治民，則是贏得了天命和百姓的認可，因而其君位
是「天與之，人與之」，「使之主祭，而百神享之，是天受之」，「使之主事，
而事治，百姓安之，是民受之也。」〔註 29〕只有獲得上神下民的認可，合於
天、人，才是擁有了合法的身份。統治者施行仁道德治，才能完成天之所命，
實現天人和諧。

　　仁道德治於是成爲中國政治思想的基石，也是中華禮樂文明所堅持的正
統。唐代以前，一些並存的分裂政權和少數民族建立的政權並不被後世權威
史學家所認可，其中一個原因在於華夷之間身份、文化之別。堅守華夏禮儀
文明，堅持道德教化以治國，被看做是華夏文明的正統所在，也是合乎天命
的合法性所在。

　　古代對天、天命的信仰，爲政權的合法性奠定了基礎，統治者利用人們
對天、天命的信仰，神化君權，利用所掌握的生殺賞罰大權，使臣民安於其
統治，而天命靡常的觀念，也給統治者以警醒，這發揮了天命君土政治的積
極一面。天命只賦予有德者，唯有德者才能長保天命，基於此觀念，君主積
累德業，實踐以民爲本的觀念，行禮儀教化來獲取百姓之心，達到保守天命，
維繫自身的統治的目的。

　　但君主制下，是否需要百姓對統治者的認可，民心、民意在多大程度上
能起到評價政權合法性的作用？對於沒有政治權利意識和與政治參與機會的
百姓而言，其實任何政權對自己的意義都是一樣的，只要能滿足基本的物質
生活，所承擔的貢賦徭役在其所承受的範圍之內，都可以接受一個政權的存
在。從這裡我們也可以看到，古代政權合法性的取得是比較低成本的，只需
要君主約束自身，與民休息就可以達到。

　　政治文化所宣揚的天命君主政治、仁道德治來源於對史實經驗的總結，
是一種理論設定，給統治者的政權提供合法性的論證，但也在一定程度上約
束統治者，使他們能夠因天之異象，反思自身，調整政事活動。而天心自我
民心，使統治者意識到民可覆舟的力量，警惕天之災異，並實行有效的策略，
防止天命的流轉，只是這種警惕依統治集團的政治覺悟不同而效用有別。貞
觀統治集團有著較高的統治覺悟，他們重視天象的預警作用，唐太宗時常反
思自身是否有違天言行，而以仁德治國、任賢納諫，君臣協同完成天之所命。

〔註 29〕《孟子・萬章上》。

三、天道：政治秩序的範本

古人對天的信仰，實際是對天所彰顯的天道價值的信仰，傳統文化倡導統治者依天道建設人道制度，實際上是希望統治者能夠以天道所彰顯的仁愛、公正、無爲等精神進行社會的治理，這樣天道就成爲人間政治秩序的範本。

天道在我國政治文化中，有不同的含義，「天道」的提出是在春秋時期，有以下幾層含義：神意，天作爲至上神能夠賞善罰惡；人間吉凶的天象；天象運行的規律；必然之理；〔註30〕天命觀與天道觀都源自對天的信仰，人們根據天之所象體會天意，仿天而行。但天命與天道也有區別，天命彰顯了天作爲最高仲裁者的含義，帶有必然性、不可違抗性，而天道傾向於天之價值、性質。本書所用天道的含義，即是天之運行所體現的原則及彰顯的哲學含義。中國傳統文化中，天道是人間政治秩序的範本，人們依據天道踐行王道，進行制度設計和人倫教化。

貞觀君臣認爲陰陽五行之道是天人之道，「夫道者，覆天地而和陰陽，節四時而調五行。」〔註31〕人應踐行天道，實現天人之間的和諧，根據天道所顯調整政事活動，順應陰陽之道及五行規範來理國，貞觀君臣結合陰陽五行天人之道和史實總結出三條統治之術：

> 其一曰，君治以道，臣輔克忠，萬物咸遂其性，則和氣應，休徵效，國以安。二曰，君違其道，小人在位，眾庶失常，則乖氣應，咎徵效，國以亡。三曰，人君大臣見災異，退而自省，責躬修德，共御補過，則消禍而福至。〔註32〕

在貞觀君臣看來，只有和陰陽順天道，才能禍亂不作，災害不生。貞觀君臣根據陰陽之道踐行君道、臣道規範，調和君臣關係、君民關係、官民關係，實現天與人的和諧共處。貞觀君臣結合《洪範五行傳》等來解釋前朝故事，其目的是以史爲鑒，踐行天道，完成天之所命。

（一）王道依天道而設

在我國傳統政治文化中，天道是人間政治秩序的範本，人們依天所彰顯的價值進行人事活動。天人相感突出了君主與天的關係，君主作爲天之子，

〔註30〕馮禹：《天道考釋》，管子學刊，1990 年第 4 期。
〔註31〕《群書治要‧卷四十一‧淮南子治要‧原道》。
〔註32〕《晉書‧卷二十七‧五行志序》。

君主應根據天道行王道，「君道即天道也。」〔註33〕「帝者，諦也。能行天道，事天審諦。」〔註34〕「古者操皇綱執大象者，何嘗不上稽天道，下順人極，或變通以隨時，爰損益以成務。」〔註35〕「夫帝王者，配德天地，叶契陰陽，發號施令，動關幽顯，休咎之征，隨感而作。」〔註36〕君道即是對天道的體認，因而君主應體天道而行。

1. 天道任德，因而王道行仁。德之大者在仁，「仁之美者在於天。天，仁也。天覆育萬物，既化而生之，有養而成之，事功無已，終而復始，凡舉歸之以奉人。察於天之意，無窮極之仁也。人之受命於天也，取仁於天而仁也。」〔註37〕天能滋養萬物，撫育生靈，君主作為受命者應法天行仁，撫育黎民，以德治國，而非只任刑罰，「為政而任刑，謂之逆天，非王道也。」〔註38〕任刑即是單純依靠刑罰來治民，仁德而不去刑，是因為刑能止惡，達到以刑去刑的目的，刑的實施是為了仁的實現。

2. 天道無私公允，王道則應公平公正。天覆載萬物，博施無私，「天無私覆，地無私載。日月無私燭，四時無私為。忍所私而行大義，可謂公矣。」〔註39〕無私才能做到公，公即是對所有人都適用，無偏向，唐太宗提出「志存公道，義在無偏」〔註40〕的觀念，認為君主應以天下百姓為念，公平公正。貞觀君臣以至公為原則處事，依法而行公允，取信於民，在君主制下實施最大限度的公平。

3. 天道無為與有為。天生養萬物，功成身退，不居功自傲，是為天道無為：

> 列星隨旋，日月遞昭，四時代御，陰陽大化，風雨播施，萬物各得其和以生，各得其養以成。不見其事而見其功，夫是之謂神。
> 皆知其所以成，莫知其無形，夫是之謂天。〔註41〕

天使各種自然現象循序漸進、周而復始，因而天道應該是有為的，但天運動

〔註33〕《二程集‧河南程氏遺書‧卷十一‧明道先生語一》。
〔註34〕《獨斷‧卷上》。
〔註35〕《舊唐書‧卷八‧玄宗本紀》。
〔註36〕《晉書‧卷二十七‧五行志序》。
〔註37〕《春秋繁露‧王道通三》。
〔註38〕《春秋繁露‧陽尊陰卑》。
〔註39〕《臣軌‧至公》。
〔註40〕《舊唐書‧卷七十六‧太宗諸子‧李泰列傳》。
〔註41〕《荀子‧天論》。

一切，而自身卻無聲無言，沒有任何私心和具體的目的，彷彿退居後位，以無爲自居，這裡體現了天道有爲與無爲的統一。因而爲君者應該仿傚天道施無爲政治，太宗言「我爲人主，兼行將相之事，豈不是奪公等名？」〔註42〕君主設官分職，踐行無爲之道，「人主之術，處無爲之事，行不言之教；清靜而不動，壹度而不搖；因循而任下，責成而不勞。」〔註43〕天道無爲，教給人們爲人處世之道，「滿招損，謙受益，時乃天道。」〔註44〕天道有爲，倡導人們行王道建立功業德行。天道生生不息，鼓勵天下之人，應努力踐行天道，傚仿天道之通達、無爲、明智。功成而不居，無爲而無不爲。

天道是人道的範本，人間政治秩序仿照天所設定，天道任德不任刑，因而君主應當實行仁義德治，使萬民有所生養，百官應當教化百姓使其向善；天道公平無私，因而統治階層應當秉公執法；天道無爲，所以君主應當寡欲自靜，天道有爲，君主應踐行王道，以王道約束自身，努力實踐。

（二）人道秩序依天道而設

天道所彰顯的仁愛、公正成爲君臣治國的理念，它也是品評政治得失的標準。統治者對天道的踐履體現在使天道成爲世間政治行爲的價值原則，人們仿傚天道制定各種社會制度，依據天道來制定社會規範。

首先，以天道爲規則，建立禮儀刑罰等制度。貞觀群臣認爲聖人根據天尊地卑，設官分職，制定禮儀規範，「聖人法乾坤以作則，因卑高以垂教，設官分職，錫珪胙土。」〔註45〕統治者根據天道，制定各種祭祀典禮，「故王者法諸天道，制祀典焉。」〔註46〕因爲祭祀等依天道而設，若君主沒能奉行，則會使陰陽五行失調導致災異，如大業三年，河南大水，湮沒三十餘郡，魏徵等人以爲這是由於隋煬帝嗣位已來，未親郊廟之禮，使水氣不順而導致的〔註47〕。所以社會政治要根據四季運轉，根據春生秋殺制定慶賞刑罰制度，「聖王仰視法星，旁觀習坎，彌縫五氣，取則四時，莫不先春風以播恩，後秋霜而動憲。是以宣慈惠愛，導其萌芽，刑罰威怒，隨其肅殺。」〔註48〕治理百姓

〔註42〕《舊唐書·卷七十八·張行成列傳》。
〔註43〕《群書治要·卷四十一·淮南子治要·主術》。
〔註44〕《尚書·大禹謨》。
〔註45〕《隋書·卷二十六·百官志序》。
〔註46〕《舊唐書·卷二十六·禮儀志六》。
〔註47〕《隋書·卷二十二·五行志上》。
〔註48〕《隋書·卷二十五·刑法志》。

則應仿天道恩威並施，禮法兼用，以禮勸其善，以刑懲其惡。

其次，依據天道設定倫理規範。人們依據天道來制定君臣、父子、夫婦之間的倫理規範，以天象徵君、父、夫，以地象徵臣、子、婦，建立尊卑秩序。「是故仁義制度之數，盡取之天，天爲君而覆露之，地爲臣而持載之，陽爲夫而生之，陰爲婦而助之，春爲父而生之，夏爲子而養之，秋爲死而棺之，冬爲痛而喪之，王道之三綱，可求於天。」〔註49〕人間倫理規範有陽有陰、有主有輔，各有相應的德性。在君臣這一倫中，君臣依天地陰陽之別而設，姚思廉說：「夫天尊地卑，以定君臣之位。」〔註50〕君主處於尊位，臣子處於卑位，但君臣之間是主輔相協的關係，君臣共同領受天之所命，「古之天子雖極尊也，而與公侯卿大夫士受秩於天者均。」〔註51〕君臣都是天之所命，因而都應以德來配天，踐行君德、臣德，彰顯天地陰陽之道。

在君主制下，天命君主政治和仁道德治能起到一定的積極作用，它們能夠調節君臣民之間的緊張關係，使統治者能夠意識到民的重要性。對天的信仰也奠定了君臣的尊卑關係，促使他們能夠奉行安民止亂的政治理想，踐行君德、臣德。一旦這種信仰缺失，依天而建的政治秩序就會傾塌，天會失去其最終的仲裁者身份，君主喪失其統治合法性，依天尊地卑而建的等級禮制和倫理規範被廢黜。君主制被批判否定後，人們才會意識到：天命君主政治的虛偽，天不能爲人間選立賢者，權力掌握在有實力者之手；天命並不是絕對的，人們通過自己的努力就可以改變自己的生活狀態；人與人之間的公平公正不能靠天來評判；三綱是對人性的壓抑等等。天、天命、天道的信仰一度建立了中國政治秩序，而這一信仰在現代唯物主義面前被徹底摧毀，今天人們依從憲法來行使權力，實現對權力的多重監督，實踐自身的政治權利，以法治權威代替天、君、官、聖的權威，來尋求社會公平正義；三綱禮教被拋棄，公民實現自由而平等的生活。

第二節　禮：別尊卑、定君臣

天命、天道論證了君主政治的合理性，奠定了君臣倫常關係的理論基礎，

〔註49〕《春秋繁露・基義》。
〔註50〕《梁書・卷三十一・袁昂列傳》。
〔註51〕《讀通鑑論・卷八・漢恒帝七》。

而在現實政治活動中，禮使君臣的政治關係、政治意識制度化。通過禮深化了天人之間的聯繫，鞏固了君與臣民之間的政治關係和倫常關係，使封建政治制度更加穩固。禮不僅是修身養性的途徑，還是一種治國方式和資源配置方式。禮的制定動機和制定目的即是爲了別尊卑、定君臣，統治者通過禮儀教化，使社會成員能夠克己而行，穩定社會秩序。

貞觀君臣明確提出「爲國之基，必資於德禮」〔註52〕，唐太宗即位初，即詔中書令房玄齡、秘書監魏徵等禮官學士，修改舊禮，定著「《吉禮》六十一篇，《賓禮》四篇，《軍禮》二十篇，《嘉禮》四十二篇，《凶禮》六篇，《國恤》五篇，總一百三十八篇，分爲一百卷。」〔註53〕以禮來規範各種社會活動。《貞觀禮》準依古禮而刪添，旁求異代，對有益於人者，擇其善者而從之。「又皇太子入學及太常行山陵、天子大射、合朔、陳五兵於太社、農隙講武、納皇后行六禮、四孟月讀時令、天子上陵、朝廟、養老於辟雍之禮，皆周、隋所闕，凡增多二十九條。」〔註54〕貞觀君臣意識到禮的重要性，用禮來理國，明確等級名分，規範社會生活各方面的禮儀制度，並對國民施行禮儀教化。

一、禮的作用

禮是一套社會管理制度，它規定了社會生活的方方面面；它也是一套教化規範，使個體明確自身名分，遵守尊尊親親的禮儀。統治者以禮治國，即是要遵循禮制，並進行禮儀教化。通過禮制規範社會政治生活，通過禮儀教化調節社會關係。

禮區分人與禽獸，明確人與人之間的關係，「是故聖人作，爲禮以教人，使人以有禮，知自別於禽獸。」〔註55〕禮讓人懂得恭敬謙讓，能夠約束自身言行是人獸之辨的根本所在。在傳統儒家看來，人之爲人就在於人具有倫常，「上下有義，貴賤有分，長幼有等，貧富有度，凡此八者，禮之經也。」〔註56〕禮使人懂得親疏內外、遠近新舊，區分的目的是爲了實現禮之序的功能，「禮者，天地之序也……序，故群物皆別。」〔註57〕「禮所以序上下，正人道也。」

〔註52〕《舊唐書・卷七十一・魏徵列傳》。
〔註53〕《舊唐書・卷二十一・禮儀志一》。
〔註54〕《舊唐書・卷二十一・禮儀志一》。
〔註55〕《禮記・曲禮》。
〔註56〕《管子・五輔》。
〔註57〕《禮記・樂記》。

〔註58〕「禮之用，和爲貴」，朱熹認爲「君君臣臣，父父子子，兄兄弟弟，夫婦朋友各得其位，自然和。」〔註59〕禮儀教化使個體明於人與人之間的區別，進退有度，遵禮而行，禮通過分、序使社會得到治理：

> 禮起於何也？曰：人生而有欲，欲而不得，則不能無求；求而無度量分界，則不能不爭；爭則亂，亂則窮。先王惡其亂也，故制禮義以分之，以養人之欲，給人之求，使欲必不窮於物，物必不屈於欲。兩者相持而長，是禮之所起也。〔註60〕

> 凡百亂之源，皆出嫌疑纖微，以漸寖稍長，至於大。聖人章其疑者，別其微者，絕其纖者，不得嫌，以蚤防之。聖人之道，眾堤防之類也，謂之度制，謂之禮節，故貴賤有等，衣服有制，朝廷有位，鄉黨有序，則民有所讓而不敢爭，所以一之也。〔註61〕

人生而有欲望，有利益之心，這樣就會有爭執，禮的產生一方面要節制這些欲望，讓人謙恭有禮；另一方面以等級名分爲標準來分配社會資源。禮對於國家而言是一種治國方式，其本質是根據名分米分配社會資源，對個體而言，即是完善人性的途徑，使人通過禮懂得君臣之義，講信修睦，固夫婦父子兄弟之情。統治者即是運用禮法來制定和維持這一分配原則，從治國方式和禮儀教化兩方面來穩定社會秩序。

（一）禮是治國方式

禮按相應的名分進行資源的分配，使個人的行爲按符合其身份的規範去生活，所以孔子認爲「政者，正也。」政治的目的即是要「正名」，名正則規範立，規範立則國治，「名不正，則言不順；言不順，則事不成；事不成，則禮樂不興；禮樂不興，則刑罰不中；刑罰不中，則民無所措手足。」〔註62〕只有符合自己的名分，才能被認爲其行爲是合理合法的，「八佾舞於庭，是可忍孰不可忍？」超出了禮制所定，因其社會秩序失範，「故敗國喪家亡人，必先廢其禮。」〔註63〕從其言行是否符合禮制規範，即能看出一人對他人，一

〔註58〕　《白虎通・禮樂》。
〔註59〕　《朱子語類・卷二十二・論語・學而》。
〔註60〕　《荀子・禮論》。
〔註61〕　《春秋繁露・度制》。
〔註62〕　《論語・子路》。
〔註63〕　《隋書・卷六・禮儀志一》。

國對他國的態度、動向等。統治者制定禮的目的是為了維護尊尊、親親的等級秩序,「禮者君之大柄也」〔註64〕禮規定個體名分,分配社會資源,因而定禮者即是掌握這一分配權的人,不允許其他人僭越禮制名分,即是為了控制分配權。

在這套禮制中,君臣民分列其中,君是各種社會資源的最終擁有者,臣依其官爵職位佔有相應的資源,民則居於末位只有些許資源的使用權,他們依照自身的名分,「合理合法」地享有相應的待遇,居於上位的君臣作為一個統一體共同維護這一資源分配方式,並以此作為治國方式強硬地執行。

禮作為一種治國方式,通過別尊卑、定君臣,起到穩固國家社稷的作用,作為制定禮儀的統治者應約束自身,依禮克己,起到帶頭示範的作用。

首先,君主應依禮而愛子孫。「失愛不仁,過愛不義」〔註65〕,否則尊卑貴賤失序,造成社會混亂。當時唐太宗給予魏王李泰的禮待超過皇太子,諫議大夫褚遂良上疏諫曰:「昔聖人制禮,尊嫡卑庶。……所以塞嫌疑之漸,除禍亂之源。而先王必本人情,然後製法,知有國家,必有嫡庶。然庶子雖愛,不得超越;嫡子正體,特須尊崇。如當親者疏,當尊者卑,則佞巧之奸,乘機而動,私恩害公,惑志亂國。」〔註66〕褚遂良認為聖人制禮是為了別尊卑嫡庶,所以能杜絕禍亂之源,君主不應以私害公,寵愛庶子過於嫡子,否則將使國家產生禍亂。

其次,君主也應依禮來待臣子。魏徵等人在《群書治要》中多處選錄一些君臣相處方式的語錄,認為君主應該尊重臣子,「為人君而侮其臣者,智者不為謀,辯者不為使,勇者不為鬥。」〔註67〕唐太宗以此為鑒,禮待臣子,臣子感其恩惠、竭誠盡忠。褚遂良言:

> 居上能禮其臣,臣始能盡力以奉其上。……人君之御臣下也,禮義以導之,惠澤以驅之,使其負戴玄天,罄輸臣節,猶恐德禮不加,人不自勵。若無故忽略,使其羞慚,鬱結於懷,衷心靡樂,責其伏節死義,其可得乎?〔註68〕

這是對古代「君使臣以禮,臣事君以忠」的解讀,禮規定了君臣名分,維繫

〔註64〕《禮記·禮運》。
〔註65〕《新書·卷六·禮》。
〔註66〕《舊唐書·卷七十六·太宗諸子·李泰列傳》。
〔註67〕《群書治要·卷四十二·新序治要》。
〔註68〕《舊唐書·卷七十五·張玄素列傳》。

君臣之義，君主以禮待臣，是君主以誠待下的體現，這樣臣子明其君臣之義，自願地竭盡忠誠。

　　禮別尊卑、定君臣，使個體依名分行其事，遵守相應的禮制規範，「上好禮，則民易使也。謝氏曰『禮達而分定，故民易使。』」〔註69〕統治階層依禮而行，則萬民影從，「名正分明，則民不惑於道。道也者，上之所以導民也。」〔註70〕名分有定，則臣民有規範可循。在禮制的規定中，君臣民各有相應的職責，所謂名實相符，有其名當有其實，有其實應有其名，既對君臣民形成了一定的約束力，又可以吏個體通過德業、功業就取目應的名分、爵位。

（二）禮儀教化

　　通過禮儀教化，既使人們接受這種治國方式，又可教化百姓知曉君臣之義、父子之情。這不僅能提升百姓的文明素質，而且能夠教化百姓服從統治。統治者利用禮來調節社會關係，通過「惟齊非齊」的方式，以等級次序為原則，實現社會的有序。

　　禮是聖人所定，用以規範五倫關係：君臣、父子、夫婦、兄弟、朋友。君臣教化百姓依禮而行，具體地實施仁道德治。貞觀朝修改禮制，提倡孝親，加強親屬間的關係，「嫂叔無服，太宗令服小功。曾祖父母舊服三月，增為五月。嫡子婦大功，增為期。眾子婦小功，增為大功。舅服緦，增為小功。」〔註71〕貞觀君臣帶頭實踐禮儀制度，使國民都能遵禮而行。唐《貞觀禮》有婦見舅姑之儀，魏晉起此禮不用，王珪子尚唐太宗女，王珪言：「今主上（太宗）欽明，動循法制。吾受公主謁見，豈為身榮，所以成國家之美耳。」是後公主下降有舅姑者，皆備婦禮〔註72〕。公主乃皇家之女，以往人們認為皇家至尊雖然下嫁臣子，依舊要保持皇家的尊嚴，即便舅姑都要依照皇家的規矩行禮拜見。但是貞觀朝恢復公主執婦禮舅姑這一古禮，並在實踐中具體實施，表現了貞觀君臣以禮治國的決心。

　　禮與法都是一種治國方式，禮「垂百官之範」是沒有被刊載的律法，它們「皆所以弘宣天意，雕刻人理。」〔註73〕「天意」即是天地陰陽之道，尊

〔註69〕　《四書章句集注・論語集注・憲問》。
〔註70〕　《管子・君臣上》。
〔註71〕　《日知錄・卷五・唐人增改服制》。
〔註72〕　《舊唐書・卷七十・王珪列傳》。
〔註73〕　《晉書・卷十九・禮志上》。

卑貴賤之意；天博愛無私，此天意也指仁義；「人理」則是人倫道德，君臣之義、父子兄弟之情禮古法都可以弘揚天道仁義，規範人倫秩序。禮是聖人制定，用來勸惡揚善，順應天道，「禮以順天，天之道也。」「正義曰：天道以卑承尊，人道以小事大。禮者自卑而尊人、朝者謙順以行禮。行禮以順天，是天之道也。」〔註74〕禮儀教化使臣民懂得尊卑秩序，宋明理學家將君臣之義昇華到天理、人性的內容中，爲禮儀教化的實施做理論鋪墊，禮成爲天之經、地之義，個體必須奉而行之。禮儀教化的第一義，即是明確君與臣民的尊卑關係，要求臣民遵守君主的統治，使臣民形成忠君觀念，禮制凸顯了君主的獨尊、威儀，教化的目的即是維護君主的地位，讓臣民自願地履行忠君義務，以忠君爲人之大本。

　　禮儀教化的第二義，即是要倡仁義、行孝悌，調節社會關係。禮因循天道而設，天道仁德，禮以仁義爲基本精神，用仁義調節、規範人與人之間的關係。傳統文化將禮的產生原因和目的歸結爲，聖人是爲了節制個體的不合理欲望，培植、滋養個體的善性，減少人與人之間的利益衝突，使社會充滿仁德，以達到穩定社會秩序的目的。所以說禮儀教化是社會政治的必需品，是符合天道和人性的要求的：

　　　　夫人含天地陰陽之靈，有哀樂喜怒之情。乃聖垂範，以爲民極，節其驕淫，以防其暴亂；崇高天地，虔敬鬼神，列尊卑之序，成夫婦之義，然後爲國爲家，可得而治也。〔註75〕

實施禮儀教化，統治者首先應表現出仁愛精神，「泛愛群生，不以喜怒賞罰，所以爲仁也」〔註76〕，以民爲本是統治者行仁義的最核心的原則，輕繇薄賦、與民休息、救濟鰥寡孤獨者等，踐行重民、養民、富民、教民等原則，因而君臣的政治倫理所倡導的愛民，是君臣在履行禮之義，踐行天道。君臣還應將這種仁義播及域外，穩定天下秩序。統治者利用禮來治國，節制人們不合理的欲望，使個體能謹於心慎於行，非禮無視、非禮勿聽、非禮勿言、非禮勿動，「克己復禮爲仁」〔註77〕，禮要人們摒除各種惡念，遵守君君臣臣父父子子的人倫秩序，踐行仁義、孝悌等觀念，完善個體的自我德性。

〔註74〕《左傳‧文公十五年》。
〔註75〕《晉書‧卷十九‧禮志上》。
〔註76〕《春秋繁露‧離合根》。
〔註77〕《論語‧顏淵》。

實施禮儀教化，使民知孝悌而孝敬父母、善事兄長，「孝悌也者，其爲仁之本與。」〔註78〕「夫孝悌有聞，人倫之本，德行敦厚，立身之基。」〔註79〕仁自孝悌始，「其爲人也孝悌，而好犯上者，鮮矣；不好犯上，而好作亂者，未之有也。」孝悌者能夠仁民愛物，所以統治者選任孝悌有聞者爲官，以正民風。統治者設庠序來教民，或旌表孝義有聞者，並爲他們立傳，以此來美化風俗。統治者也要踐行仁義孝悌，給臣民以表率，所以君德既是德配天命的要求，也是禮制的要求。

禮儀教化的實施，使臣民懂得忠君尊君，孝悌仁義，統治者通過禮達到維護自身統治、穩定社會秩序的目的。禮儀教化以溫和的方式解決社會問題，不僅使人們知道仁義孝悌，也節制人們的欲望，這裡體現了禮儀教化的第三義：修身養性，變化人的氣質，使「動靜有常，進退合度」〔註80〕。以禮制心，復人之德性，使人成聖成賢。

禮以謙讓爲本，使人們懂得恭敬謙讓之心，節制欲望，安其心，化其情，變化氣質。孟子言「辭讓之心，禮之端也」〔註81〕朱熹言「禮以恭敬辭遜爲本，而有節文度數之詳，可以固人肌膚之會，筋骸之束。」〔註82〕禮以恭敬謙讓爲質，實際上是要求人對他人的尊敬，「內省以謹於分」〔註83〕，使人克己謙讓，節制好利之心，防止人與人之間的衝突。

統治者應以治民心爲務，「善治民者，治其性也。」〔註84〕使人從本性上改變，統治者施實禮儀教化的理論基礎是人性論，貞觀君臣繼承秦漢儒家的觀念認爲人性分三品：聖人之性、中人之性、斗筲之性，聖人之性與斗筲之性的人先天稟賦不同，且不可轉變，貞觀八年，太宗謂侍臣曰：「上智之人，自無所染，但中智之人無恒，從教而變」〔註85〕中人之性的人通過禮教能夠去除惡口成就自己的善性、天地之性。禮教能培養人的仁義禮智之心，使人克己復仁，節欲除惡，從修身養性中體悟到天人合一的境界。

禮有分、序的功能，別尊卑而定君臣，它既是禮儀制度，也是教化規範，

〔註78〕　《論語・學而》。
〔註79〕　《隋書・卷三・隋煬帝紀上》。
〔註80〕　《舊唐書・卷七十五・張玄素列傳》。
〔註81〕　《孟子・公孫丑上》。
〔註82〕　《四書章句集注・論語集注・泰伯》。
〔註83〕　《荀子・王道》。
〔註84〕　《申鑒・政體》。
〔註85〕　《貞觀政要・卷四・尊師傅》。

以禮治國從禮制和禮教兩方面來維護社會的統治。禮制將臣民安於統治制度之中，禮教則使臣民安於這一統治次序。天地陰陽之道爲禮所定的尊卑等級提供理論依據，讓百姓遵從定禮者所定的典章制度。統治者依名分進行資源配置，以禮來治國；使臣民忠君尊主；並教化百姓孝悌仁義，以恭敬謙讓爲本，試圖通過提倡義高於利，利用道德力量來解決利益衝突問題。

二、尊尊、親親：不平等的起源

禮是對天道的傚仿，也是對天道信仰的維護。天道任德不任刑，因而禮彰顯仁義，倡導德治，它規範和調節各種社會關係，教化孝悌，充盈人的德性，達到止惡和勸善的雙重目的，使社會秩序穩定。禮鞏固了天地尊卑之道，禮制以尊尊、親親爲原則，使統治者擁有資源分配的權力，讓臣民謹於名分而行，維護了當權者的利益，使他們享有各種文化、經濟、政治資源的優先權，和對社會行爲、思想文化的評判權，而禮儀教化要求百姓服從在上位者，並將教化之義昇華爲天理性命之中，使尊卑與天地同存，造成人與人之間先天的不平等。禮以天道立基、以人性立足，統治者以禮治國，使這一不平等的起源蒙上道德的面紗。

任何一個社會形態都有自己的一套統理社會的規範、制度，這種規範制度本身能夠約束人的非理性行爲，使社會從混亂走向有序。但這一套制度要適應時代的發展，當規範制度已經成爲約束人的牢籠，又會成爲社會發展的阻礙。所以禮在兩千多年的歷史中，發揮了穩定社會秩序、教化百姓知習忠孝節義和仁義誠信的作用，同時又將上下尊卑貴賤的等級意識滲入到社會生活的各方面中，因而對禮的存在作用應批判地對待。

（一）禮制下的君臣關係

君臣通過策名委質確立隸屬關係之後，君臣都依禮制所定各盡自己的分內之事，君主按禮制所定給予臣子相應的名分利祿，而臣子應忠於職守，竭盡自己的智力、能力。官吏入任有許多方式，如蔭親製、察舉制、賣官鬻爵、科舉制，臣子因血緣、品行、門第、財力、功勳等因素入仕，他們自願出仕，一方面是由於禮制依名分分配資源，因而禮制下的群臣試圖通過自身的努力獲取更高的名分，彰顯自身的價值，實現光宗耀祖、封妻蔭子的榮耀；另一方面由於「學而優則仕」的觀念，將入仕作爲踐行王道的方式，實現自身的

政治理想的途徑。這兩個出仕意圖體現了謀食與謀道的區別，前者是君臣利合，而後者則體現了君臣義合、君臣道合。

先秦時期，隨著統一趨勢的加強，君權一統的觀念更得以凸顯，要求君臣之間建立比較緊密的關係，荀子言「君臣、父子、兄弟、夫婦，始則終，終則始，與天地同理，與萬世同久，夫是之謂大本。」〔註86〕而秦建立中央集權專政制度以後，委質之禮成為臣子單向的對君主盡忠之義務的形式，而禮所凸顯的君臣之義得到強化，君成為臣子之綱，臣對君盡地之道，臣應盡其力，以全君之美。

君成為臣之綱，失掉了禮約束君主的功能，將君尊臣卑永恒化，君臣之義經宋明儒學的發展，根植於天理人性之中，君臣關係「無所逃於天地之間」。「君臣之義，生於性者也，性不隨物以遷，君一而已，猶父之不可有二也。」〔註87〕但理學家強調君臣以道相合，君主作為王道的踐履者，以天下為己任，臣子擁有強烈的使命感和責任感，禮所負擔的君臣之義，在宋朝實現內容上的更新，強調君臣共治共同擔當的精神。唐朝是君臣義合向君臣道合的一個轉型期，貞觀君臣認為君臣是義合，他們以堯舜王道為治國理想，尋求君臣共治，但並不認為君臣共治是君臣道義的內在規定，他們的君臣共治建立在以史為鑒的經驗總結上，出於事實的考慮。貞觀群臣並沒有宋朝士大夫的自任，他們盡忠於君，或出於義的要求，或出於報太宗知遇之情，所以他們的政治理想是因其名分所應盡的職責。宋朝士大夫以致君堯舜為念，兼濟天下，教化百姓；而貞觀君臣能以至公為原則，踐行王道，以民為本。兩個時期的君臣關係體現了君臣之道義的相通性。

君臣通過禮建立君臣關係，禮又規範君臣關係。禮規定了君臣之義和君臣雙方應具有的德性品質，如君仁臣忠，它對君臣關係有一定的調節作用。同時禮成為君臣的治國方式，君主依等級名分進行資源的配置，依禮儀來教化百姓，奠定了君臣施行仁道德治的理論基礎。

（二）禮的負面影響

禮的功能是分、序，將社會區分為不同等級，又規定不同等級之間的規範，調節同等級間、不同等級間的關係，使社會有序。這種管理模式在中國

〔註86〕　《荀子·王制》。
〔註87〕　《讀通鑒論·卷二十·唐高祖十二》。

存續的兩千年間體現了其積極作用，但也造成了不利的影響。

禮以等級為原則，雖然發揮了穩定社會秩序的功能，但建立在不平等的基礎上的社會制度，會束縛人們的思想言行，不利於社會的進步。這樣的教化原則使個體摒棄不合理願望，但此不合理願望即是與尊長的意志不符的部分，將道德評判權歸於掌權者之手，樹立君、聖、長的權威，不利於個體自由德性的成長。

荀子言「惟齊非齊」，認為只有等級次序才能帶來社會的有序，這種觀念建立在對百姓的地位的判定上。在儒家文化中百姓始終是至愚至賤者，他們無知無識，是一個被動的存在，他們無官長則爭，無法自治，需要君臣、聖人來治理，「黔首之屬猶豆麥也，變化云為，在將者耳。遭良吏，則皆懷忠信而履仁厚；遇惡吏，則皆懷姦邪而行淺薄。」〔註88〕被統治者作為工具存在，沒有其他的政治權利和身份，因而只能被安排在等級次序的最下面，且這種「民」觀念，被附以永恒性。在封建禮儀制度下，民的依附性助長了其主動的臣服意識，三綱教化民以順服為「美德」，所以在等級次序下統治者會強迫臣民順從以取得穩定，導致君主以力服人而非以德服人的社會現實，暴力是最便捷的，但使用不當，其亡身敗國的速度也是最快的。所以明主有鑒於此，會倡導仁義治國，如唐太宗言「朕看古來帝王以仁義為治者，國祚延長，任法御人者，雖救弊於一時，敗亡亦促……今欲專以仁義誠信為治。」〔註89〕

仁道德治具有很大的理想性，統治者以禮治國，需要其克己自律，而對於君主而言無疑是困難的，即使如唐太宗也沒能善始善終，也會因好惡而賞罰，「貞觀之始，視人如傷，恤其勤勞，愛民猶子，每存簡約，無所營為。頃年以來，意在奢縱，忽忘卑儉，輕用人力，乃云：『百姓無事則驕逸，勞役則易使。』」〔註90〕而且統治者所施行的教化其最終目的是讓臣民順服，以忠君為務，讓其感念君主的仁義，積累自己的德業，求得國祚長久。

禮因循天道而設，定禮權和對禮的實施權被君主掌握。雖然士大夫可以以道義勸諫不要行違禮背德之事，但是由於資源分配權掌握在君主之中，官僚階層沒有形成與君主相抗衡的組織勢力，使得臣子約束君主的力量很軟弱。

而禮制也將臣子安排在等級次序中，他們依名分享受相應的政治經濟特

〔註88〕《群書治要・卷四十四・潛夫論治要》。
〔註89〕《貞觀政要・卷五・仁義》。
〔註90〕《貞觀政要・卷十・慎終》。

權，使得官員以名分作爲判斷自身的評價標準，民不存在於官員監督評價體系中，使得許多官員靠附庸權勢博得上位，或是一味地侵奪民利，扭曲了權力的使用目的，助長了官僚體制內的不正之風。

礼教適應封建社會的自然經濟體制和家國同構的社會形態，人們被固定在五倫關係之內，維繫在家族之中，家庭倫理與政治倫理混溶，忠孝觀念成爲約束君父與天下子民的紐帶，而倡導君君臣臣父父子子的禮，使君父與子民之間的關係更爲強化。而隨著生產力的提高，人與人的人身依附關係逐漸弱化，人的自我意識慢慢覺醒，首先就要反抗禮教的嚙毒，刬除這一毒瘤，使每個人都成爲一個擁有獨立人格的個體。在近代，人們已經注意到政治文化對政治制度的影響，新文化運動倡民主、科學，宣傳自由、平等、權利等觀念，試圖打倒孔家店，去除禮教，創造新倫理、新思想文化、新政治制度等，實現「新」的革命。禮本身的尊尊、親親原則造成人先天的不平等，它仿傚天道而將三綱確定爲永恒的價值，從這方面講禮應被摒棄，禮的產生是爲了使人趨善遠惡，讓人們不斷充盈自己的善性，使人人成爲成聖成賢，禮體現了仁愛精神，倡導恭敬謙讓、講信修睦等，有利於社會關係的處理，這是禮的積極面。所以，對禮應批判性地看待，有利於實現傳統文化的現代發展。

綜上所述，對天的信仰，構造了君臣觀的理論基礎，因相信天的客觀、公正，所以天成爲人間事物的最高仲裁者，因而人們相信天命是擇選君王的條件，天命爲君臣提供了政治理想的形上根據，君臣要完成天之所命——安民止亂，實現國泰民安，而又能將天之仁德散播域外，使四夷沐浴仁德，即是君王文治武功的實現，以此來奠定統治的德業、功業，維持王朝的國運長久而士大夫的政治任務即是輔助君主實現這一使命，以天道來匡扶君主踐行君道，並用禮法使百姓向善止惡。天道成爲君臣治國方式的理論基礎，天爲民立君，君設官分職，他們因天而成就君臣關係，君臣體天道而行仁道德治，完成天之所命，君臣之間以天道、王道來互相警誡，提高君臣共識，實現君臣共治。

禮以別尊卑、定君臣爲第一義，禮來自對天地陰陽之道的仿傚，它規定了君臣名分，使君臣依禮而行，踐行君德、臣德，禮本身所內涵的尊重之義，爲實現「君使臣以禮、臣事君以忠」的觀念奠定了基礎，禮規定了君臣之義，同時也約束了君主，君主不可行違禮背德之事，而應以禮治國，進行忠君孝

悌的教化，使百姓接受天命觀念安於自身名分，盡忠君義務。禮起初提倡君臣、父子、夫婦之間的互相對待關係，但是經三綱五常的發展，「將人對人的關係轉變為人對理、人對位分、人對常德的單方面的絕對的關係。」〔註91〕失去了禮對在上位者的約束功能，使臣、子、婦單方面的盡服從君、父、夫的義務，而禮將人放置在等級次序中，個體被囿於五倫關係之內，不利於個體的自由德性的發展和社會公德的培養。由於禮是資源配置原則，強化了人們對等級名分的追求，使名分成為自我價值實現與否的標準，不利於自我的良性發展。禮成為統治者的統治手段，它在社會製造忠君孝親的社會氛圍，使社會輿論成為評判個體行為恰當與否的標準，容易滋生一些言行不符的「偽君子」。因而臣民文化向公民文化的轉變，要實現等級身份向平等身份的轉變，推動以實現平等、自由為目的的現代政治文化的發展。

〔註91〕 賀麟：《五倫關係的新檢討》，《文化與人生》，北京：商務出版社，1996 年版，第 59 頁。

第三章　貞觀君臣的政治理想

　　貞觀之治的出現是君臣共同努力的結果，是他們政治理想的實現。本章的內容在於通過細緻的分析和總結貞觀之治的政治成就，探析其作爲盛世出現的原因，爲進一步分析貞觀君臣觀的政治倫理提供堅實的現實基礎。貞觀盛世雖然說和儒家理想的王道社會還是有差距，後人的評價也多指出了貞觀之治的遺憾之處，如，在嚴格的道學家眼裏，唐太宗並不是完美的聖王。然而，作爲中國歷史上少數的盛世，貞觀之治應該說確實是在貞觀群臣的共同努力下實現的，它的產生足以證明中國古代的君主政體並不是一無是處，如果風雲際會，明君和賢臣相遇，在各種因緣條件具備的情況下，君臣觀對於社會歷史的發展還是具有積極的促進作用的。

　　君臣政治理想的理論來源即是天之所命，而這一任務的實現與否取決於君主對天所授予的權力的認識，若將權力作爲滿足私欲的工具，無視臣民的存在，則只是一獨夫，無政治理想可言；若視權力爲完成上天使命的工具，則其政治理想即是實現順天安民，他能夠因此而成就一番功業、德業以長保天命不移。貞觀君臣之所以能夠造就貞觀之治的盛世，就在於他們能夠明確自身的政治職責，正確認識安民止亂的政治使命。他們以王道爲治國理想，互相鼓勵和警誡，最終實現了國泰民安、萬國來朝這一安近人、懷遠人的政治目標。應該說，貞觀群臣他們在具體的政治行爲中分別踐行了聖王理念和君子人格。

第一節　君主的功業與德業

　　我們知道，在傳統儒家文化中，天命、天道奠定了君臣政治理想的理論基礎，天授予地上的君王以統治權，同時又界定了君權的使用目的——安民

止亂，理想的君王不僅在於他有天命的神聖職責，還要他將其落實於現實的統治實踐之中。因而君主根據天命要求選賢任能，設官分職，以長保天命。貞觀君臣以上順天道、下安百姓爲念，實施仁道德治，遵循天道，以禮治國。唐太宗借群臣之力，經過多年的征戰和建設，實現了其文治武功的事業。貞觀九年，太宗對大臣們說：「朕端拱無爲，四夷咸服……當思善始令終，永固鴻業，子子孫孫，遞相輔翼。……朕觀古先撥亂之主皆年逾四十，惟光武年三十三。但朕年十八便舉兵，年二十四定天下，年二十九升爲天子，此則武勝於古也。少從戎旅，不暇讀書，貞觀以來，手不釋卷，知風化之本，見政理之源。行之數年，天下大治而風移俗變，子孝臣忠，此又文過於古也。昔周、秦以降，戎狄內侵，今戎狄稽顙，皆爲臣妾，此又懷遠勝古也。」〔註1〕

從唐太宗的自述中我們看到他的自豪之情，他認爲自己文治過古、武功勝前，穩定了國內秩序和天下秩序。歷史上對唐太宗的評價也甚高：「其除隋之亂，比迹湯、武；致治之美，庶幾成、康。自古功德兼隆，由漢以來未之有也。」〔註2〕唐太宗文韜武略，無論在戰場還是朝堂都有一番作爲，他滅薛舉、宋金剛、竇建德、王世充等平定亂局，制定政策降服北夷、平西域〔註3〕，布德惠施安定天下，使國泰民安、萬國來朝，實現了一個君主的理想抱負。

任何君臨天下的帝王不可能沒有理想的追求，如果沒有建立偉大的業績，不可能得到歷史的公認，但是建功立業不僅僅是憑藉武力和強權，偉大的功績也不能只因帝王個人的好大喜功，如果沒有替天行道的公心，沒有虛懷若谷、容納百川的胸懷，不可能招攬到賢人，凝聚人心，做成大事。貞觀之治的產生就是在一代英主唐太宗和眾多的流芳千古的文臣猛將相聚而共同造就的。貞觀君臣個人能力超群，君臣際遇，使得君臣能夠以至公爲念，這

〔註1〕《貞觀政要・卷十・慎終》。
〔註2〕《新唐書・卷二・太宗本紀》。
〔註3〕《蘇門六君子文粹・卷四十五・濟南文粹五》：太宗以英雄神武，戡定禍難，以基王業，自偏裨小校至於爲帝，大小戰無慮，累百未嘗挫衄。有若李勣、李靖、柴紹、衛孝節、薛萬徹之徒，以平突厥；有若道宗、道彥、樊興宗、段志元、高甑生之徒以平吐谷渾；有若侯君集、薛萬鈞之徒以平高昌；有若李襲譽、李大亮之徒以平延陀；有若牛進達之徒以平吐蕃；有若郭孝恪之徒以平焉耆；有若李子和、齊善、張士貴、張德寶、上官懷仁之徒以平諸獠；有若契苾何力、阿史那社爾之徒以平茲邦國，既底定諸盜，既剿絕其餘勇，故氣猶未肯寧晚命。馬周、李勣、張儉、張亮爲將，統十六總管之兵，復遠駕遼海親征高麗厥勳偉哉。

種心態和氣象使得貞觀年間成為中國歷史上少有的盛世。

　　貞觀之治的實現得力於貞觀君臣對治國之道的深刻認識，在貞觀君臣看來，「思國之安者，必積其德義」〔註4〕若是創業之君，「不務廣恩化，當時僅能自守，後無遺德可思。故傳嗣之主，政教少衰，一夫大呼而天下土崩矣。」〔註5〕君主要建立一番德業與功業，德威並施，以德得民心，以威保權勢，權勢得保則君主不會身亡國滅，民心即得則社稷永固、宗廟長存，因而君主的功業與德業是相備的，功業的實現需要君主掌握權勢、武力等硬實力，德業需君主仁愛之心、行不忍人之政，德業、功業相合，才能保障王朝時間上的持久性，和領土的廣闊。在太宗看來：

　　　　為君之道，處至極之尊，以億兆為心、以萬邦為意。理人必以
　　文德，防邊必以武威。孔子曰：「夫文治所加者深，則武之所服者大；
　　德之所施者博，則威之所制者廣。」不可以武威安民，不可以文德
　　塞邊。〔註6〕

唐太宗明確理民、安邊的區別，以文德來理民，以武威來安邊，實現了一番文治武功。功業、德業對於成功的政治家來說是不可或缺的，而且功業和德業的建立也是一個不斷積累的過程，為君者不能好大喜功，要名實相符。貞觀君臣具有較強的政治自覺性和反思能力，能夠認識到盛世之下所存在的一些問題，貞觀六年，匈奴克平，遠夷入貢，符瑞日至，年穀頻登。群臣勸諫唐太宗行封禪，而魏徵不同意，他對太宗言：「陛下功高矣，民未懷惠。德厚矣，澤未旁流。華夏安矣，未足以供事。遠夷慕矣，無以供其求。符端雖臻，而尉羅猶密。積歲豐稔，而倉廩尚虛。」〔註7〕魏徵直言不諱地指出這些問題，太宗也欣然接受，使得他們明確真正的功業和德業，即是厚惠施、廣德化，並始終以此為念，堅定地奉行，最終實現了天下太平。下面我們分別從幾個方面論述唐太宗的豐功偉績及其實現的方法、途徑。

一、文治武功

　　唐太宗所自豪的君主的文治，並不是單純的指文化事業的發展，而是能

〔註4〕　《貞觀政要・卷一・君道》。
〔註5〕　《舊唐書・卷七十四・馬周列傳》。
〔註6〕　《全唐文・卷十・金鏡》。
〔註7〕　《貞觀政要・卷二・直言諫爭》。

使民生存在一個較融洽的社會環境之中，實現社會秩序的穩定；而君主的武功，則體現在其疆域的廣闊及天下秩序的穩定。唐太宗能夠實現此理想，確實彰顯了他的偉大。我們也可以看到，此文治和武功的實現也是相輔相成的關係，文治的實現，即是國泰民安、國富兵強的實現，它為武功的實現提供了人力、財力、物力的保障，而武功的實現則能克定周邊，保障了文治有了一個更穩定、安全的環境。貞觀君臣意識到二者的相互關係，所以積極地促進二者的實現，他們同時也區分了實現文治、武功的不同政策。他們繼承傳統儒學的政治理念，奉行德治教化，並積極應對各種自然災害，嚴肅吏治，以實現良好的社會環境；他們發展武力，以使四夷臣服，樹立起強大的威勢，實現了萬國來朝。

而這些理想實現的必要前提即是在於擁有一個政權，且是一個統一的中央集權。唐朝結束了天下割據的局面，實現了政權的一統，使得政令通行於天下，這保障了文治、武功政策的實施。因權力的一統，才能實現文治武功，也因文治武功的取得，使其更有維持天下一統的資格。

（一）政權一統

權力一統標誌著天下的一統，是人類社會發展的需要，因為分裂割據的勢力間互相征伐，使民不聊生，也不利於生產的發展。而權力的一統也是君主維繫自身統治的需要，君失權則意味著身亡國滅的危險，所以權為君所獨有。因而政權一統，首先要解決在社會混亂時如何取得政權的一統。其次要解決如何維持政權一統的問題。

據唐史大家岑仲勉先生在《隋唐史》中統計，隋末義軍之師共百多部，李唐如何在眾勢力中脫穎而出，統一天下？唐朝建立之後，又是如何維繫其政權並發展壯大的呢？古代的天命觀念給社會提供了一個統治天下的合理依據，這就是要擁有天命，要替天行道，孟子對梁襄王說：「不嗜殺人者能一之。」〔註8〕不嗜殺則能愛民存民，能得民心，符合天意，所以民心是國家立基的根本，君王不嗜殺則民引領而望，一統天下易如反掌，這就是所謂的仁者無敵。那麼，在社會分崩離析的狀況下，誰能一統社會？是依靠實力？道德感召？血統？還是文化？下面我們將展開具體的分析。

首先，統一天下者要有統一天下的願望。隋末義軍的最初目標就是推翻

〔註8〕《孟子・梁惠王下》。

隋煬帝的暴政，人民起義的直接原因就是無法容忍隋煬帝的窮奢極欲，他征伐遼東、巡遊天下，大肆徵發徭役，使得百姓死傷無數，最終導致官逼民反。對於大多數的起義軍來說，沒有爭奪天下的野心，隨著煬帝被弒，眾起義軍的政治目標消失，「除少數利用時機別有野心者外，一般人憤氣驟平，急思安靜。」由於認識上的局限性，「或困於鄉土思想與地盤思想，或則舉棋無定，進退失據。」〔註9〕不能提出新口號以相呼應，全局遂轉入混亂與割據時期。而唐高祖起兵之時則起點甚高，「舉兵之時，本為社稷」〔註10〕唐高祖於煬帝被弒三個月後受禪稱帝，以「一匡天下」為號，吸引眾多的義軍降唐，對不歸順者則實施征討，最終統一天下。太宗十八歲起兵投身統一大業，在唐朝開國的過程中立功最巨，為他日後繼承皇位奠定了基礎。

　　其次，依靠天命、謠讖等神秘因素。得君之位者，必稱自己是得天命者，宣稱自己是王道之師來解民倒懸。但如何證明自己稟賦天命呢？這就需要造謠和編神話。隋末時謠讖眾多，如「老子度世，李氏當王」、「桃源花」、「李樹起堂堂」等，一些道士投靠各勢力為其製造輿論，如王遠知，「（唐）高祖之龍潛也，遠知嘗密傳符命。」〔註11〕李唐王室還自稱為道教祖師老子李耳的後裔，稱老君顯現並多次受其幫助度過難關〔註12〕。利用謠讖有助於取得天下，但是治理天下則不能迷信鬼神，所以唐朝建國後，積極恢復、發展各項制度，實行租庸調法，恢復均田制，制定《武德律》，完善官制，實施科舉制、府兵制等，發展傳統文化，重視修撰類書、史書等〔註13〕，贏得一些起義軍、士人的臣服，這些政策都有助於恢復發展民力，使民樂安，為其贏得民心，穩定唐初的社會秩序作出了重大貢獻。

　　此外，統一天下還需要依靠領袖人物的人格魅力與個人能力。唐太宗在打天下的過程中雖然立下汗馬功勞，但他並不是太子，依傳統觀念他無法繼承大位。太宗最後通過「玄武門之變」殺掉建成、元吉兄弟才登上帝位，此事雖然在歷史上留下惡名，但是從後來的貞觀之治的出現，我們也可以說太宗做天子乃是百姓之福。太宗後來積其功業、德業，也足以向世人證明，他

〔註9〕　岑仲勉：《隋唐史》，石家莊：河北教育出版社，2000年版，第83頁。
〔註10〕　溫大雅：《大唐創業起居注・卷二》。
〔註11〕　《新唐書・卷二百四・王遠知列傳》。
〔註12〕　卿希泰主編：《中國道教史》第二卷，成都：四川人民出版社，1996年版，第32～40頁。
〔註13〕　牛致功：《唐太祖傳》，北京：人民出版社，1998年版，第191～222頁。

名實相符，曾鞏曾在《元豐論稿・唐論》中談到：「唐太宗爲君，有天下之志，有天下之才，又有治天下之效。」而《新唐書》評價李建成「資簡弛，不治常檢，荒色嗜酒，畋獵無度，所從皆博徒大俠。」〔註14〕、李元吉「猜鷙好兵，居邊久，益驕侈」〔註15〕，唐太宗「聰明英武，有大志，而能屈節下士」〔註16〕，所以秦王府能積聚眾多的能臣，共同輔佐秦王李世民登上帝位，成爲歷史上最富盛名的唐太宗。唐太宗所取得的成就，以及他以誠待下、納諫如流的作風一直受到後世讚頌，這與李世民的品格和能力密切相關。

當然，取得一統天下的政權，爭取民心的歸順，還要採取許多的措施。新王朝的建立在歷史上還通常要採取如下的兩個措施，一是通過對前朝政統的接續，二是對文化的復興。如，唐高祖李淵起兵之時，以平叛爲旗號，擁戴隋煬帝之子楊侑爲隋恭帝，以安隋室爲名起兵，而一旦掌控了局勢，就以李代桃，通過隋恭帝的禪讓成爲名正言順的君主，實現正統的傳承；而第二個途徑，則是唐朝建立後，獲得了國家政權，他們通過復興儒學，置辦學館，祭祀儒家聖賢等方式，以禮治國，實施仁道德治，取得社會士大夫的認可，以此獲得正統之名。

實現了政權的一統後，太宗及其君臣勵精圖治來維護這一統的政權，他們首先區分了定天下和安天下的區別，針對現實情況，制定了偃武修文、布德惠施的方針，將注意力轉移到如何實現國泰民安上。

（二）國泰民安

貞觀之治實現了國泰民安，其政績的取得在於統治者能夠合理的安排權力和使用權力，實現統治階級內部的和諧穩定，這即是要處理君權和相權的關係問題。站在帝王的角度來說，君王應該掌握絕對的權力，但是對於治理國家事務來說，如果一切事務都由皇帝來決定，那是明顯不可能的，因而戰國以後，中國政治逐漸發展爲三公制，丞相、太尉、御史大夫共同執政輔佐皇帝治理天下。太尉掌軍，後來演變爲大司馬、大將軍等職；御史大夫負責監察，丞相則總攬政務，坐而論道，地位和權力都非常崇高。於是，秦漢時期出現了君權和相權的矛盾衝突，東漢爲了解決這個問題，創設中朝官以分丞相之權，南北朝時期則出現了三省制，唐朝建國後也採納了三省制的權力

〔註14〕《新唐書・卷七十九・高祖諸子・隱太子列傳》。
〔註15〕《新唐書・卷七十九・高祖諸子・巢王元吉列傳》。
〔註16〕《新唐書・卷二・太宗本紀》。

框架。貞觀時期實行三省六部、群相制，希望君臣能夠以至公爲原則，互相
監督，實現共治。

　　合理的權力架構還需要合適的權力觀來配合才能發揮其應有的作用。權
力的實質就是通過賞罰來實現社會資源的分配，以促進社會的進步和發展。
因而權力的直接表現就是實行賞罰的權力。貞觀君臣認爲君主只有賞罰有
度，對國民恩威並施，統治才能穩固：

　　　　國之所以爲國者德也，君之所以爲君者威也，故德不可共，威
　　不可分。德共則失恩，威分則失權。失權則君賤，失恩則民散，民
　　散則國亂，君賤則臣叛。是故爲人君者，固守其德，以附其民；固
　　執其權，以正其臣。〔註17〕

　　　　治國有二柄：一曰賞，二曰罰。賞者，政之大德也；罰者，政
　　之大威也。〔註18〕

德刑賞罰是國家權力的象徵，君主依此來施恩於民、立威於臣，君主如果失
去此權力，就會失去爲君的資格。唐太宗認眞聽取魏徵等人的意見，採取偃
武修文、布德惠施的方針，以民爲本，兼用德刑，以此來增長自身的德業、
功業，在短短十餘年間造就了千古流傳的貞觀盛世。

　　有了良好的制度建設和治國理念，還需要統治者眞切的關心民生的疾
苦，才能將以民爲本的政治舉措落實到實處，才能眞正地實現社會的安定和
諧，百姓才能過上幸福生活。對於百姓來說，休養生息，減少賦斂和徭役是
生活安定的前提，如果再能抵禦自然災害，並生活於一個良好的社會環境中，
這就是民眾一直期盼的幸福生活了。因而，統治者不可高高在上，或圖虛名
而窮兵黷武，而應踏踏實實地爲民眾分憂解難，這樣才能眞正的實現國泰民
安。

　　國泰民安的取得，首先應解決百姓的衣食溫飽問題，這樣百姓才能樂安，
國家秩序才能穩定，而這建立在一個風調雨順的自然環境的基礎上。由於古
人對天的信仰和天人感應的觀念，統治者特別警惕各種天之異象，如流星、
彗星、日蝕等，以及各種自然災害，如地震、水澇、乾旱、大火等，遇此君
主的畏天心理會加重，使他們反省自身德行、政事有無偏差，以進行補偏，
並積極應對災異的出現，防止流民失所，盜賊肆起，威脅統治。據史記載，

〔註17〕《春秋繁露·保位權》。
〔註18〕《群書治要·卷四十九·傅子治要》。

貞觀十年，暴雨爲災，百姓受難，太宗一方面下詔罪己，號召群臣進諫改過，檢討政治，一方面積極賑災恤民，停止各種徭役工程，減少官府的消費，防範各級官吏的侵害掠奪，不使民眾生活在水深火熱之中，爲其營造良善公正的社會環境。

貞觀時期，君臣們非常關心民眾的疾苦，出臺了許多政治經濟舉措，如防治水旱災害、興修水利、興建義倉等。貞觀元年至貞觀三年，多次發生水旱蟲災，關中飢饉，甚至有賣兒鬻女者，唐太宗命令災區開倉賑濟或就食他州，官府出資贖回男女自賣者給父母，並減輕災區的賦稅、徭役等，使百姓能夠恢復生產。唐太宗詔曰：「每見水旱降災，霜雹失所，撫躬責己，自慚德薄。恐貧乏之黎庶，不免饑餒；傾竭倉廩，普加賑恤。其有一人絕食，若朕奪之，分命庶僚，盡心匡救。」〔註19〕從唐太宗對百姓的態度上，我們能看到太宗希望實現國泰民安的願望。而皇權的一統能夠更加快捷地集結人力、物力進行救濟，及時應對各種自然災害，爲國泰民安的取得奠定一個穩定的基礎。

其次，國泰民安的實現，需要一個良好的社會環境，而社會環境的穩定，即是要處理好人的問題，以民爲邦本，進行社會的治理。中國古代是以農立本的社會，農民與土地息息相關，欲想使百姓安居樂業，必須要抑制土地兼併和減少賦斂等。社會的混亂多是由於流民的出現而導致的，流民的出現一方面是由於自然災害，一方面是由於人禍，出於地方的暴政，導致民眾失掉土地，他們或成爲佃戶、流民，或淪爲盜賊，成爲社會不穩定因素。所以，君主要實現國泰民安，一方面要抑制土地兼併，使民有恒產；另一方面也要處理好農與商的關係。商人以營利爲目的，投機倒把、囤積居奇。古代重農抑商，一是保障糧食供應，二是爲了防止其敗壞社會風氣。在傳統的農業社會裏，商人發達後，會大肆購買土地，窮奢極欲，浪費財物，或利用手中的財力捐納成官、勾結官府以獲取政治資源，或是支持反叛力量，與朝廷對抗，所以古代抑商不僅爲了淨化社會風氣，也是爲了維護皇權統治秩序的穩定。

良好的社會環境的實現也需要處理好百姓與官的矛盾，官民關係融洽才不會發生社會矛盾衝突。地方官僚以父母官自居，但是一些官吏往往巧取豪奪、徇私舞弊，權錢聯合使民生活於水火之中，造成官逼民反的現象。唐太宗認爲惡吏比能力差的官員爲害更大，因此嚴把選擇官吏的條件，選用公直

〔註19〕《舊唐書‧卷一百八十五上‧陳君賓列傳》。

良善者，「不擇善任能，而委之俗吏，既無遠度，必失大體。」〔註20〕並考察其行迹是否屬實，執行對官吏的考覈機制，並派巡察使等巡察各道。貞觀時期吏治清明，也得益於太宗能夠帶頭奉法、克己修身，這一時期各種制度的設定爲實現國泰民安做好鋪墊。

　　社會環境的改善，不僅在於官僚自身能恪盡職守、奉公守法，還在於民眾要知禮節、懂孝悌，養成良好的風俗，不反叛、不附逆，忠君愛國，安於穩定。唐太宗認爲人之所以爲盜賊，即是由於人無衣食且賦稅繁重，因而實行均田，並輕繇薄賦，與民休息，使人人安於生產；崇儒學、修禮制，實行禮儀教化、刑罰懲處等措施來勸善止惡。他說：

> 如朕本心，但使天下太平，家給人足，雖無祥瑞，亦可比德於堯、舜。若百姓不足，夷狄內侵，縱有芝草遍街衢，鳳凰巢苑囿，亦何異於桀、紂？……夫爲人君，當須至公理天下，以得萬姓之歡心。若堯、舜在上，百姓敬之如天地，愛之如父母，動作興事，人皆樂之，發號施令，人皆悅之，此是大祥瑞也。〔註21〕

太宗以天下太平、家給人足爲大祥瑞，爲使百姓歡心，貞觀君臣積極營造安定的社會環境，使夷狄不侵擾。貞觀十二年，魏徵言：「今四夷賓服，天下無事，誠曠古所未有。」〔註22〕天之所命要求君主體天道踐行君道，廣仁愛，視天下如一家，因而唐太宗努力踐行此天命，造就了貞觀之治。

（三）萬國來朝

　　萬國來朝也是中國古代傳統政治理想實現的一個標誌，如果僅僅是內政清明，國內民眾安康，還不能被認爲是理想的完整實現，只有萬邦來朝才能眞正體現大唐帝國的盛況，才能眞正滿足貞觀君臣的政治願望。

　　那麼如何才能做到萬國來朝呢？按照儒家的說法，應該是以德服人，感化不歸附者，如果德治不能感化，再動用「義兵」以武力來征服。貞觀君臣就繼承了這種傳統觀念，實行偃武修文、布德惠施的政策，以武力爲後盾，最終實現了「天下大寧，絕域君長，皆來朝貢，九夷重譯，相望於道。」〔註23〕。

　　此政治理想的實踐，是建立在古代的天下觀的基礎上。「普天之下莫非王

〔註20〕　《貞觀政要・卷五・公平》。
〔註21〕　《貞觀政要・卷十・災祥》。
〔註22〕　《貞觀政要・卷十・愼終》。
〔註23〕　《貞觀政要・卷五・誠信》。

土」、春秋大一統等傳統觀念，成爲中國人文化觀念中根深蒂固的信念。在中國的傳統文化中，「天下」是一個非常獨特的政治觀念，它擁有不同的含義。天下既是指君主有效統治的區域、國民，也是指普天之下的整個世界，在儒家看來，整個世界都屬於天，天下都應該具有同樣的社會政治道德體制，因而作爲中國的天子，有權、有義務將儒家的德治教化推行於天下，使天下百姓都能感受到華夏文明的教育。所以，天下既是一個自然地理的概念，又是一個政治概念和文化概念。

　　從天子的名號上看，天子與天下有密切的聯繫，天子即是上天之子，也是天下之主：

　　　　《尚書·大禹謨》：皇天眷命，奄有四海，爲天下君。

　　　　《禮記·曲禮下》：君天下曰天子」，鄭玄注：「天下，謂外及四海也。今漢於蠻夷稱天子，於王侯稱皇帝。

　　　　《中庸》：德爲聖人，尊爲天子，富有四海之內。

　　　　《說文解字》：帝，諦也，王天下之號。

從上述中，我們可以看到，天子是王天下的稱號，天子應爲天下之君。此天下既包括疆域，也包括天下之人，「故以一人治天下，不以天下奉一人。」〔註24〕而天下又不僅僅指其王朝所統轄的區域，還包括四海及四海之人。

　　梁漱溟區分古人的國家觀與天下觀，認爲此國家是指朝廷或皇室，而傳統政治文化所持有的「天下觀」是倡導文化至上，而非種族至上、國家至上〔註25〕。此天下觀的文化意義，體現在華夷之辨中，目的是爲了釐定王朝與夷狄政權的尊卑關係，將其納入自己的統治圈、文化圈中。天下觀還指政治上天下爲公的價值觀，士大夫以天下爲己任，從道不從君，即是從此意出發，此天下高於君主，此天下觀倡導公義、王道、民本。著名學者趙汀陽則認爲「天下」有地理、心理（民心）、社會制度（四海一家的政治理想、世界制度）〔註26〕三重含義。

〔註24〕《貞觀政要·卷八·刑法》。

〔註25〕梁漱溟：《梁漱溟學術論著自選集》，北京：北京師範大學出版社，1992 年版，第 330 頁。

〔註26〕「天下理論」將世界「看作是一個政治單位，一個最大並且最高的政治單位，同時也就成爲一個思考所有社會／生活問題的思想分析單位，也就是最大的情景或解釋條件。」區別於西方的國家觀，以天下而不是國家利益作爲處理國家問題的標準尺度。趙汀陽：《天下體系：世界制度哲學導論》，北京：中國人民大學出版社，2011 年版，第 23～33 頁。

總之，傳統文化中的天下觀，即是以天下之主的身份自覺，以至公爲原則贏得天下臣民之心，並實現其地理疆域上的天下一統，天下之主依靠武力、政治、教化來維繫天下秩序，擴大禮樂文明圈。此天下觀，要求君主實現民心與臣心（心理）、四夷（地理）、禮樂（文化）的大一統，君主通過對至公、民本思想的踐履，得到臣民的擁護；將其他邦國納入自己的統治序列中，建立天下秩序，而傳播禮樂文明，實現禮樂之天下。

唐太宗對天下觀念有著明確的意識，他以王道爲政治理想，實施仁道德治，並以至公、誠信治國取得臣民的順服，獲得天下之心；而以武力爲強大後盾，大破北疆、西域之強大勢力，使其納貢稱臣，實現天下秩序的穩定，完成天之傳播仁義的所命。貞觀四年，突厥頡利可汗敗亡，北方部落請求歸附，溫彥博認爲：「天子之於萬物也，天覆地載，有歸我者則必養之。今突厥破除，餘落歸附，陛下不加憐愍，棄而不納，非天地之道，阻四夷之意，臣愚甚謂不可，宜處之河南。所謂死而生之，亡而存之，懷我厚恩，終無叛逆。」太宗最終採納溫彥博之策，設都督府管轄。後許多外族將領歸附，太宗賞其財帛，賜以官職，使其立於朝堂。太宗以天下爲一家的心態對待外族，是對天道仁德的踐履，也是古人天下觀的體現，在太宗的仁德感召、以誠相待下，他們能夠忠君奉上。

萬國來朝是歷代帝王的一大政治理想，它建立在強大實力的基礎上，史書稱頌秦皇漢武唐宗宋祖，即在於他們實現了疆域的一統，使萬國來朝。司馬光認爲「苟不能使九州島合爲一統，皆有天子之名而無其實也」〔註27〕，疆域的大一統成爲正君之名的功業。

君主的偉大功績即體現在其德業和功業上，德業即是國泰民安的實現，而功業即是能安邊拓疆，鞏固和擴大已有的政治版圖。疆域的擴大是軍事力量強大的顯現。古代對外征伐的口號，多以施仁義爲內容，秉承天命以除暴安良，如唐太宗征高昌詔曰：

> 文泰（高昌王）反道敗德，幸災好禍，間諜酋豪，交亂種落。遂使氈裘之長，亟動干戈；引弓之人，重罹塗炭。……朕受命上元，爲人父母；禁暴之道，無隔內外；納隍之慮，切於寢興……宜順夷夏之心，以申弔伐之典，討凶渠之多罪，拯無辜之倒懸。〔註28〕

〔註27〕　《資治通鑒・卷六十九》。

〔註28〕　《全唐文・卷六・唐太宗討高昌詔》。

貞觀君臣明確征伐的目的，主動征伐是爲了宣揚天道仁義，並認爲「義兵之爲天下良藥也，亦大矣。（編者注：義兵除天下之兇殘，解百姓之倒懸，故方之於良藥。）」〔註29〕，另一方面是爲了邊疆的穩定，消除隱患、後患，並宣揚皇朝的威望。現代學者甘懷眞認爲中國以禮輻射周圍的國家，並不實際控制其邦國事務，不以佔領他們的土地爲目的，僅是強化名分上的君臣關係，如唐太宗言「朕受命三靈，因心百姓，爰初薄伐，非貪闢土之功。」〔註30〕貞觀君臣能夠認識到窮兵黷武的危害，但他也認識到兵戈的作用，他說：「夫兵甲者，國家兇器也。土地雖廣，好戰則民凋；中國雖安，忘戰則民殆。凋非保全之術，殆非擬寇之方，不可以全除，不可以常用。〔註31〕兵甲以維護安全爲目的，不可全除，也不可常用。貞觀初年以安國內秩序爲主要目的，對外邦以仁義感召和武力征伐相併用，目的在於消除邊疆的干擾，爲國內秩序的穩定創造條件。

萬國來朝的實現即是處理中國與其他邦國的關係問題，也體現了我國傳統的正統觀〔註32〕和民族觀。以「中國」（中間之國）自稱，而出現天下四方五民〔註33〕之說，「夫居天下之正，合天下於一，斯正統矣。」〔註34〕由於傳統文化中禮樂文化的優越性，而出現了東夷、南蠻、西戎、北狄等稱呼。正統觀即是要「中國」之人在「中國」實行禮儀德治的統治，穩定社會秩序，並施仁義於四海，建立和穩定一統的天下秩序，以此番德業、功業來證明自己的正統性、合法性。

〔註29〕 《群書治要・卷三十九・呂氏春秋治要》。
〔註30〕 《全唐文・卷六・唐太宗封懷化郡王李思摩爲可汗詔》。
〔註31〕 《貞觀政要・卷九・安邊》。
〔註32〕 饒宗頤認爲中國史學上之正統說，理論根據有二：一是「採用鄒衍之五德運轉說，計其年次，以定正閏」；二是依據《公羊傳》加以推演，「皇甫湜揭『大一統所以正天下之位，一天下之心』。歐公繼之，標『居正』『一統』二義。由是統之意義，由時間轉爲空間，漸離公羊之本旨。然對後來影響至大。溫公謂「苟不能使九州島合爲一統，皆有天子之名而無其實也。」東坡謂『正統云者，猶曰有天下云爾。』皆從空間立論。」宋朝側重正統的道德義。饒宗頤：《中國史學上之正統論》，上海：上海遠東出版社，1996年版，第74～75頁。
〔註33〕 《禮記・王制》：「中國戎夷，五方之民，皆有性也，不可推移。東方曰夷，被髮文身，有不火食者矣；南方曰蠻，雕題交趾，有不火食者矣；西方曰戎，被髮衣皮，有不粒食者矣；北方曰狄，衣羽毛穴居，有不粒食者矣。中國夷蠻戎狄，皆有安居，和味宜服，利用備器；五方之民，言語不通，嗜欲不同。」
〔註34〕 《歐陽文忠公集・卷十六・正統論下》。

　　中國自古即是個多民族國家，「以儒家為代表的民族觀，既具有民族優越感，有賤視夷蠻戎狄的一面，又具有兼容並包，促進民族接近與親善的一面，而以文化放在區分華夷的首位，促進了民族間的認同。」〔註35〕儒家文化倡導和為貴，強調禮儀秩序，古代帝王對外的征伐，實現了禮樂文明的擴散，儒家文化圈所輻射的東亞國家，都曾受過儒家文化影響，他們或主動或被動地學習禮樂文明。趙汀陽認為中國古代奉行「天下無外」的觀念，古人認為「與本土不同的他鄉只是陌生的、遙遠的或疏遠的，但並非對立的、不可容忍的和需要征服的。」使各國都處在有序和諧的世界體系之中，「這樣一種關係界定模式保證了世界的先驗完整性，同時又保證了歷史性的多樣性，這可能是惟一能夠滿足世界文化生態標準的世界制度。」華夷之辨只是文化的差異，「不是設立作為不可共存的對立面或者異端的他者，」不是被定義為「意識形態和種族上受歧視者」。〔註36〕中國古代並非一個侵略擴張的國家，對其他國家的征討，僅要求名義上的征服，要其稱臣納貢，進行自衛性的軍事活動，保護所轄居民及王朝顏面。使外邦成為帝國的藩屬，建立盟約式的君臣關係，「正二國封疆，然後結盟」〔註37〕。帝國賜予外邦王及繼任者以封號，帝國保護他們不受他者侵略，如貞觀四年，打敗東突厥，而西域諸國請求歸附，尋求庇祐。

　　綜上所述，國泰民安、萬國來朝的取得，是國內秩序和天下秩序穩定的實現，體現了我國傳統文化的天下觀、正統觀和民族觀。其在穩定國內秩序時，要把握好權力的使用，處理好自然災異、民與土地、民與商、民與官的關係，要實現天下秩序的穩定，則應處理好中國與外邦的關係問題。在處理這些問題時，要以天道仁義為指導原則，明確自身是為了完成天之所命，並將自己的功業、德業稟告皇天后土，達到延長國祚、庇祐子孫的目的，使自己的豐功偉績彪炳史冊，贏得不朽的榮耀。君主的政治理想是君主作為一個理性人所應具有的，其身份、地位的特殊性，要求君主以此來履行君道，唐太宗能夠體天道而行仁，成為正統王朝的開拓者和正統繼任者，在其統治期內實現「商旅次野，無復盜賊，囹圄常空，馬牛布野，外戶不閉」的國泰民安景象，而他被尊奉為「天可汗」，實現了萬國來朝的理想。

〔註35〕 費孝通主編：《中華民族多元一體格局》，北京：中央民族大學出版社，1999
　　　　 年版，第338頁。
〔註36〕 趙汀陽：《天下體系：世界制度哲學導論》，第35頁。
〔註37〕 《資治通鑑·卷二一一》。

二、聖王的理念

聖王即是能掌握治國之理的人，他們知治國之本、政亂之源，而能夠防微杜漸，是一種理想設定，是聖人與君王的合一。王道理想的實現必定是與聖王的出現同一的。只有聖王才能實現王道理想，只有實現王道理想的君王才能成為聖王。所以，如果統治者沒有成為聖王的理想追求，是不可能造就太平盛世的。在中國的傳統政治文化中，正是有了對聖王的理想追求，君臣之間才能互相勉勵，共創偉業，創造了諸多的盛世。

在中國歷史上，君王通常都被神聖化，他們以「聖」自任或被臣民冠以「聖」的頭銜，以此來塑造自己的政治形象，而臣民也希望君主能以聖人的理念治理國家。先秦諸子倡導聖人治國，實現社會秩序的有序，他們從不同的角度出發，運用不同的理念來治理社會，塑造出不同的聖人形象。聖王的形象是現實君主所應傲仿的對象，也是士大夫以此來勸諫君主行君道的理論根據，對君主形成一定的約束作用，這對唐太宗同樣適用，他能夠以聖王的標準來要求自己，群臣也能以此來匡扶君主。

在儒家看來，聖王是德、能與位的合一，隱含著君王必聖人，聖人可以成王的含義，「天下者，至重也，非至強莫之能任；至大也，非至辨莫之能分；至眾也，非至明莫之能和。此三至者，非聖人莫之能盡。故非聖人莫之能王」〔註38〕。聖人成君王與君王成聖人代表了兩種不同思路，聖人成君王，通常是為禪讓做辯護，天命的輪轉、君位的傳承不單以血統為標準，而個人的德性能力成為選立君王的條件，所以禪讓制下君王的合法性是建立在個人能力而非血緣基礎之上。而君王成聖人則隱含對君王的期待，開國帝王秉承天命，應該以成聖成王自許，實現聖與王的結合，使王神聖化，同時這樣的觀念也外在的規範了君王的言行。「聖也者，盡倫者也；王也者，盡制者也。」〔註39〕這種類型的君王可以稱之為仁愛型聖王。不管朝代的開創者是依靠強權、武力，還是雄才大略，登基後，士大夫們都希望帝王要以仁愛德治來治理國家，最終成聖成王，與堯舜禹湯文武同列。

仁愛型的聖王，首先是道德完備、人倫之至，「志意致修，德音致厚，智慮致明」〔註40〕，「忠信愛敬之至矣，禮節文貌之盛矣」〔註41〕，以德服人，

〔註38〕《荀子‧正論》。
〔註39〕《荀子‧解蔽》。
〔註40〕《荀子‧榮辱》。

「中心悅而誠服也」，﹝註42﹞能夠發揚不忍人之心來實行仁政。聖人是天下至強、至辨、至明的，「知通乎大道，應變而不窮，辨乎萬物之情性者也。」﹝註43﹞他們通曉萬物之理，並能體天地之情、臣民之欲，以禮、法來節制，實現王道政治。

其次，聖人治國要使賢任能、以民為本。「圖德而定次，量能而授官」，聖人使有德能者為官理民，實現「天下無隱士，無遺善」，「皆使民載其事而各得其宜。」﹝註44﹞聖王治國慎刑罰、輕繇役，實現天下無訟，百姓富足而知謙讓，「聖王之生民也，皆使富厚優猶不知足，……而農賈皆能以貨財讓。風俗之美，男女自不取於塗，而百姓羞拾遺。」﹝註45﹞聖人治國正本，儒家倡導以禮治國，禮別尊卑、定君臣，強調父子有親、君臣有義、夫婦有別、長幼有序、朋友有信，實現父慈子孝、君仁臣忠、夫義婦順、兄友弟恭，以此來建立和諧的社會秩序，使遠者來，外夷服，「不戰而勝，不攻而得，不勞而天下服」。﹝註46﹞

以聖人來塑造君主，讓君主「誠心守仁」、「誠心行義」﹝註47﹞致力於王道、王制，使其能修養君德，體道行仁，以聖王之制度、法令來進行社會的治理，此聖王是王道理想的忠誠實踐者。貞觀君臣體會仁愛型聖王的治國之道，明確踐行堯舜之道，以禮、仁義來治國，唐太宗明道術，辨人才，審政體，察民情，使百官分工明確，而能賞罰有度，通過仁德穩定國內，使四夷臣服，是踐行王道的範例。

在中國的傳統政治文化中，還有一種理想型的君王就是道家所主張的無為型君王。道家主張君主無為，以靜治國，棄好利爭鬥之心，使民自化而實現社會大治。聖人治國以無為而治，「所謂無為者，不先物為也；所謂無不為者，因物之所為。所謂無治者，不易自然也；所謂無不治者，因物之相然也。萬物有所生，而獨知守其根；百事有所出，而獨知守其門。」﹝註48﹞體自然無為治國，順應事物的規律而不過分地干預其正常程序，掌握關鍵，因勢利

﹝註41﹞ 《荀子‧禮論》。
﹝註42﹞ 《孟子‧公孫丑上》。
﹝註43﹞ 《荀子‧哀公》。
﹝註44﹞ 《荀子‧正論》。
﹝註45﹞ 《荀子‧正論》。
﹝註46﹞ 《荀子‧王制》。
﹝註47﹞ 《荀子‧不苟》。
﹝註48﹞ 《淮南子‧原道》。

導，「故體道者逸而不窮，任數者勞而無功。」〔註49〕以術數治理天下如同「使蟹捕鼠、蟾蜍捕蚤」，並不能禁止姦佞堵塞邪惡。

君主不要過多地干預百姓，應去甚、去奢、去泰〔註50〕、去兵，「不貴難得之貨」〔註51〕，「以百姓之心爲心」〔註52〕，以無事而取天下。唐太宗體會無爲型聖人治國之道，而寡欲、節儉，並實現君臣分職，君主總攬其要。貞觀群臣勸諫太宗以節儉、止足爲務，如房玄齡上疏勸諫唐太宗不要征伐高麗，應「遵皇祖老子止足之誡，以保萬代巍巍之名」〔註53〕。

道家的聖人超脫於世俗之外，「聖人不從事於務，不就利，不違害，不喜求，不緣道；無謂有謂，有謂無謂，而遊乎塵垢之外。」〔註54〕倡精神自由不爲外物所累，這樣的聖人不盡現實君主之職，以神人、眞人的形態成爲與政治無關之人，不是無爲型聖王。而有的君王致力於道教所謂修仙或好釋教倡善惡福報，不事朝務，偏廢君王之責，也不是無爲型聖王。君主因其身份、地位的特殊性，承擔治國之責，選立帝王「非以奉養其欲也」，聖人即位「非以逸樂其身」，因爲天下存在著「強掩弱，衆暴寡，詐欺愚，勇侵怯，懷之而不以相教，積財而不以相分」〔註55〕，所以選立君主，來劃定標準使天下「齊一」，設置三公九卿與君主分勞，無爲即是「私志不得入公道，嗜欲不得枉正術，循理而舉事，因資而立，權自然之勢，而曲故不得容者，事成而身弗伐，功立而名弗有；非謂其感而不應，攻而不動者。」〔註56〕無爲不是無所回應，而是不以私害公，因循自然，功成而不居名。

以無爲型聖王來要求君主，希望現實君主能傚仿自然之道來治理社會，以止足爲誡，不驕奢淫逸，因百姓之心而治，防止君主以私害公或不事政務。無爲型聖王的治國之道，實際上是一種小君主大政府的管理模式，實現君臣分職，君主處大寶之位，掌握國之利器，宰相總理其事，監督、考覈百官，實現君主制與官僚體制的共生。

法家所理想的統治者是中國傳統政治文化中的第三種理想統治者。法家

〔註49〕《淮南子・原道》。
〔註50〕《道德經・二十九章》。
〔註51〕《道德經・六十四章》。
〔註52〕《道德經・四十九章》。
〔註53〕《貞觀政要・卷九・征伐》。
〔註54〕《莊子・齊物論》。
〔註55〕《淮南子・修務》。
〔註56〕《淮南子・修務》。

的聖人明確君權的重要性，君失權則位危國亂，因而聖人應牢牢把握刑賞這一權力之柄。以法爲治國之本，明於公私，使刑賞有度，「故聖人執一以靜，使名自命，令事自定。」〔註 57〕以法爲唯一的標準，設法的首要目的是爲了明公私，依法來賞罰，實現公正，防止以私害公，「聖人之爲法也，所以平不夷、矯不直也。」〔註 58〕「夫立法令者，以廢私也。法令行而私道廢矣。私者，所以亂法也。」〔註 59〕「公私之分明，則小人不疾賢，而不肖者不妒功。」〔註 60〕以私害公會導致法律的無信，使其形同虛設。聖人會根據具體的社會問題，應時勢而制定法律。

聖人治法也是爲了安民止亂，他們認爲人性惡勞而樂佚，要以法爲治，達到以刑去刑的目的，「行罰，重其輕者，輕者不至，重者不來，此謂以刑去刑，刑去事成。罪重刑輕，刑至事生，此謂以刑致刑，其國必削。」〔註 61〕以刑法治民是出於愛民、利民，達到勸功、親法的目的，「勸功，則公事不犯；親法，則奸無所萌」〔註 62〕。法術型聖人並不提倡以仁義治國，「聖王者，不貴義而貴法。法必明，令必行，則已矣。」〔註 63〕仁義的存在會導致以情干法，聖人會權衡法和仁義所取得的效果來實施治理，「故法之爲道，前苦而長利；仁之爲道，偷樂而後窮。」〔註 64〕任用法律雖然「前苦」，但能實現長久之效。

聖人應「因任而授官，循名而責實，操殺生之柄，課群臣之能」〔註 65〕，掌握馭臣之術〔註 66〕，監督臣子履行其職責，君主無術就會被蒙蔽。唐太宗能夠傚仿法術型聖王因能授官，「朕以天下爲家，不能私於一物，惟有才行是任，豈以新舊爲差？」〔註 67〕並認識到「法，國之權衡也，時之準繩也。」〔註

〔註 57〕 《韓非子・揚權》。
〔註 58〕 《韓非子・外儲説右下》。
〔註 59〕 《韓非子・六反》。
〔註 60〕 《商君書・修權》。
〔註 61〕 《商君書・靳令》。
〔註 62〕 《韓非子・心度》。
〔註 63〕 《商君書・畫策》。
〔註 64〕 《韓非子・詭使》。
〔註 65〕 《韓非子・奸劫弒臣》。
〔註 66〕 《韓非子・儲説上・七術》七術：一曰眾端參觀，二曰必罰明威，三曰信賞盡能，四曰一聽責下，五曰疑詔詭使，六曰挾知而問，七曰倒言反事。此七者，主之所用也。
〔註 67〕 《貞觀政要・卷五・公平》。

68〕以法爲大信，勸導群臣以至公爲原則，實現社會的治理。但歷史中多數皇帝利用法術型聖王所使用的帝王之術，來統治社會，使君臣互疑，不能同心共治。法術型聖王使君主意識到權力的重要性，但君主往往忽略了此類型聖王所主張的「愛權重信，而不以私害法」〔註 69〕，使權與法成爲帝王個人的統治工具。

不同的聖王理念構造了聖人在治國、理民、君臣相處等所採用的方式不同，古代的帝王通常兼用這三種類型的聖王之道，他們意識到禮、寡欲、節儉和法的重要性，提倡禮法並用，德法兼備，因百姓之性情實行賞罰，監督考覈百官政能、官德等，唐太宗雖主張堯舜之道，但也不放棄使用刑罰，提倡無爲寡欲，但也勤政愛民，掌握刑賞之柄來管理臣民，但也以寬平爲務，慎賞慎罰等，體現了我國傳統政治文化的融合性、多樣性，傳統政治文化雖以儒家德治思想爲主流，但其他流派的思想觀念也內化到了人們的意識中。

理論中所設定的聖人都是至明的，他們履行安民止亂的使命，運用他們的政治理性來治理社會，臣民將社會問題的解決寄託於聖人身上，希望君主能夠施行仁道德治、無爲、明於公私、賞罰有度，士大夫以此來勸諫君主應法聖人而行，履行匡扶君主的職責。三種聖人對君臣關係的界定對後世有很大的影響，仁愛型的聖王以禮來治國，君主任賢使能，待臣以禮，塑造了君臣道義相合的模型；無爲型的聖王以無爲治國，實現君臣分職，培養君主的寡欲止足之念，塑造了君臣共治的模型；法術型的聖王以法術治國，考覈監督百官，是對君臣利益一體化的認識。這些理想的君臣共處方式成爲士大夫的政治追求。通過對聖王理念的認識，士大夫也明確了自身的弘道者身份，士大夫要以聖人之道來匡扶君主，爲自己爭取更多的政治機會，實現自身的政治理想和人生價值。

第二節　弘道——士大夫的政治理想

天命、天道和禮奠定了君臣觀的理論基礎，也奠定了君臣的政治理想。天爲民立君，而君設官分職，共同完成天之所命——安民止亂；君臣仿天地之道而設，因而臣子要盡地之道，並以王道匡扶君主，致君堯舜；禮維繫了

〔註68〕《貞觀政要·卷五·公平》。
〔註69〕《商君書·修權》。

君臣的尊卑關係，同時也賦予了君仁臣忠之義，因而臣子要至公奉國，教化百姓。本書所論「士大夫」指稱文官，區別於武將、胥吏，我國傳統政治文化塑造出來的士大夫能夠以天下爲己任，擁有強烈的政治責任感和使命感，他們作爲君、民的聯結者，即是臣子，也是父母官，負擔著以道來調節君民關係的使命。貞觀時期的君臣關係是後世士大夫所向往的君臣相處方式，他們從貞觀群臣身上吸取經驗，踐行君子人格，輔佐君主實現國泰民安、萬國來朝的政治理想。

一、士大夫身份

對「士大夫」的一個基本界定即是知識分子和官僚的混合體，scholar-official（學者──官員），scholar-bureaurat（學者──官僚），literati and officialdom（文人──官員）〔註 70〕其個人身份是從事政事活動的人員，《說文解字》：「士，事也」，《白虎通・爵》曰：「士者，事也，任事之稱也」，士是一個擁有自身文化特點的群體、階層。

戰國時期，出現「士大夫」這一新概念，在戰國中葉以後流行〔註 71〕，士處於貴族等級次序的最末，以「大夫士」連用，隨著世卿世祿制度的解體，士大顯其能，形成「天子──諸侯──士大夫──庶民」這一等級次序。士大夫政治的演生，伴隨著儒生與文吏相結合的過程〔註 72〕，秦漢時，儒生在最初並不被委以重任，以「通古今、備顧問、傳授經術和制禮作樂」而存在〔註 73〕，當時高文吏而賤儒生，吏熟悉典章律法、文書會計，「（儒生）守古循志，案禮修義，輒爲將相所不任，文吏所呲戲。」〔註 74〕王充認爲儒生、文吏各有所長，儒生「志在修德，務在立化」〔註 75〕，長於匡救、不習於職，文吏「能破堅理煩」〔註 76〕但多阿取、短於守身。秦漢之時，一些賢良文學們逐漸思考並參與關於刑德治亂、郡縣封建、選官考課、賦稅鹽鐵等一些列重大

〔註 70〕 閻步克：《士大夫政治演生史稿》，北京：北京大學出版社，1996 年版，第 5 頁。

〔註 71〕 劉澤華：《先秦士人與社會》，天津：天津人民出版社，第 96 頁。

〔註 72〕 閻步克：《士大夫政治演生史稿》，第 412～463 頁。

〔註 73〕 閻步克：《士大夫政治演生史稿》，第 440 頁。

〔註 74〕 《論衡・程材》。

〔註 75〕 《文獻通考・卷三十五・選舉八・吏道》。

〔註 76〕 《論衡・程材》。

問題的解決，儒生兼習文法，呈現儒生的文吏化、官僚化，以儒來綱紀國體，儒生與文吏合流，「東漢初，流品漸分，儒漸鄙吏」〔註77〕，「後世儒與吏判爲二途，儒自許以雅而詆吏爲俗，於是以繁治劇者爲不足以語道；吏自許以道而誚儒爲迂，於是以通經博古爲不足以適時。」〔註78〕

南北朝時，士大夫沉溺於玄理，「有學業者，多不習世務；習世務者，又無學業」〔註79〕造成學業與世務的分離，士大夫恥於掌事務，多賴胥吏，形成士族高門與寒士吏門。唐在朝高品級官員稱士，「皇朝得五品官者，皆升士流。」〔註80〕有卿大夫、士大夫、賢士大夫、寒士大夫等稱謂，著重其政治身份，隋唐朝士大夫指士族或高門大姓，唐太宗言：「我與山東崔、盧、李、鄭，舊既無嫌，爲其世代衰微，全無冠蓋，猶自云士大夫，婚姻之間，則多邀錢幣。才識凡下，而偃仰自高，販鬻松檟，依託富貴。我不解人間何爲重之？」〔註81〕唐太宗認爲士大夫應是有職位官爵者，或忠孝可稱，有節操，或博學多識，成一家之言，「有能立功，爵位崇重，善事君父，忠孝可稱，或道義清素，學藝通博，此亦足爲門戶，可謂天下士大夫。」〔註82〕貞觀君臣對前朝士大夫的評價極低，「今與古異，不可以淳風期萬物。士大夫攀龍附鳳者，皆望有尺寸之功，以保其福祿。」〔註83〕於此，我們可以看到貞觀朝對理想士大夫的界定，即能夠以能任官，踐行仁義忠孝之道，匡扶君主，保守臣節，謀道而不謀食。

唐代初期雖然實行科舉制，但唐朝依然有崇高門士族〔註84〕賤寒門胥吏的現象，貞觀朝張元素在隋朝爲令史，張玄素以「流外」出身，深自羞汗〔註85〕。胥吏之所以受到輕視，與他們的一貫作爲有很大關係，「刀筆之吏，順旨承風，舞文弄法，曲成其罪。」〔註86〕唐朝取進士少〔註87〕，且所取進士多

〔註77〕《論衡·程材》。
〔註78〕《文獻通考·卷三十五·選舉八·吏道》。
〔註79〕《隋書·卷六十六·柳莊列傳》。
〔註80〕《舊唐書·卷八十二·李義府列傳》。
〔註81〕《舊唐書·卷六十五·高士廉列傳》。
〔註82〕《貞觀政要·卷七·禮樂》。
〔註83〕《南史·卷五十七·沈約列傳》。
〔註84〕《舊唐書》爲唐劉昫等撰，較《新唐書》多述臣子其父祖等爵、職，崇其門第。「有唐一代，門第基本上佔據了政治世界的中心，『寒士』始終處於邊緣的地位。」余英時：《朱熹的歷史世界》，北京：三聯書店，2004年版，第218頁。
〔註85〕《新唐書·卷九十四·張玄素列傳》。
〔註86〕《貞觀政要·卷三·君臣鑒戒》。

放蕩不羈、浮薄之士〔註88〕，門第觀念依然存在，沒有宋朝士大夫那樣普遍的道德自認意識。自宋大興科舉取士之後，門第之別才逐漸消除，士大夫關心現實政治秩序的建構，他們以天下為己任，崇尚王道理想，以道協調君臣關係，實現君臣共治。

士大夫體現了知識分子和官僚的雙重身份，他們一方面以守道、弘道者的身份自任，以道來匡扶君主，另一方面作為社會治理者來牧民，但並不具體地處理行政事務，所以一些學者認為中國古代的官員並不是合格官員，欠缺行政職能〔註89〕，「文人對職業化的輕視，實際上是對那些不具有君子品質的鑽營者的輕視。」〔註90〕傳統文化中所認可的士大夫區別於胥吏，士大夫是作為與君主踐行王道的人，有撫育黎元的責任，而吏則是具體的執事者，形成「君主——士大夫——胥吏」的管理模式，明朝洪武十九年，朱元璋言「朕自即位以來，稽古立法，設置諸司，以貴君子、祿賢人，使於朕共守此道，以安養吾民。奈何期間或匪志人，自墮禮法，吏胥之徒，故得憑上司之勢而凌侮之。」〔註91〕朱元璋提倡君馭臣以禮，臣馭吏以法，古代君主對士大夫和胥吏的標準不同，導致他們不同的價值取向，「士有爵祿，則名重於利；

〔註87〕《唐摭言·卷二·悲恨》：「聖唐有天下，垂二百年；登進士科者，三千餘人。」E.A.Kracke，Jr 據《文獻通考》統計，宋代自 976 年至 1019 年進士人數已達9323 人，從 1020 年至 1057 年，又增加了 8509 人。轉引自余英時：《朱熹的歷史世界》，第 212 頁。

〔註88〕陳寅恪：《唐代政治史述論稿》，北京，三聯書店，2001 年版，第 281 頁。「唐代進士及第，仍未釋褐，先多遊於藩侯之幕。諸侯既得自辟署，故多士奔走，其局勢亦與戰國相近。……無怪乎安史一起，割據河朔，番將擅制，而中國謀士文人，馳騁服事其間，而恬不以為恥矣。」錢穆：《記唐文人干謁之風》，《中國文學論叢》，北京：三聯書店，2002 年版。

〔註89〕美國學者賴文遜說：「中國的官員……受過學院式教育，（絕大多數）經過書面考試，但卻沒有受過直接的職業訓練。……學者的人文修養，是一種與官員任務略不相及的學問，但它卻賦予了學者以承擔政務的資格；這種學問的重要意義，並不在於需要技術效率之官員職能的履行方面（在此它反倒頗有妨礙），而在於為這些只能提供文化粉飾方面。」轉引自閻步克：《士大夫政治演生史稿》，第 6～7 頁。馬克思·韋伯認為中國古代士大夫沒有受過行政訓練，行政事務掌握在辦事人員手中，不懂法律，卻是寫文章的好手。馬克思·韋伯：《世界經濟通史》，上海：上海人民出版社，1981 年，第 287 頁。

〔註90〕列文森：《儒教中國及其現代命運》，北京：中國社會科學出版社，2000 年版，第 18 頁。

〔註91〕《明太祖實錄·卷一七七》。

吏無榮進，則利重於名。」〔註92〕而科舉制在後世的發展中，逐漸成為統治者禁錮人們思想的工具，士大夫沒有以道事君的實踐機會，只能轉向探尋義理和考據經文之途，或是辭官歸隱寄情山水，或是與俗吏同流合污。

因而士大夫政治使命的完成，不僅需要士大夫的自任，還需要君主能夠提供士大夫施展其抱負的場所，貞觀君臣之所以受到後世稱讚，即在於唐太宗能夠禮待大臣，給予士大夫參政、議政的機會，臣子也能以至公為原則，踐行君子人格，他們「動必由禮，言皆匡躬」〔註93〕，在君臣互信的基礎上，實現君臣共治。

二、士大夫的政治使命

宋朝士大夫是中國古代士大夫這一群體中具有較高政治自覺性的群體，擁有對自身政治使命的高度覺識，也是士大夫群體在漫長歷史中逐漸自認的結果，「士不可以不弘毅，任重而道遠。仁以為己任，不亦重乎。」〔註94〕「君子之事君也，務引其君以當道，志於仁而已。」〔註95〕「士大夫以為道，官人以為守」〔註96〕「（儒生）長於匡救，將相傾側，諫難不懼。」〔註97〕中國古代的士大夫他們能夠以儒家思想為宗，行仁義，踐行忠孝之道，以致君堯舜為務，他們將出仕作為實現自身理想的一種途徑，抱持天下為公、選賢與能的信念，以道義來匡扶君主，倡導仁道德治，擁有謀道不謀食的價值觀，恪守臣道、臣節，有以天下為己任的情懷，致力於社會秩序的穩定。

而鑒於前朝士大夫的惡劣行迹〔註98〕，貞觀群臣並沒有自覺地以士大夫身份自認，但他們卻不負士大夫之名，孔穎達為當時大儒，歐陽詢、虞世南、褚遂良、薛稷並稱為「初唐四大家」，房玄齡「博覽經史，工草隸，善屬文。」淩煙閣圖贊其：「才兼藻翰，思入機神。當官勵節，奉上忘身。」〔註99〕岑文

〔註92〕《新唐書·卷一百四十·劉晏列傳》。
〔註93〕《舊唐書·卷七十·王珪列傳》。
〔註94〕《論語·泰伯》。
〔註95〕《孟子·告子下》。
〔註96〕《荀子·正論》。
〔註97〕《論衡·程材》。
〔註98〕《北史·卷第七十三·骨儀列傳》：（隋煬帝即位）「朝政漸亂，貨賄公行，凡當樞要之職，無問貴賤，並家累金寶。天下士大夫莫不變節，而儀（骨儀）勵志守常，介然獨立。」
〔註99〕《舊唐書·卷六十六·房玄齡列傳》。

本「性沈敏，有姿儀，善文辭，多所貫綜。」〔註100〕世稱虞世南有五絕：「德行、忠直、博學、文辭、書翰」〔註101〕，姚思廉「寡嗜欲，惟一於學」〔註102〕令狐德棻「博貫文史」〔註103〕觀他們的諫言奏章，其稱引經文，修禮做樂〔註104〕，皆是博學多識之士，而達於政體，並行忠孝之道。貞觀群臣以堯舜之道輔佐唐太宗，以對君主和社稷負責的精神對待政務，實踐了士大夫的政治理想。歷史記載：

> 貞觀二年，太宗問黃門侍郎王珪曰：「近代君臣治國，多劣於前古，何也？」對曰：「古之帝王為政，皆志尚清靜，以百姓之心為心。近代則唯損百姓以適其欲，所任用大臣，復非經術之士。漢家宰相，無不精通一經，朝廷若有疑事，皆引經決定，由是人識禮教，治致太平。近代重武輕儒，或參以法律，儒行既虧，淳風大壞。」太宗深然其言。自此百官中有學業優長，兼識政體者，多進其階品，累加遷擢焉。〔註105〕

貞觀君臣能夠意識到儒學、文吏化了的儒生（士大夫）的重要性，他們選擇精通儒學、公直良善、識政體之人進行社會治理，貞觀朝臣中多是隨太宗征伐的謀臣、將士，太宗以身示範，弘揚儒學〔註106〕，吸引儒生來朝任職，改變前朝重武輕儒的風氣，使貞觀群臣能夠踐行君臣之道義，他們雖不以士大夫自居，卻踐行了儒家文化所倡導的弘道、兼濟天下的政治使命。

（一）弘道

弘道是天賦予士大夫的責任，天不僅生聖王統領天下，同時還降生賢良

〔註100〕《新唐書‧卷九十三‧岑文本列傳》。

〔註101〕《舊唐書‧卷七十二‧虞世南列傳》。

〔註102〕《新唐書‧卷九十三‧姚思廉列傳》。

〔註103〕《新唐書‧卷九十三‧令狐德棻列傳》。

〔註104〕《新唐書‧卷六十四‧藝文志二》：長孫無忌、房玄齡、魏徵、李百藥、顏師古、令狐德棻孔穎達、于志寧等撰《大唐儀禮》一百卷。裴矩、虞世南《大唐書儀》十卷。長孫無忌製《傾杯曲》，魏徵製《樂社樂曲》，虞世南製《英雄樂曲》。

〔註105〕《貞觀政要‧卷一‧政體》。

〔註106〕《新唐書‧卷七十二‧褚亮傳》：李世民做秦王時設文學館（太宗即位後，改為弘文館），收聘賢才，教授皇室和功臣勳貴的子孫，杜如晦、房玄齡、于志寧、蘇世長、薛收、褚亮、姚思廉、陸德明、孔穎達、李玄道、李守素、虞世南、蔡允恭、顏相時、許敬宗、薛元敬、蓋文達、蘇勖，以本官為學士，稱「十八學士」。

以輔佐聖王治理天下。所以士大夫的職責就是從政弘道，輔佐君王，實現道
德教化的政治使命。臣道內在地要求臣子以道事君，使君主體天道而行仁，
姚思廉說：「夫砥身勵行，必先經術，樹國崇家，率由茲道，故王政因之而至
治，人倫得之而攸序。」〔註107〕出仕爲官，應以弘道爲目的，踐行王道理想，
輔君主成治道，實現人倫關係的有序，這就是爲臣之道。臣子以官僚的身份
參與政務，輔佐君主進行社會的治理，應勸諫君主實行仁道德治，貞觀群臣
能夠勸諫太宗實行偃武修文、布德惠施的統治方針，弘揚天道仁德的精神，
對百姓進行禮儀教化，實現社會秩序的穩定。

道是天道，也是治國平天下之道，君主應以體現了天道的王道進行社會
的治理，而臣子的政治使命即是匡扶君主實踐王道，弘揚天道精神，使百姓
皆知仁義禮智信。士大夫即是爲了構建理想的政治秩序而出仕，以治國平天
下爲政治使命，實現大同小康社會。

（1）謀道與謀食

謀道是對道的弘揚，對天道理念的堅守和踐行；謀食，則僅僅體現了一
種生存方式。謀道與謀食代表了入仕者兩種不同的政治意圖。宋眞宗趙恒的
《勸學詩》言，書中自有千種粟、黃金屋、顏如玉，「男兒欲逐平生志，勤向
窗前讀六經。」以利來吸引士子出仕。在君臣關係的構建中，以權勢、利益
相合的君臣以計相交，食君之祿忠君之事，出仕爲官成爲撈取經濟利益或特
權的手段，成爲謀食的方式。君子則謀道不謀食，這種於貧賤憂戚之中堅守
道德操守的精神就是儒者理想人格的體現。

謀道與謀食的區別體現在士大夫的最終目的以及處世之價值觀上。眞正
的士大夫，不會爲了「食」作出違背道義的事情，有掛冠而去的勇氣、節操。
謀道之士掌握權勢是爲了更好地弘揚道，道而非權勢是最終的目的，他們以
天下爲己任，希望施展其忠君奉國的才智，實行仁道德治的治國理念，臨難
時表現出視死如歸的氣節。

眞正的士大夫能夠以道事君，兼濟天下，敢於逆龍鱗、以死諫，以君主
利益、天下大義爲上，依忠義而抗勢，他們是「沿襲傳統精神，期以政治來
推進社會的眞士」，而純粹的謀食者是爲了個人私利，附庸權勢求得自保，以
權勢爲行爲原則來謀取利益，「憑藉科舉制度，混進政治界，僅圖攫取爵位的

〔註107〕《陳書・卷三十三・儒林列傳》。

假士。」〔註108〕爲此他們可以順君之私欲，媚上讒君、朋比結黨、殘害忠良，爲權勢罔顧公義。

（2）道與勢

士大夫以道事君，是爲了更好地維持政治秩序，其所奉行的道義成爲他們抗衡權勢的支撐：

> 故天地間理與勢爲最尊。雖然，理又尊之尊也。廟堂之上言理，則天子不得以勢相奪。即奪焉，而理則常伸於天下萬世。故勢者，帝王之權也；理者，聖人之權也。帝王無聖人之理則其權有時而屈。然則理也者，又勢之恃以爲存亡者也。以莫大之權，無僭竊之禁，此儒者之所不辭，而敢於任斯道之南面也。〔註109〕

對於君主而言，權勢是身安國穩的保障，在君主制下，君主視天下爲私物，視天下人爲自己的奴僕，士大夫以道抗勢無疑是對自身威名的冒犯，因而史書敬重逆龍鱗之士，因爲他們在道和勢的衝突中，能夠舍生取義，「這些人對君主愛而不阿諛，順而不盲從，犯而不欺，怨而不恨，從而把堅持道義與維護君權，維護統治階級的普遍利益達到了奇妙統一的地步」。〔註110〕貞觀群臣多是事君盡忠，直諫抗爭之士，如魏徵、馬周，他們能以社稷爲念，忠於本職，遵循道義法度裁量事務，如高季輔「多所彈糾，不避權要」〔註111〕，張行成「糾劾不避權戚」〔註112〕。士大夫能夠將君主與民眾、政事與私利放在道義的天平上衡量，發揚天道仁德、公平的精神，調和這幾者之間的矛盾，曲君伸民，去私奉公。

士大夫可以以理壓勢，爲道折勢，追求永恒的價值，因而他們能夠在政治權威面前，表現出臨危不懼的勇氣和視死如歸的氣節，「從知識分子一方面說，道統與正統已分，而他們正是道的承擔者，因此握有比政治領袖更高的權威——道的權威。」〔註113〕傳統文化中有道統和正統之說，道統是儒者之統，而帝王之統是正統，二者「並行於天下，而互爲興替其合也，天下以道而治，道以天子而明；及其衰，而帝王之統絕，儒者猶保其道以孤行而無所

〔註108〕錢穆：《國史新論》，北京：三聯書店，2001 年版，第 147 頁。

〔註109〕《呻吟語‧卷一之四》。

〔註110〕劉澤華：《王權思想論》，天津：天津人民出版社，2006 年版，第 64 頁。

〔註111〕《舊唐書‧卷七十八‧高季輔列傳》。

〔註112〕《舊唐書‧卷七十八‧張行成列傳》。

〔註113〕余英時：《士與中國文化》，上海：上海人民出版社，2003 年版，第 89 頁。

待，以人存道，而道不可亡。」〔註114〕余英時認為士大夫正是以道統來對抗正統，以道統的繼任者自居。君臣以道義相合，即是要使儒者之統與帝王之統合一，讓君主踐行聖王的理念，二統皆來自對天道的體認，因而可以相合，又可以相互輔助，士大夫對道的自覺，使他們能夠以弘道為己任，自覺自願地以道事君。

在君臣關係中，士大夫可以依憑道、理而不畏懼君主之威勢，在君尊臣卑的大背景下以君主臣輔的方式，爭取君臣共治的可能。士大夫主張君使臣以禮實際上是希望君主能夠尊重自身，「君之視臣如手足，則臣視君如腹心。」若君視臣如土芥，「則臣視君如寇讎。」〔註115〕君主尊重臣子，是禮對君主的要求，君主辱臣，則是非禮，是對道、理的輕慢。臣子以道抗勢，不僅是為了匡扶君主、弘道，也是對道的尊重，以身護道，彰顯道的價值，維護自身的尊嚴。

士大夫以道抗勢，彰顯了道的仁義、公正，他們不畏強權，不因位居權勢而恃強淩弱，也不因悲憫仁愛罔顧法紀，堅持義在利上。士大夫將自己的個人理想隱含在政治理想之中，通過弘揚天道，提升自己的政治品格，在治國平定天下秩序的過程中，實現自身的價值。

（二）兼濟天下

達則兼濟天下，窮則獨善其身，是傳統士大夫的道德操守。士大夫以弘道為自己的政治使命，以天下為己任，擁有強烈的社會責任感和使命感。兼濟天下，即是士大夫的行為指向是為民、為社稷，由修身到齊家、治國、平天下，實現君、民、國、天下利益的統一，使天道貫通在家國天下三者之中，以社會管理者和教化者的身份，對待百姓，以此來忠君奉國。

貞觀群臣能夠以天下公義為處理政事的出發點，實現他們兼濟天下的使命，貞觀朝皇子多幼小被封以刺史都督，褚遂良諫曰：「刺史郡帥，民仰以安。得一善人，部內蘇息；遇一不善，合州勞弊。是以人君愛恤百姓，常為擇賢。」〔註116〕從社稷穩固和安民的角度出發勸諫君主，留其子孫在京師並授以經學，擇賢能治民。唐太宗欲封任長孫無忌等人刺史，且其子孫可世襲，長孫無忌等人上書言不可，「倘有孩童嗣職，萬一驕逸，則兆庶被其殃，而國家受

〔註114〕《讀通鑒論・卷十五・隋文帝十三》。
〔註115〕《孟子・離婁下》。
〔註116〕《舊唐書・卷八十・褚遂良列傳》。

其敗。……與其毒害於見存之百姓，則寧使割恩於已亡之一臣，明矣。」〔註117〕兼濟天下應使天下人得惠，以仁愛百姓為本，實現天下大利，不可因一己之私而貽禍百姓。

　　首先，兼濟天下，不僅指其出發點是為了天下大義，還指其所實行的效果也是為了實現社會大利。先秦墨子則明確地提出：「仁人之事者，必務求興天下之利，除天下之害。」〔註118〕在早期儒家那裡始終沒有迴避國家之大利問題，孔子就是據此讚頌管仲的功績，孔子言：「管仲相恒公霸諸侯，一匡天下，民到於今受其賜。微管仲，吾其被髮左衽矣。豈若匹夫匹婦之為諒也，自經於溝瀆而莫之知也？」管仲原是公子糾之臣，糾被其兄齊桓公殺死，後管仲輔齊桓公成霸業。但到了宋代，宋朝士大夫認為應從義出發來行利，若不義而取利則不取，以義為上，其所謂兼濟天下即是從動機到結果都以義為標的，不含任何不義的成分在內，所以程頤對於孔子讚頌管仲感覺很難理解，只得曲說解釋道：

> 桓公，兄也。子糾，弟也。仲私於所事，輔之以爭國，非義也。桓公殺之雖過，而糾之死實當。仲始與之同謀，遂與之同死，可也；知輔之爭為不義，將自免以圖後功亦可也。故聖人不責其死而稱其功。若使桓弟而糾兄，管仲所輔者正，桓奪其國而殺之，則管仲之與桓，不可同世之讎也。若計其後功而與其事桓，聖人之言，無乃害義之甚，啟萬世反復不忠之亂乎？如唐之王珪魏徵，不死建成之難，而從太宗，可謂害於義矣。後雖有功，何足贖哉？愚謂管仲有功而無罪，故聖人獨稱其功；王魏先有罪而後有功，則不以相掩可也。〔註119〕

管仲使齊桓公合諸侯不以兵車，並使天下百姓受其惠，孔子認為認為管仲可被評為仁，以功而非德立論，然而後世理學家所謂的仁人，注重內聖，他們所謂的兼濟天下不含一絲不義，不「行一不義，殺一不辜」，認為管仲只是出於功利，而非至公，才受到孔子的肯定。他們所謂「至公」即「其正天下，正諸侯，皆出於至公，而無一毫之私心」〔註120〕，而如魏徵、王珪在他們眼

〔註117〕《貞觀政要・卷三・封建》。
〔註118〕《墨子・兼愛上》。
〔註119〕《四書章句集注・論語集注・憲問》。
〔註120〕《朱子語類・卷二十五・論語・八佾》再如對漢高祖、唐太宗的評價，朱熹認為其功業並不是從內心義理髮端出來去做這些事情，只是暗合義理，不過

中則肯定是不義者，即使有功也難掩其罪。後世理學注重從義理上評判人的功過是非，以道德爲導向，偏於一面，「正其義不謀其利，明其道不計其功」，以義爲唯一的評價準繩，注重個人修養的圓滿，大有「法乎其上」的意味〔註121〕，而卻容易使人忘卻事功一途，使道不能落到實處。貞觀群臣出仕大都有建功揚名的功利目的，但他們能將謀食與謀道相結合，忠於職守，至公奉國，與後世朱熹、程頤所論的仁人相比具有更強的實踐性，且貞觀群臣並不是純粹的謀食者，他們在實際行爲中，能夠以至公爲原則，以道輔佐君主，完成安民止亂的使命，使王道落到現實中，從而成就一番美名。

士大夫通過出仕實現自身的價值，而有君臣道義合、君臣利合的區別，而實際上這幾種類型可以同時存在於君臣關係中，王夫之言「（君臣）名與義相維，利與害相因，情自相依於不容已」。〔註122〕貞觀群臣能夠感念太宗以誠待己之心，以禮待己之行，因而能夠盡心奉上，尉遲敬德言：「敬德起幽賤，會天下喪亂，久陷逆地，秦王實生之，方以身徇恩。」〔註123〕依理學家所論，貞觀君臣皆是以利合者，然而他們卻能建立在利益的統一體基礎上，踐行天道精神，太宗量能任官，以法爲大信，給予群臣更多的參知政事的機會，實現士大夫所向往的君臣共治方式，群臣也能盡心奉上，嚴於律己，兼濟天下。而宋朝士大夫群體內部多黨爭，群臣不能戮力同心，沒能很好地實現兼濟天下的使命。

其次，兼濟天下，應以天下爲己任。貞觀群臣能夠事君奉公，以天下爲念，至死方休，如房玄齡逝世前還諫諍君主不要興兵高麗，「吾自度危篤，而恩澤轉深，若孤負聖君，則死有餘責。當今天下清謐，咸得其宜，唯東討高麗不止，方爲國患。主上含怒意決，臣下莫敢犯顏；吾知而不言，則銜恨入地。」〔註124〕士大夫遵循天下爲公的信念，希望通過自身的努力創造一個太平之世，使老有所養、鰥寡孤獨都受到照顧，他們以管理者、教育者的身份出現在這樣一個大同小康社會之中。大同小康社會的實現，是國泰民安、社

是合乎利益而爲之，不能與三代君主同論，唐太宗納諫，「皆是他天資高，見得利害分明，稍不如此，則天下便叛而去之。」

〔註121〕《朱子語類・卷一百八・論治道》：「今世士大夫惟以苟且逐旋捱去爲事，捱得過時且過。」
〔註122〕《讀通鑑論・卷二十七・唐僖宗九》。
〔註123〕《新唐書・卷八十九・尉遲敬德列傳》。
〔註124〕《舊唐書・卷六十六・房玄齡列傳》。

會大治的表現，士大夫這種政治理想不僅是個人出仕的願望，也內在地包含了對他人、社會的眷顧，通過社會價值彰顯個人價值，尋求個體存在的意義。

士大夫以王道政治爲理想，致力於治國平天下的行爲中，以政治主體自居，以天下爲己任，擁有強烈的政治參與熱情和責任感、使命感，余英時認爲這構成了宋朝「士」的集體意識，非少數所獨有，只有在宋朝的社會條件下，士才有了「以天下爲己任」的意識，「它也表現在不同層次與方式上，更非動輒便提升到秩序全面重建的最高度」〔註125〕。士大夫是一個龐大的文官集團，他既是臣子，也是父母官，既有朝廷重臣，也有地方官僚，他們如范仲淹所言「居廟堂之高，則憂其民；處江湖之遠，則憂其君。」因而就使得士大夫兼濟天下，以天下爲己任的表現方式大體分爲兩類，上以致君堯舜，下則治吏安民。貞觀名臣姚思廉說：「古人之進也，以康世濟務也，以弘道厲俗也。然其進也，光寵夷易，故愚夫之所乾沒；其退也，苦節艱貞，故庸曹之所忌憚。」〔註126〕士大夫進退之間都能堅守道義，康世濟務，弘道厲俗，發揮以道調節君、民及其關係的作用，建立良好的社會秩序。

相比宋朝士大夫而言，貞觀群臣自然沒有宋朝士大夫那樣強烈的道德自覺和群體意識，但是他們繼承傳統儒者的人格追求和政治理想，並付之於社會政治實踐，最終取得了宋朝士大夫無法想像的成功，這一點應該說宋代學者們對貞觀君臣的批評過於苛求了。

（三）忠君愛民

士大夫作爲與君主共同完成天之所命的弘道者，他們以「道」來匡扶君主，用仿傚天道而設定的禮來教化百姓，使「道」發揮其調節功能。弘道和兼濟天下的使命落實到具體的行爲中即是忠君愛民，忠君與愛民是統一的，是臣子應自覺履行的臣子職責，從社會公義、仁愛之心出發普惠百姓，完成安民止亂的天之所命。

貞觀君臣之所以能夠和諧共處即在於雙方都以至公之心對待，君臣互信，太宗言「以卑干尊，古來不易，非其忠直，安能若此？」〔註127〕公卿大夫以致君堯舜爲務，他們也意識到基層官吏對百姓的重要性，愼重地擇選，並擇以利用。房玄齡說：「漢宣帝有言：『百姓所以安其田裏而無歎息愁恨之

〔註125〕余英時：《朱熹的歷史世界》，2004年版，第219頁。
〔註126〕《梁書·卷五十二·止足列傳》。
〔註127〕《舊唐書·卷七十五·張玄素列傳》。

心者，政平訟理也。與我共此者，其唯良二千石乎！』此則長吏之官，實為撫導之本。」〔註128〕唐鑒於隋朝制度的弊端，重視擇用刺史、縣令，「始，都督、刺史皆天子臨軒冊授。後不復冊，然猶受命日對便殿，賜衣物，乃遣。玄宗開元時，已辭，仍詣側門候進止，所以光寵守臣，以責其功。」〔註129〕以此來體現朝廷對地方官吏的重視，使其履行安養百姓的使命。

貞觀群臣能夠正視社會問題，以對君、民負責的精神，積極尋求社會問題的解決，以堯舜之道諫諍太宗。如有一次，唐太宗幸九成宮，姚思廉說：「離宮遊幸是秦皇、漢武事，非堯、舜、禹、湯所為」〔註130〕他們能夠以社會公義為出發點來勸諫太宗行堯舜之事，使君主行君道、修君德。

致君堯舜的使命，即是使君主能夠意識到自己言行對百姓的影響，使其能夠以民為本。魏徵言：「堯、舜在上，百姓亦云『耕田而食，鑿井而飲』，含哺鼓腹，而云『帝何力』於其間矣。今陛下如此含養，百姓可謂日用而不知。」〔註131〕魏徵頌揚太宗為堯舜，鼓勵其繼續以靜治民，與民休息。他通過直接諫諍的方式來完成致君堯舜與安養百姓的使命，而基層士大夫則具體地執行安養百姓的使命，仁愛百姓，揚君之美，使君主被頌揚為堯舜。

士大夫應以安養百姓為務，履行其安民治吏的使命，為百姓爭取適度的生存空間，貞觀群臣對此擁有共識，姚思廉和魏徵說：

故長吏之職，號為親民，是以導德齊禮，移風易俗，咸必由之

〔註132〕

古之善牧人者，養之以仁，使之以義，教之以禮，隨其所便而處之，因其所欲而與之，從其所好而勸之。如父母之愛子，如兄之愛弟，聞其飢寒為之哀，見其勞苦為之悲，故人敬而悅之，愛而親之。〔註133〕

士大夫安養百姓表現在，一則勸導百姓向善，設庠序之教，制婚姻之禮等，以禮儀教化，使百姓知君君臣臣父父子子，而移風易俗；二則，關愛百姓，以民為本，實行惠民措施，「夫臣者，受君之重位，牧天之甚愛。焉可不安而

〔註128〕《晉書‧卷九十‧良吏列傳序》。
〔註129〕《新唐書‧卷一百九十七‧循吏列傳》。
〔註130〕《新唐書‧卷九十三‧姚思廉列傳》。
〔註131〕《貞觀政要‧卷一‧政體》。
〔註132〕《梁書‧卷五十三‧良吏列傳》。
〔註133〕《隋書‧卷七十三‧循吏列傳》。

利之，養而濟之哉！是以君子任職則思利人，事主則思安俗。」〔註134〕官僚應勸課農桑，修水利鋪路橋，以社會大利爲目的，使百姓得惠，農工商各處其位，井然有序；三則，士大夫應克己修身，忠於職守，處事公允，「治者，君也；求所以治者，民也；推君之治而濟之民，吏也。故吏良則法平政成，不良則王道馳而敗矣。」〔註135〕四則，基層士大夫應約束其自行徵辟的胥吏，胥吏不在官僚隊伍體系內，他們知曉錢糧律法、會計文案等，官僚多賴他們處理事務，而胥吏沒有遷升機會，長時間居於某地，往往勾結地方權勢、收納錢財等，多是社會混亂的製造者，士大夫作爲社會管理者，應安民止亂，以法來約束胥吏，使其不能害民。基層士大夫具體地實施安養百姓的使命，應爲百姓的生存提供一個良好的社會環境。

士大夫的人生價值即體現在忠君愛民的過程中，其兼濟天下的行爲，足以彪炳史冊，而被百姓感念；他對道的堅守，充盈其人格，使其表現出以道抗勢的勇氣，實現由外王而內聖、由內聖而外王的統一，士大夫在弘揚道的過程中，實現其人生的意義。士大夫這一群體，擁有很高的政治自覺，能夠意識到自身的政治使命，以道調節君、民及其關係，既維護了君主的統治，也爲百姓謀得較好的生存條件，他們雖沒有爲民服務的覺識，但以天下爲己任的責任感和憂民之心，使得士大夫能夠從安民和穩定社會秩序的角度考慮事情，代表了中國古代政治文化的積極成分。他們體察天下蒼生之情，以社會公義行社會大利，仁愛公允地對待百姓，可以爲現代公職人員提供借鑒。

在傳統社會中，士大夫還承擔了傳播社會文化的使命，士大夫出仕或歸隱後著書講學，躬身示範並傳承社會文化，推動中國文學、史學、哲學等的發展，豐富了中國文化。他們作爲知識分子積極面對社會問題，從理論上尋求解決方案，以官僚身份在實踐中踐行解決方案和文化信念。士大夫所自認的政治使命，是爲了穩定政治秩序和社會秩序，他們輔君成堯舜、安民化俗，使道的精神得以在社會弘揚、傳承，留給黎民百姓以希望，使百姓相信公道、仁義的存在。

三、君子人格

君子小人之辨是先秦儒家所提出的有關士大夫從政的理想追求方面的品

〔註134〕《臣軌·利人》。
〔註135〕《新唐書·卷一百九十七·循吏列傳》。

德要求，孔子要求學生們做君子儒，不要做小人儒，君子儒要耐得住貧寒寂寞，要謀道不謀食，要有「朝聞道夕死可矣」的精神信念，要有孟子的「大丈夫」氣概。由於儒家成爲中國政治文化的主流，所以在評述傳統政治人格方面通常將君子人格作爲理想的政治人格來認定。古代政治文化所造就的君子人格本身極富有理想性，它又是評價爲官者的政治言行的標準，使得君子人格帶有很強的批判性。君子人格是官員在政治活動中所應模仿的範本，此處的君子人格不僅包括道德品質，也包括其政治能力，他們擁有全局觀念，奉行以義爲上的原則對待權力、同僚，並謹慎地對待名利。

（一）君子人格

人格的形成有生理因素也有社會因素，而政治人格則受到從政者的心態、性格等生理因素的影響，也受到社會制度、文化等社會因素的影響，因而政治人格會呈現個體性、時代性的特徵，此處對群體政治人格的分析，偏重於社會因素，突出其時代性特徵。政治人格包括政治品德、政治能力、政治意識等幾方面，作爲政治場和權力場中的主體，其政治人格往往對某一時期的政局有較大的影響，尤其在人治社會。

君子具有道德和政治兩方面的責任，葉崗認爲原始儒學擔負著「促進個體生命的完善和社會普遍的進步」的作用，而德位君子和政能君子是這兩大任務的現實承擔者〔註136〕。張奇偉認爲君子有兩義：「一義爲道德人格，他的對應面是無德之小人，因此，從本源的意義上說，君子小人的分野在於主體的選擇；另一義爲政治人格，他的對應面是庶民，他的本質內涵與位、勢、權、治相關。」〔註137〕作爲政治人格的君子，不僅是政治品德高尚者，也是政治理性成熟者，其政治理性即體現了他如何使用權力，如何對待君民、同僚、名利等。君子經常與小人相對應，二者存在士與庶民的身份區別，也存在言行方式和價值取向上的區別，通過對二者的比較，我們來揭示君子人格的特點。

（二）君子特徵

君子人格是一種理想人格，是修身者所試圖達到的境界，政治文化中的君子人格，則呈現出政治理性的成熟。古人曾用天地、金玉、山水、松竹梅

〔註136〕葉崗：《論原始儒學中的內聖與外王》，學術月刊，1999 年第 6 期。
〔註137〕張奇偉：《荀子政治人格釋析》，管子學刊，2002 年第 3 期。

蘭菊等比喻君子，表現君子的博大仁厚，公正無私，自強至誠，剛毅堅貞、優雅超然等。〔註138〕君子人格作爲中國傳統政治人格體現了傳統道德政治、人治的特性，與日常生活中的君子要求還是有所不同的。下面我們具體分析作爲政治人格的君子的道德要求。

1. 擁有全局觀念、識大體

君子人格不獨爲士大夫所獨有，其他如武將、胥吏等，也能夠踐行君子人格，充盈自身，從天下、大局出發來考慮社會問題的解決，擁有強烈的責任感。魏徵言道：「公家之利，知無不爲，寧可慮身，不可廢國家大計」〔註139〕，君子在朝能善其政，練達處事、公允無私心，君子在野則美其俗，除暴安良、教化百姓。君子謀求社會大利，以公爲念。

君子處理政務國事要有全局觀，「夫國有君子，國可不亡。」〔註140〕君子要能從長遠的角度出發考慮問題，爲社會公義、社會大利而摒棄個人私利，運籌帷幄，處世臨危不亂。大局觀還要求君子能聽取他人意見，處事周全，堅持道義，王夫之曾深刻地總結到：

> 有一人之正義，有一時之大義，有古今之通義；輕重之衡，公私之辨，三者不可不察。以一人之義，視一時之大義，而一人之義私矣；以一時之義，視古今之通義，而一時之義私矣；公者重，私者輕矣，權衡之所自定也。三者有時而合，合則互千古、通天下、而協於一人之正，則以一人之義裁之，而古今天下不能越。有時而不能交全也，則不可以一時廢千古，不可以一人廢天下。執其一義以求伸，其義雖伸，而非萬世不易之公理，是非愈嚴，而義愈病。〔註141〕

王夫之區分了一人、一時、千古之義，三者相合則是順應歷史潮流、天下大利，若不能，則不能因一時廢千古，不可以個人之私廢天下之大義。個體行全局、大體觀念，應因義而行，以道義爲原則對待君主、同僚、臣民，以道義爲指導來行使權力，謹慎而行。

2. 義爲上

傳統政治文化倡導士君子以義爲上，以義來取利、用權、待人。「義者，

〔註138〕參見張開城：《君子人格與「比德」》，學術月刊，1995年第12期。
〔註139〕《舊唐書‧卷七十一‧魏徵列傳》。
〔註140〕《讀通鑒論‧卷五‧漢哀帝四》。
〔註141〕《讀通鑒論‧卷十四‧漢安帝十四》。

百事之始也，萬利之本也」〔註142〕將義看作是修身、齊家、治國的基礎，「士之立身成名，在乎仁義而已。」〔註143〕

首先，君子以義來行權、取利。為官者是權力的使用者，其個人意志對權力的使用效果有重大的影響。君子謹慎地行使權力，彰顯權力使用的公共性，利用權力謀取公利，「人臣之公者，理官事則不營私家，在公門則不言貨利，當公法則不阿親戚，奉公舉賢則不避仇讎。忠於事君，仁於利下。」〔註144〕他們以至公為原則，堅持道義、公允，能夠以道來抗勢。小人則以權勢、利益為核心，「小人不恥不仁，不畏不義，唯利之所在，危人自安。」〔註145〕其政治行為完全的利己，因人情、關係行事，好結黨營私，欺上瞞下，侵奪民利。君子依道義而循規蹈矩，小人用奸詐而無有所不及，魏徵諫諍太宗應親君子遠小人，否則「君子道消，小人道長，君臣失序，上下否隔，亂亡不恤，將何以治乎？」〔註146〕一些君主使君子、小人共列朝廷，君子堅持道義，取其除暴安民，小人善疑取巧，讓其監察，明主應利用各種人才為其服務，但若對其監管不力，君主也是自食惡果。許敬宗有才氣，在唐太宗朝「位不過列曹尹」，而到高宗朝位列宰相，「掌知國史，記事阿曲」，勒索錢財，高宗卻對其禮遇有加，與李義府構陷褚遂良、長孫無忌等謀反，支持高宗立武后，〔註147〕間接殃及高宗子嗣。

其次，君子以義待人，從大體出發，忠君仁民，以敬待上、以誠待下。孔子言君子之道有四：「其行己也恭，其事上也敬，其養民也惠，其使民也義。」〔註148〕君子以義修身而敬人、忠君、安民。貞觀群臣人才濟濟，不僅是由於太宗的識人之能，也在於貞觀群臣能夠以至公為原則，互相禮敬，揚他人之賢能，同心協作，如房玄齡與杜如晦皆命世之才，而能「謀猷允協，以致昇平。」〔註149〕二人賢達用心、相須而成，比之漢時蕭、曹而享譽後世。貞觀朝許多臣子都是互相引薦而進入朝堂，唯賢、能、才是舉，房玄齡「聞人有善，若己有之。」「不以求備取人，不以己長格物，隨能收敘，無隔卑賤。」

〔註142〕《呂氏春秋・無義》。
〔註143〕《隋書・卷七十一・誠節列傳》。
〔註144〕《臣軌・至公》。
〔註145〕《貞觀政要・卷五・公平》。
〔註146〕《貞觀政要・卷五・公平》。
〔註147〕《舊唐書・卷八十二・許敬宗列傳》。
〔註148〕《論語・公冶長》。
〔註149〕《舊唐書・卷六十六・杜如晦列傳》。

〔註 150〕李百藥「性好引進後生，提獎不倦。」〔註 151〕君子待人寬平眞誠，小人則嫉賢妒能，狡僞粉飾，「見利向前，見害退後，同功專美於己，同過委罪於人。」〔註 152〕

3. 謹愼戒懼

擁有君子人格的人，不僅能堅守道義待人，也能謹愼行事，堅守自己的原則，不會恃才傲物、恃功而驕。貞觀功臣多能善終，在於他們能夠以史爲鑒，謹愼戒懼、克己忠君。如貞觀十六年，房玄齡進司空，命其掌朝政，修國史，他抗表陳讓，太宗遣使說到：「昔留侯讓位，竇融辭榮，自懼盈滿，知進能退，善鑒止足，前代美之。公亦欲齊蹤往哲，實可嘉尙。」〔註 153〕讓房玄齡留任盡職。臣子以功獲賞而能辭祿避位，是君子謹愼戒懼的表現，正因他們能夠懼滿戒驕，太宗對他們恩賞有加：「溫彥博自掌知機務，即杜絕賓客，國之利害，知無不言，太宗以是嘉之。」〔註 154〕李靖爲貞觀名將，南平吳會，北清沙漠，西定慕容，功勳卓著，貞觀八年，詔李靖爲畿內道大使，伺察風俗。他以足疾上表辭職，太宗遣中書侍郎岑文本謂曰：「朕觀自古已來，身居富貴，能知止足者甚少。不問愚智，莫能自知，才雖不堪，強欲居職，縱有疾病，猶自勉強。公能識達大體，深足可嘉，朕今非直成公雅志，欲以公爲一代楷模。」〔註 155〕於是唐太宗下詔尤佳恩譽。

君子謹愼戒懼也是明哲保身之道，知盈滿則虧，「君子者，知之審而居之安也。」〔註 156〕君子還應懂得審時度勢，通權達變。

古代政治文化中君子、小人，在追求的目標、實現方式、與人相處的原則等方面是對立的，君子擁有極近完美的形象，是孔子所言「中行之士」，而小人則與之背道而馳。在政治活動中的君子，不全然是一個道德完善者，而是政治理性成熟者，他堅持義，而能從全局出發謀求社會大利，敬重同僚、提攜下屬、忠君愛民，而謹言愼行、通權達變，以實現政治秩序和社會秩序的穩定爲最大目的，君子有道德完善的一面，「而政治人物，群向此境界而趨

〔註 150〕《舊唐書・卷六十六・房玄齡列傳》。
〔註 151〕《舊唐書・卷七十二・李百藥列傳》。
〔註 152〕《呻吟語・卷六・人情》。
〔註 153〕《舊唐書・卷六十六・房玄齡列傳》。
〔註 154〕《舊唐書・卷六十一・溫彥博列傳》。
〔註 155〕《舊唐書・卷六十七・李靖列傳》。
〔註 156〕《讀通鑒論・卷十七・簡文帝三》。

赴，亦得群向此標準而崇仰」。〔註157〕

（三）狂狷、鄉愿

政治場中，有不同的政治人格，如君子、小人、狂狷、鄉愿等，傳統文化中經常將所有人都簡單地劃分爲君子、小人，並將二者直接對立，這既不利於群臣的和睦，也不利於理論上分析把握政治人物的特點。由於政治時局的變化，現實政治大多不是理想狀態，因而使得從政的士大夫很難將君子人格、君子風度始終如一的保持下去。

孔子言：「不得中行而與之，必也狂狷乎！狂者進取，狷者有所不爲也。」〔註158〕中行之士則無過與不及，以義爲原則，而狂者過之，狷者不及，狂者即是激進之徒，狷者則有所不爲。「（狂狷）此蓋失於周全之道，而取諸偏至之端者也。然則有所不爲，亦將有所必爲者矣；既云進取，亦將有所不取者矣。」〔註159〕如李業，漢平帝時被任命爲郎官，後王莽篡權，李業託病辭官，朝廷幾次徵召，都以病辭，後公孫述占益州稱帝，慕其賢名，欲徵爲博士，李業不從，公孫述使人持毒酒奉詔命以勸業：「若起，則受公侯之位：不起，賜之以藥。」後公孫弘飲毒而亡。〔註160〕狂者、狷者都堅守自己所信仰的某種價值觀，不被周圍社會環境和輿論所影響，執著地奉行，朱熹言：「二者皆能不顧流俗污世之是非，雖是不得中道，卻都是爲己，不爲他人」〔註161〕，狂狷者的行爲只是某一個體的特殊行爲，不具有社會共性，他們在某一時期能夠推動思想文化和政治活動的發展，李贄言「論載道而承千聖絕學，則捨狂狷將何之乎？」〔註162〕而體現在政治活動中，狂狷者則能不畏懼權勢，堅定地保守某一信念或執行某一行爲，或以激進的熱情投身社會政治運動，或「用歸入民間和自然的方式保存自由的個性。」〔註163〕

與狂狷人格相對的則是鄉愿。「鄉愿」即是所謂的老好人，「德之賊」，「一心只要得人說好，更不理會自己所見所得，與天理之是非。」「閹然媚

〔註157〕錢穆：《國史新論》，第168頁。
〔註158〕《論語・子路》。
〔註159〕《後漢書・卷八十一・獨行列傳序》。
〔註160〕《後漢書・卷八十一・李業列傳》。
〔註161〕《朱子語類・卷六十一・孟子・盡心下》。
〔註162〕《焚書・與耿司寇告別》。
〔註163〕劉春玲：《論晚明士大夫的狂狷之風》，江漢論壇，2005年第4期。

於世。」〔註164〕處事圓滑，隨波逐流，學者葛荃認爲鄉愿人格者，「表面忠信的實質是私心和私利」，其「道德表現似是而非，虛僞乖巧」，鄉愿在調節社會關係上「不分是非，圓滑媚世」，〔註165〕他們與君子、小人都能共處，以謀取私利爲目的。「僞君子」則是滿口仁義道德，言行背離的人，他們都曾讀聖賢之書，而實際上卻助紂爲虐，破壞道德秩序，是李贄所謂的「假人」。狂狷近似君子，而鄉愿則近似僞君子。

聖賢、君子、狂狷、鄉愿、僞君子、小人等都在政治場中活動，而聖賢、君子以道義爲上，狂狷行爲雖偏激，但能堅守底線不做惡事，有可取之處，而鄉愿、僞君子、小人，則爲了私利害公義，他們追名逐利，有高超的從政「技能」，趨炎附勢、阿諛奉承、圓滑世故、出爾反爾、落井下石、幸災樂禍，在君主面前稱僕，在下級官吏、百姓面前稱主，攪亂政治秩序和社會秩序，是現代應摒棄的政治人格。

綜上所述，士大夫是一個文官隊伍，他們要完成弘道、兼濟天下的政治使命，實現以道來協調君民關係的作用，以知識分子的身份弘揚道義，匡扶君主實現聖王理念，使其行君道、修君德，而能任賢使能、以民爲本；以官僚的身份完成弘道的使命，以天下公義、天下大利爲出發點和目的來富民教民，兼濟天下。

君子是古代政治文化所塑造出來的理想人格，每個從政者都應以此爲榜樣，自覺地以道義爲原則，忠君愛民、敬愛同僚。但君子、小人人格截然二分，卻容易成爲政治鬥爭的口實，互相指責對方爲小人，由政見糾紛演變爲人身攻擊，他們以君子自認，卻失掉了君子風範，雙方相互零容忍，勢必造成政治秩序的不穩定。士大夫應仿傚君子，擁有全局觀念，堅持以義行權取利，以至公爲念，放棄個人的小私小利，超越狹隘的利益集團觀念，在「和而不同」的原則下，實現使天下太平的鴻鵠之願。眞正的君子能夠自覺地踐行弘道、兼濟天下的政治使命，充盈自己的政治人格，謹言愼行，保存弘道之身，通過弘道來修養心性，完成政治使命。

〔註164〕《朱子語類・卷六十一・孟子・盡心下》。
〔註165〕葛荃：《作爲政治人格的狂狷、鄉愿與僞君子——以晚明東林諸君見解爲據》，東嶽論叢，2008年第11期。

第四章　貞觀君臣的政治倫理

　　貞觀君臣具有較強的政治自覺性，他們善於反思自身是否符合君道、臣道，並完善君德、官德，君臣之間互相警醒，群臣之間恭敬謙遜，形成比較和諧的君臣關係，他們因此成為後世典範。通過對貞觀君臣的政治倫理的探討，我們能更好地反思傳統政治倫埋的優缺點。

　　中國的傳統政治帶有很大的道德性特徵，因而君臣作為政治運作的關鍵，其德性也就成為政治文化中的核心部分。在天命觀念下，君臣應以德配天，來完成天之所命，所以作為稟有神授之權的君主的德性，對於整個國家的政治發展具有舉足輕重的作用。君德在君主對天、民、臣的行為中顯現，君主應敬天、體天道仁愛百姓，克己勤儉，任賢使能。而臣子則應忠君愛民，踐行仁、智、勇之德。我國傳統政治文化突出君主在君臣關係中的主導地位，認為君主若能克行君道，臣子也會竭盡股肱之力，踐行臣道，如魏徵言：「故君有一德，臣無二心；上播忠厚之誠，下竭股肱之力，然後太平之基不墜，『康哉』之詠斯起。」〔註1〕君臣同心才能締造太平之世。

第一節　「正君以正臣民」的政治思維模式

　　君主是國家執政者，是民之心、首，也是政事活動的核心，其言行能被千萬人仿傚，「夫南面之君，乃百姓之所取法則者也。」〔註2〕「君能為善，則吏必能為善矣；吏能為善，則民必能為善矣……故為人君者，出其令也，

〔註1〕　《舊唐書・卷七十一・魏徵列傳》。
〔註2〕　《群書治要・卷四十・新語治要》。

其如聲；士民學之，其如響；曲折而從君，其如影。」〔註3〕所以君主應為公而修君德。

　　君主應以德配天，一是為了配天永命，「王其德之用，祈天永命。」〔註4〕通過德行來配享天命，維持國運的長久，宗廟社稷的長存。二是能夠使政令通行、政權穩定，因為君正則政正，「其身正，不令而行。其身不正，雖令不從。」〔註5〕君主德行偏失，其政令也偏失，因而君主要以正心對政事，修養自己的心性；三是推進道德教化地順利進行。「君仁，莫不仁；君義，莫不義；君正，莫不正。一正君而國定矣。」〔註6〕強調國家治理在於君主，君主一念好惡成為治亂的根源，君主好仁，則天下歸仁，君主好惡，則從之者甚，所以君主要正心誠意才能正朝廷，正萬民，實現社稷永固。古人云：「故為人君者，正心以正朝廷，正朝廷以正百官，正百官以正萬民，正萬民以正四方。」〔註7〕君臣修德使自己的行為受到約束，明於天道，進而君主正心以正臣民，實現四方的安定和王道理想。君主是人間倫常的典範，君王顯德，則上行下效，有利於教化的順利進行，使百姓自覺遵守社會規範。

　　王夫之認為隋文帝雖兢兢業業，但隋朝二世而亡，原因在於其心不正，以虛假之心對待政事，以猜忌之心對周圍之人，「以塗飾虛偽籠天下，情以移志以遷，而好惡皆失其本心，樂與偽人相取，狎焉而不自知也。」〔註8〕君主猜忌臣子、矯飾天下，天下也以虛假之心對待君主，所以君王應該修身，身正其政才正。唐太宗認識到隋文帝性至察而失臣，因而選擇以誠待下的方式，以正心對待臣子，實現用人不疑，君臣互信。

　　君主修德惠施是修其德業。貞觀十一年，馬周上疏陳時政說，夏商周及漢朝，因積累德業存續長久，魏晉以來及周隋，存續不過幾十年，「良由創業之君不務廣恩化，當時僅能自守，後無遺德可思。故傳嗣之主政教少衰，一夫大呼而天下土崩矣。今陛下雖以大功定天下，而積德日淺，固當崇禹、湯、文、武之道，廣施德化，使恩有餘地，為子孫立萬代之基。」〔註9〕貞觀統治

〔註3〕　《群書治要‧卷四十‧賈子治要》。
〔註4〕　《尚書‧召誥》。
〔註5〕　《論語‧子路》。
〔註6〕　《孟子‧盡心上》。
〔註7〕　《漢書‧卷五十六‧董仲舒傳》。
〔註8〕　《讀通鑑論‧卷十九‧隋文帝十六》。
〔註9〕　《貞觀政要‧卷六‧奢縱》。

集團總結歷代興亡的經驗教訓，以仁德治國，寬平執法，取得社會大治，李世民作爲一代明主，開創貞觀之治，但是仍被後世理學家詬病：

> 漢高祖之起，與唐太宗之起不同，高祖是起自匹夫取秦，所以無愧；唐卻是隋之官，因其資而取之，所以負愧也。要之，自秦漢而下，須用作兩節看。如太宗，都莫看他初起一節，只取他濟世安民之志，他這意思又卻多。若要檢點他初起時事，更不通看。或曰：「若以義理看太宗，更無三兩分人！」〔註10〕

在後世的儒者看來，唐李室是隋之臣，唐太宗於玄武門下弒兄殺弟以登上皇帝的寶座，違背了君臣之義、兄弟之情。不可否認，太宗所作所爲確是歷代爭奪皇位的一出家庭慘劇，必然會遭到他人的指責。學者高明士就認爲唐太宗任賢納諫是因其彌補心理，用事後的功業和德業來贏取民心。但我們今天對歷史人物的評價，應綜合考慮，既要考慮其政治活動的動機，也應注重其活動效果，從社會大義上來評判個體行爲的價值，唐太宗雖於個人德性有缺，但其歷史功績不可抹殺。作爲天子，他能聽諫納賢，以明主自任，並在實際行爲中踐行君道、君德，實現了社會大利，是一位值得稱讚的明君。

在中國傳統的專制時代，君主一言興邦一言喪邦，文韜武略的君主能造出一番盛世，如李世民時期吏治清明，其自身嚴格自律，納諫之風盛行。由此可見，在傳統的君主制度下，政治的好壞主要取決於君主個人所奉行的政治道德。士大夫看到了君主在政治行爲中所發揮的實際作用，在不能對君權進行制度制約的前提下，將君王個人視作政治的核心和社會規範的焦點，倡導正心誠意，依靠君王的道德素養，影響群臣和百姓，實現社會大治，這充分體現了中國政治文化中人治的特點，由此凸顯了君主修德的重要性，也造成了君道的道德化。

第二節　君道、君德

君道是君主應該如何治理國家的一整套治國理論，還包括君主作爲一政治人物應該具有的品行、才能和主要職責。如孔子言爲天下國家九經——修身、尊賢、親親、敬大臣、體群臣、子庶民、來百工、柔遠人、懷諸侯〔註11〕，

〔註10〕《朱子語類·卷四十七·論語·陽貨》。
〔註11〕《孔子家語·哀公問政》。

韓非子總結君主「十過」如行小忠顧小利，行僻自用，貪愎喜利，耽於女樂罔顧國政，有過而不聽忠臣諫士，取媚他國等，從正、反兩面爲君主治國提供參考。

傳統政治文化所設定的君道，在古人眼裏是天經地義的永恒的常道，不管是否能在現實中落實和遵循，君道都不會因之而消亡。君道的實現主要靠君主的自覺，如果君主自身不能踐行君道，即便有賢臣，也無法扭轉社會的潰敗。因而君主的政治實踐對於君道的實現具有決定性的作用。傳統的君道就是爲了實現王道理想而設計的，因而對於君主來說，對王道理想的信仰和實踐就成爲君德的主要內容。君德是君主所應具備的品德操守，君德內含在君道之中，君道彰顯君德，君德用以落實君道。君道、君德實際是對君權使用目的的界定，君主應依君道而行，憑君德和其能力來行使權力，保障其個人、社稷和萬民的安穩。

一、體道行仁

體道是君王對天道的自覺，君主將之當做自身的本性和神聖職責；行仁，是指君主依照天道生生仁愛的本質去施政，使得各項政治措施有利於民，民眾都能感受到君王的仁愛之心。君主作爲天之子，要法天而行，體會天道之仁、公、無私的屬性內容，將之貫徹落實在社會治理的全過程之中，「皇天無親，惟德是輔，苟違天道，人神同棄。」〔註 12〕道即是敬天安民之道，君主作爲連接天民的紐帶，仿照天道來治理百姓，君主要始終以道爲準，以天道爲原則，天道仁，則君行仁，天道爲公、無私，則君也應克己奉公，因而君主體道行仁，不僅是君道，也是君德的體現。如果違反了天道，就會失掉天命，國家就會喪亡。

是否實行天道即在於君主是否能夠識大體、行仁政，使君之德性彰顯在天下百姓身上，使百姓皆得其利。「仲尼曰：『國有道，雖加刑，無刑也；國無道，雖殺之，不可勝也。』其所謂有道無道者，示之以顯德行與不示爾。」〔註 13〕社會有道與無道的區別即在於君主能否行仁，心存百姓，明於大體，在政治運作過程中，貫徹仁愛原則，使仁愛精神播及內外。孟子認爲得天下之道在得民，得民之道在得民心，而得民心之道即在於「所欲與之聚之，所

〔註12〕《舊唐書·卷七十五·張玄素列傳》。
〔註13〕《春秋繁露·身之養重於義》。

惡勿施爾也。」〔註14〕君主以不忍人之心，博施於眾，百姓才會認同、擁戴君主及其政權，成為君主抵禦外敵、叛亂的天然壁壘。

貞觀君臣明確君主作為民之父母要教養萬民，而不僅是從萬民那裡享受各種貢奉，唐太宗明確應為天下蒼生克己修身，「朕所以不能恣情慾，取樂當年，而勵節苦心，卑宮菲食者，正為蒼生耳。」〔註15〕「（太宗）撫萬姓以慈，遇群臣以禮。」〔註16〕因而能受到臣民愛戴，使他們認可其統治的合法性。

在傳統政治文化中，治國之道和統治之術統一在一起，道是價值層面，治國理念，而術是具體的實施層面，二者可以實現統一，道可以在具體的術中體現，而術也可以體現道的價值。另一種解釋，以道治國，即是以禮、德治國，以術治國，即是以權勢、刑罰治國，是不同的治國手段。如法家對術的理解，是一種統治術，「術者，因任而授官，循名而責實，操生殺之柄，課群臣之能者也，此為人主所執也。」〔註17〕法家的術同時也是一種陰謀之術，如君主要掌握生殺富貧貴賤之六柄、七術、洞悉六微〔註18〕等。以法、術治國，容易形成高壓統治氛圍，統治者通過苛刻的律例條文、重刑以達到無刑的目的；而以儒家的天道治國，以人人都成為善人為目的，使每個人都能依禮而行，以禮約束人的各種欲望，防止人與人之間的爭鬥。

君主體道行仁是以王道為目標，但是在治理社會的方式上也需要各種術，不能絕對地拒斥統治術的作用。君王可以運用術，但與法家的區別在於君主的用術是出於愛民之心，其在具體的措施中體現的是仁愛精神，而不是為了君王個人的私利，所以仁愛之君所實行的各種具體治術通常都是寬鬆的，有利於民生的政策，如輕絲賦、量刑輕、死刑少等，其對待群臣也是以誠與信為主，而不是以陰謀之術為主。也就是說，體道仁愛的君王應該以道馭術，而非以術代道。「上好權謀，則臣下百吏誕詐之人乘是而後欺……上好曲私，則臣下百吏乘是而後偏……上好覆傾，則臣下百吏乘是而後險……上好貪利，則臣下百吏乘是而後豐取刻與，以無度取於民。」〔註19〕君主要用

〔註14〕《孟子·離婁上》。
〔註15〕《舊唐書·卷七十八·張行成列傳》。
〔註16〕《舊唐書·卷六十六·房玄齡列傳》。
〔註17〕《韓非子·定法》。
〔註18〕《韓非子·內儲說上》七術：眾端參觀，必罰明威，信賞盡能，一聽責下，疑詔詭使，挾知而問，倒言反事。《韓非子·內儲說下》六微：權借在下，利異外借，託於似類，利害有反，參疑內爭，敵國廢置。
〔註19〕《荀子·君道》。

信、公、平等治國，若以權謀、曲私、覆傾、貪利等手段治國，容易使自己陷於危險的境地。

魏徵認爲隋文帝在位時「自強不息，朝夕孜孜，人庶殷繁，帑藏充實。」但他好小數，不識大體，爲人刻薄，無寬仁之度。「故忠臣義士，莫得盡心竭辭。」〔註20〕他猜忌臣下，「持法尤峻，喜怒不常，過於殺戮。」以維護皇權爲目的，不是以天下蒼生百姓的生計爲本，因而導致隋代政治中君臣上下異心。君主毫無信用、惻隱之心，以這樣的方法「只是可以贏得統治權，但是不能贏得光榮。」〔註21〕君臣相疑互相提防，使得君臣相鬥，不能以誠待之，其統治不能長久。

貞觀君臣明確道術的區別，而以王道爲治國理念，用道來指導術的施行，以德法兼備的統治之術，實現了法爲大信，使民既能受其惠，又畏其威，穩定了統治秩序。而太宗也能以王道爲指導，以誠待臣，以禮使臣，實現了君臣互信，同心理國。太宗對道術的體會和運用，使得他能在具體的政治活動中實踐天道仁愛、公正精神，完成了天之所命，實現了貞觀盛世。

二、勤政、節儉

勤政，即是要君主能夠自我約束，不要消極殆政。君主擁有最高決策權，雖有官僚隊伍的輔佐，若君主長期荒於政事，容易引起政事活動的失控，因而君主勤政是其君道，也是君主克己的德性品質。節儉，即是要君主能夠約束自己的欲望，不貪圖瓊樓玉宇、華服美食、珍奇異獸等，不輕易興建土木，或因好大喜功而窮兵黷武。貞觀統治集團初期就確立了偃武修文、布德惠施的統治策略，太宗明確地認識到「天子養百姓，豈勞百姓以養己之宗族乎？」〔註22〕天子的職責是生養百姓，因而他克己寡欲，與民休息，富民教民。

（一）勤政有為

政治理想的實現要求君主積極有爲，勤政愛民。君主要做好自己分內的事情，但又不能妄爲，要依天道行事，即可垂拱而治，實現天下太平。

君主勤於政事，主要是指在日常的治國事務中要兢兢業業，君主的政事

〔註20〕《隋書・卷二・高祖帝紀下》。

〔註21〕（意）尼科洛・馬基雅維里：《君主論》，潘漢典譯，北京：商務印書館，1997年版，第40～41頁。

〔註22〕《讀通鑒論・卷二十・唐太宗二》。

活動有參加大朝會、常朝、集議，並要擬發聖旨、批答奏章、訪輿情，參與殿試考覈、親臨刑獄，參加巡狩、大閱、親征、祭祀等〔註 23〕。有的君王在處理這些事務活動以外，還會定期地詔大臣講經義書史等，以豐富自身的知識，提升治國能力。

君主設官分職處理人事、行政、刑獄、軍事等事件，但還要使這些人能夠忠心奉主，各盡其職，所以君主勤政有利於維護權力的一統，保持信息的暢通，防止宦官專權、外戚攝政、權臣謀國等現象，監督、考察百官的能力，使政治運轉順暢，因而君主勤政與否不僅是君主的意願問題，也是對其政治能力的考驗。

勤政需要不懈怠的努力，善始善終，李百藥曾評北齊文宣帝高洋：「起初能夠留心政術，以法馭下，公道為先，「風化肅然，數年之間，翕斯致治。」後期卻自恃功業，荒廢朝政，「或躬自鼓舞，歌謳不息，從旦通宵，以夜繼晝。或袒露形體，塗傅粉黛，散髮胡服，雜衣錦彩。拔刀張弓，遊於市肆、勳戚之第，朝夕臨幸。」〔註 24〕認為他後期極為猖狂，昏邪殘暴，其國亡嗣絕，實是由於此。因而貞觀群臣勸諫君主應努力勤政，不可半途而廢。

君主勤政體現了君道與君德的統一，歷史上的有所作為的君主都勤奮有為，據統計，秦始皇每日處理一百二十斤竹簡文書，清世宗雍正皇帝在位近十三年，親手批示的奏章有上萬件。唐太宗在貞觀初年也是如此，與群臣一道，整日操心國事，還經常詔群臣論史談經。明主治國「始乎勞，終乎逸。若行雨施，春生秋斂，而歲功成矣！」〔註 25〕如此才能垂拱而治。

（二）節儉無為

節儉與奢侈相對，奢侈是對耳目之欲的縱容，使人心不正，節儉即是克己，不僅能節約財物，有利國家，而且還能通過節儉以約束自我的身心，專注於政務。奢侈能忘身敗國，南北朝奢侈之風盛行，朝廷上下互相攀比，統治者將精力放在如何巧取豪奪之上，百姓負擔沉重苦不堪言，加之戰爭頻繁，十室九空，各王朝都很快消亡。所以君主寡欲、節儉既是治國之道，也是修身之法，魏徵將君主寡欲視為興亡之道，「存亡之所在，節嗜欲以從人。」〔註 26〕

〔註 23〕 周良霄：《皇帝與皇權》，上海：上海古籍出版社，2006 年版，第 67～102 頁。
〔註 24〕 《北齊書‧卷四‧文宣帝紀》。
〔註 25〕 《冊府元龜‧卷五十八‧帝王部‧勤政序》。
〔註 26〕 《舊唐書‧卷七十一‧魏徵列傳》。

人君有欲，則「前後左右之幸也」，「君欲一，彼欲百，致天下亂亡，則一欲者受禍，而百欲者轉事他人矣。」〔註 27〕君主節儉則能帶動臣民節儉，使民俗淳厚，風氣淳樸，如果君王多欲，不僅殘害民生，而且還會給群臣留有覬覦之心，所以為了整個社會風氣的清明，君王必須帶頭厲行節約，唐玄宗言：「若躬服珠玉，目玩錦繡，而欲公卿節儉，黎庶敦樸，是揚湯止沸，涉海無濡，不可得也。」〔註 28〕而且雕文刻鏤害農事，華服錦繡害女工，飢寒之本受到傷害，百姓如何飽暖，君主無事則百姓負擔輕，人民才能安居樂業。

節儉並不意味著吝嗇，節儉是要求君主能夠節制耳目之欲，正心於政事，而能自持不貪圖安逸。吝嗇則是攬財自守，國庫充盈但百姓貧困，不能惠施於眾。隋朝糧倉儲備供五十年之用，卻二世而亡，王夫之認為「隋文帝之儉，非儉也，吝也，不共其德而徒厚其財也。富有四海，求盈不厭，侈其多藏，重毒天下，為惡之大而已矣。」〔註 29〕隋末各地發生水旱災害，而朝廷卻賑災不力，導致流民、盜寇叢生，致使國家易主。這說明，君主應以民為本，百姓飢寒交迫而君主卻吝於財物，斂財於民而使民無衣無食，百姓無存則國何在？

君主一方面要節儉於己，克制自己的耳目口腹之欲，專心政事，另一方面要博施於眾，積累德業，不要吝嗇錢財於民，使民眾流離失所，而救濟鰥寡孤獨者，使老幼有所養，培養政權之民望，所以「克儉節用，實弘道之源；崇侈恣情，乃敗德之本。」〔註 30〕唐太宗說：「朕富有四海，士馬如林，欲使轍迹周宇內，遊觀無休息，絕域採奇玩，海外訪珍羞，豈不得耶？勞萬姓而樂一人，朕所不取也。人心無厭，唯當以理制之。」〔註 31〕君王勤政有為，不依感性欲望任意妄為，始終以政事為先，節儉而博施彰顯君主的仁德，這樣才能穩固政權，延長國祚。

三、親賢納諫

君主受天命成為君主，是要完成上天所賦予的使命，君主選用賢能之士，其目的是為了輔佐君主或是執行君主的號令，所以君主應「近忠厚，遠便佞，

〔註 27〕　《呻吟語‧卷五‧治道》。
〔註 28〕　《冊府元龜‧卷五十六‧帝王部‧節儉》。
〔註 29〕　《讀通鑑論‧卷十九‧隋文帝十五》。
〔註 30〕　《舊唐書‧卷七十八‧于志寧列傳》。
〔註 31〕　《舊唐書‧卷六十‧宗室‧李道宗列傳》。

杜悅耳之邪說，聽苦口之忠言。」〔註32〕孔穎達曾對太宗言：「若其位居尊極，炫耀聰明，以才凌人，飾非拒諫，則上下情隔，君臣道乖。自古滅亡，莫不由此也。」〔註33〕將君主親賢納諫上昇到關係社稷存亡的高度。

（一）親賢

親賢是君主治國之道，也體現了君德。臣子賢能與否，是看其本身的才能德性，一些臣子善於阿諛奉承、揣摩帝意，君主便因與他們意願相投，便認為他賢能奉公，於是輕信其人，升以顯位，但他們危害四方，殘害忠良，陷君主於不義的境地。因而君主辨別賢能並親近賢能被看做是君道，君主接納賢能之士被稱為有識人之能、容人之心體現了君德。

那些忌憚、嫉妒賢能的統治者，擔心任用他們有損其個人威望，因而遠賢親佞，最終會落得國破家亡的下場，如隋煬帝因畏賢殺高熲、賀若弼，因嫉妒薛道衡、王胄、祖君彥等的才能，而處死或廢黜他們，任用虞世基、宇文述、裴矩、高德儒等媚上凌下之徒，於是「毒流天下」，「身戮國亡」〔註34〕。賢佞與否，依賴君主的識別，這建立在對治國理念、權力的認識和識人之能的基礎上，君主應從維護社會公義和鞏固社稷的角度選賢任能，並避免無能奸小荼毒百姓。

1. 親賢首先體現了君主豁達的心胸，心胸豁達才可以容人，容人才能獲得更多人的輔佐，「尊賢使能，俊傑在位，則天下之士，皆悅而願立於其朝矣」〔註35〕，賢能之士有助於君主的統治。貞觀之治之所以實現就在於眾多文臣武將的存在，貞觀統治集團的組成來源廣泛，有太宗以前的政敵之臣屬，也有昔日麾下敗將，太宗都能竭誠待之，所以臣子能恪盡職守以盡君臣之義。親賢是君主政治德性的重要方面，是君主以國家為念求社會得治的重要表現，因而歷代統治者都要下詔求賢良方正之士，或是讓百官推舉孝廉有聞之人，以實踐這一君道、君德。

君主應有處下的心態，「謙下自守，卑抑自持」〔註36〕，有求賢的態度和行動，賢能之士才會來輔佐君主成就一番偉業，如劉備三顧茅廬請諸葛亮，

〔註32〕《舊唐書‧卷七十一‧魏徵列傳》。
〔註33〕《舊唐書‧卷七十三‧孔穎達列傳》。
〔註34〕《讀通鑑論‧卷十九‧隋煬帝六》。
〔註35〕《孟子‧公孫丑上》。
〔註36〕張舜徽：《周秦道論發微》，中華書局，1982 年版，第 109 頁。

唐太宗接納魏徵成為自己的輔臣，都成為後世美談。貞觀君臣以隋煬帝自矜輕下亡國為鑒，「煬帝自負才學，每驕天下之士。嘗謂侍臣曰：「天下當謂朕承藉餘緒而有四海耶？設令朕與士大夫高選，亦當為天子矣。」謂當世之賢，皆所不逮。……帝自矜己以輕天下，能不亡乎？〔註37〕貞觀君臣能夠意識到君主驕傲自滿、拒納賢才所帶來的嚴重後果，「亡國之主必自矯，必自智，必輕物。」〔註38〕因而能夠互相提醒戒驕戒躁，以公為念，共成政道。

2. 親賢是君主統治之術，是對君主識人之能的肯定，唐太宗能夠「擢將於行伍之中，取士於凡庸之末。遠夷單使，一見不忘；小臣之名，未嘗再問。」〔註39〕貞觀朝人才濟濟，得益於太宗的識人、用人之能。唐太宗能夠認識到讒佞之徒「皆國蠹賊，巧令朋比，闇主庸君，莫不迷惑，忠臣孝子，泣血銜冤」〔註40〕所以太宗接納臣子進諫，以「防萌杜漸」杜絕讒佞之禍端。

舉賢還要用賢，不能只有舉賢之名，無得真賢之實，應使賢能得其位，發揮其用。君主不分賢愚、善惡、忠偽，這樣容易導致臣下朋比結黨，邪臣恃寵而驕，忠直之士不見容於君，所以君主應「尊賢而賤不肖」〔註41〕不因佞言而疑賢，不因小過而責賢，給不肖者構陷異己的機會。君主若經常「以小怨棄大德」、「以小過黜大功」、「以小失掩大美」、「以訐奸傷忠正」、「以邪說亂正度」、「以讒嫉廢賢能」〔註42〕則賢能之臣不得用，或用非其人「則國非其國」。貞觀君臣能夠區分對待大臣、小臣，並認為大臣、小臣其職事不同，「夫委大臣以大體，責小臣以小事，為國之常也，為治之道也。」〔註43〕不能以小事責大臣，也不能委大事於小臣，大臣與小臣的職責不同，因而需要不同的方式對待，褚遂良言：「夫天子重大臣，則人儘其力；輕去就，則物不自安。」〔註44〕君主親賢，不以小過責賢，使賢能之人能夠安心事君，君臣互信才能使賢能之人發揮力量，這也就要求君主具有一定的識人之能，才能用人不疑。

3. 親賢還要求君主不要濫賞濫罰，君主應該為民擇官，不能根據自己的

〔註37〕《隋書·卷二十二·五行志上》。
〔註38〕《群書治要·卷三十九·呂氏春秋治要》。
〔註39〕《舊唐書·卷六十六·房玄齡列傳》。
〔註40〕《全唐文·卷十·諭侍臣絕讒構論》。
〔註41〕《孔子家語·賢君》。
〔註42〕《申鑒·政體》。
〔註43〕《貞觀政要·卷三·君臣鑒戒》。
〔註44〕《舊唐書·卷六十六·房玄齡列傳》。

喜怒隨意賞罰官員，使沒有治理之術的人充斥於官僚體系，破壞吏治，使得朝堂不睦，激化官員之間的矛盾；若賜會奇伎淫巧的人以官爵，也容易敗壞社會風氣。

　　法家提倡以法治國，而其所認為的能臣即是通曉法度之人，韓非子認為君主任用賢能之人不妥，一方面是由於君主會被其表面的賢能所欺騙，「乘於賢以劫其君」〔註45〕；另一方面也是擔心賢能之人會奪民之心，背叛君主，所以應「上法而不上賢」，「廢常上賢則亂，捨法任智則危」〔註46〕，若君主不肖，在「上法」的制度下，臣子也不敢侵犯他。在韓非子看來儒家賢者會以情干法，罔顧法度，使法律失去約束人的效用，導致社會失範不易治理，而要維持法的公正，不能因權貴、親情而害法。法家試圖樹立法的權威，但在現實中法的權威卻成就了掌權者的威勢，沒能在中國傳統政治文化中奠定法的真正尊嚴。儒家所奉行的尊賢遠佞、尚德尚智的舉措，使得社會形成尚賢的風氣，更有利於教化的施行。唯法而治，會導致君臣離心離德，百姓毫無生趣，必然走向亡國。儒家推行禮儀教化，雖然治國之效緩慢，但卻是長久之計。

　　親賢的實現是君主政治理性的成熟，如何判定君子小人，如何遠離姦佞小人，成為對君主政治能力的考驗。君臣之間難免有意見相左，不能將與君主對抗的都稱之為君子，也不能把順從君王的人都當做小人。君主治國應堅持「和而不同」的原則使群臣有表達意見的機會，晏子言：「君所謂可而有否焉，臣獻其否，以成其可。君所謂否而有可焉，臣獻其可，以去其否。是以政平而不干，民無爭心。」〔註47〕君主合理地對待其他人的意見，這樣使政策的制定、實施等能更加合理，也能更全面地考察群臣賢能與否。唐太宗常對臣下言「主賢則臣直，人苦不自知，公宜面論，攻朕得失。」〔註48〕君主親賢則臣子公直，小人遠離。直臣進諫則成就君主的賢明，表現出君德、臣德的相輔相成性，這也就解釋了明君直臣這一組合實現的原因。

（二）納諫

　　納諫是成就聖君明主的君道，要求君主擁有謙虛的君德，君主不可恃位而驕，廣開言路才能成就王道。君主納諫，臣子進諫都應以公為目的，為了

〔註45〕《韓非子‧二柄》。
〔註46〕《韓非子‧忠孝》。
〔註47〕《左傳‧昭公二十年》。
〔註48〕《舊唐書‧卷六十五‧長孫無忌列傳》。

實現社會的治理，孔子曰：「良藥苦于口而利於病，忠言逆於耳而利於行。湯武以諤諤而昌，桀紂以唯唯而亡。」〔註49〕聞諫改過是聖賢君王的優秀品德，也是明君的治國之道，納諫有利於君主聽取多方的意見，更謹慎地制定政策。

首先，納諫是使君主成爲聖賢明主的必要條件，《尚書‧說命上》：「惟木從繩則正，後從諫則聖」。只有虛心納諫才能不斷改進政事，才能招攬賢人。納諫也被看做是聖主與闇主的劃分標準，關龍逢、比干是歷史上有名的忠臣，他們因忠言直諫被夏桀、商紂王所殺。明主賢君能夠容忍直諫者，是因爲他們能夠體諒這些安邦定國之士是從公心、國家社稷角度出發考慮事情，納諫能夠讓君主拾遺補闕或反躬自省，修正自身及朝廷政策。因而虛心納諫是君王的美德，「惟虛則公，公則直；惟明則誠，誠則動；能自受諫者，所以虛其心而廣其明也，諫者之能此者鮮矣。」〔註50〕君主納諫是君臣共成政道的途徑之一，君臣以公心爲上，主納忠言，臣盡忠誠，實現君臣共治。

其次，君主聽納諫言能夠格心之非。納諫能夠使君主更好地完善自身，踐履君道，修養君德，糾正君主錯誤的言行，「君心無過，而過在事，則德不足而言有當，下逮於工瞽而言無不效。若夫心，則與心相取者也，心之有非，必厚自匿而求以勝物。」〔註51〕若君主心不正其中有非，不能眞心改過，只是做表面文章，諫言並不能起到作用，所以王夫之認爲只有大人能格君心之非，若進言者說一套做一套，也不能使君主改過，這樣只會使君臣交惡，互相怨恨，「言還其言，而心仍其心，交相謫而祗益其怨惡。如能隱忍以弗怨惡足矣，奚望格哉？」〔註52〕所以諫者也應該聽諫，唐太宗言「未能受諫，安能諫人。」「君不受諫，則令焉而臣民不從；臣不受諫，則言焉而天子不信。」〔註53〕君臣都應謙虛奉公，開闊心胸聽言納諫，這樣才能實現君臣互信，使政治清明。

因爲並不是所有諫者都是出於公心而進諫，所以納諫見是對君主能力的考驗，君主應審慎地對待，區分進諫者進諫的動機、目的，避免成爲諫言者打擊異己的工具。王夫之認爲諫者「徵聲逐色，獎諛斥忠，好利喜功，狎小人，耽逸豫，一有其幾而必犯顏以諍，大臣不道，誤國妨賢，導主賊民，而

〔註49〕《孔子家語‧六本》。
〔註50〕《讀通鑑論‧卷二十‧唐太宗九》。
〔註51〕《讀通鑑論‧卷二十‧唐太宗十》。
〔註52〕《讀通鑑論‧卷二十‧唐太宗十》。
〔註53〕《讀通鑑論‧卷二十‧唐太宗九》。

君偏任之，則直糾之而無隱。」〔註 54〕所以，傳統政治文化提倡臣子要從大體、公心對待政事。若大臣不道，這樣的諫言會使君主言行失偏，而諫官可以風聞奏事，捏造事實誣陷，造成更大的損失。

納諫對君主而言是一件難事，需要君主克服驕傲滿溢之心，不要以納諫為有損顏面之事，基於公心而聽，且納諫需要統治者長期堅持，即使如唐太宗也不能善始善終，魏徵言：「貞觀之初，恐人不言，導之使諫。三年已後，見人諫，悅而從之。一二年來，不悅人諫，雖勉聽受，而意終不平，諒有難色。」〔註 55〕

君主親賢納諫是君主德性充足的表現，親賢納諫需要君主開闊的胸襟。親賢，即要求君主求賢、任賢、用賢、信賢、遠離佞臣，納諫則需要君主聽取臣子的意見能夠認真改過。親賢納諫實際上是提倡君臣以師友之道相處，以平等的身份和心態來互相對待。明主能夠認識到親賢納諫能輔佐君主獲取更長時期的君權，使君權得以更合理地發揮作用，因而他們能夠自覺地行此君道、君德。「君道的根本目的是完善和強化帝王權力，而它一旦為君主與臣民所認同，便又具有規範和制約君主的功能。」〔註 56〕同時親賢納諫的君道，也成為君主能力有限的佐證，因而一些自以為是的君主會認為親賢納諫是有失顏面的事情，並認為賢臣忠臣的諫諍是對自身威德的忤逆。所以親賢納諫考驗君主的容人之量、識人之能，如能親賢納諫則意味著其政治理性的成長和成熟。

君道、君德是要君主正確使用自己的權力，不要因私意罔顧公義，應克己奉公。體道行仁是君主對待百姓應具備的德性，勤政節儉是克制自身不合理欲望的德性，而親賢納諫則是君主對臣子所應具有的德性，君道、君德即是在對民、己、臣的關係中體現。君主修德並不是一朝一夕就能完成的，需要君主堅持不懈地進行，始終以此為自己的從政原則，踐行明君聖主之道。

第三節　官德

道德體現了個體與他人相處時所表現出來的品質，在君主制下，官德即是從政者在行使權力、處理政事中所應具備的道德意識、道德品質。「官者管

〔註 54〕《讀通鑑論》卷二十・唐太宗三》。
〔註 55〕《貞觀政要・卷二・直言諫爭》。
〔註 56〕張分田：《中國帝王觀念》，中國人民大學出版社，2004 年版，第 87 頁。

也，以管領爲名」〔註 57〕，《說文解字》：「官，吏事君也」。在君主政體下，官就是臣，官德就是臣德。官德體現在其對君、民、同僚的關係中，官員應堅持公義、道義，忠君利民，敬重同僚，清正廉潔，直道而行。

在我國傳統政治文化中，根據不同的標準區分出不同的臣子類型，《說苑・臣術》曾總結六種正臣〔註 58〕、六種邪臣〔註 59〕，正臣即是聖、良、忠、智、貞、直臣，他們知存亡之幾、得失之要、虛心勉主、信道匡君、夙興夜寐、進賢不解、守文奉法、飲食節儉、不悔所行，他們的忠誠和仁智勇的品行支撐其政治理想的實現。而六種邪臣（具、諛、奸、讒、賊、亡國之臣），他們貪圖功名利祿、專權擅勢、重私輕公、巧言令色、愉主耳目、顛倒黑白、離間忠良等，背棄忠誠之心，鄙視仁義，智以飾非，勇以助惡，使得國家政治秩序混亂，敗君亡國。這六種正臣所彰顯的官德即是忠與仁智勇的統一，而邪臣則是忠與仁智勇的缺失。貞觀群臣能夠克己奉公，體現了較高的官德水平，史臣評魏徵「其實根於道義，發爲律度，身正而心勁，上不負時主，下不阿權倖，中不侈親族，外不爲朋黨，不以逢時改節，不以圖位賣忠。」

〔註 57〕《禮記・王制》。

〔註 58〕《說苑・臣術》：六正、六邪：一曰萌芽未動，形兆未見，昭然獨見存亡之幾，得失之要，預禁乎不然之前，使主超然立乎顯榮之處，天下稱孝焉，如此者聖臣也。二曰虛心白意，進善信道，勉主以體誼，諭主以長策，將順其美，匡救其惡，功成事立，歸善於君，不敢獨伐其勞，如此者良臣也。三曰卑身賤體，夙興夜寐，進賢不解，數稱於往古之德行事以屬主意，庶幾有益，以安國家社稷宗廟，如此者忠臣也。四曰明察幽，見成敗早，防而救之，引而復之，塞其間，絕其源，轉禍以爲福，使君終以無憂，如此者智臣也。五曰守文奉法，任官職事，辭祿讓賜，不受贈遺，衣服端齊，飲食節儉，如此者貞臣也。六曰國家昏亂，所爲不道，然而敢犯主之顏面，言君之過失，不辭其誅，身死國安，不悔所行，如此者直臣也，是爲六正也。

〔註 59〕一曰安官貪祿，營於私家，不務公事，懷其智，藏其能，主饑於論，渴於策，猶不肯盡節，容容乎與世沉浮上下，左右觀望，如此者具臣也。二曰主所言皆曰善，主所爲皆曰可，隱而求主之所好即進之，以快主耳目，偷合苟容與主爲樂，不顧其後害，如此者諛臣也。三曰中實頗險，外容貌小謹，巧言令色，又心嫉賢，所欲進則明其美而隱其惡，所欲退則明其過而匿其美，使主妄行過任，賞罰不當，號令不行，如此者奸臣也。四曰智足以飾非，辯足以行說，反言易辭而成文章，內離骨肉之親，外妒亂朝廷，如此者讒臣也。五曰專權擅勢，持招國事以爲輕重於私門，成黨以富其家，又復增加威勢，擅矯主命以自顯貴，如此者賊臣也。六曰諂言以邪，墜主不義，朋黨比周，以蔽主明，入則辯言好辭，出則更復異言語，使白黑無別，是非無間，伺侯可推，而因附然，使主惡布於境內，聞於四鄰，如此者亡國之臣也，是謂六邪。《說苑・臣術》

〔註60〕包括魏徵在內的貞觀群臣，能不以私害公，忠君奉國，在具體的實際行爲中踐行仁智勇。

官德既有社會性又有個體性，官德是爲官者對自我的約束，因爲他們是國家權力的使用者，其品德對於權力的使用有重要影響，體現了官德的社會性。古代極其注重官德，「國家之敗，由官邪也；官之失德，寵賂章也。」〔註61〕官員失德，不能使權力發揮其應有的作用，也會導致社會的失範。因而傳統政治文化提倡官員自省，要求爲官者提高其德性水平，以此來維持社會秩序的穩定。但官德畢竟是官員個人的品德，這就與官員個體的性格、志趣密切相關，因而體現在群臣之中官德又各具特點，這就是官德的個體性。

一、忠

忠是臣德的首要德性，君臣通過策名委質建立君臣關係，臣子盡忠是君臣之禮義、名分的要求，也是君臣以利相交，互相交換的產物，君主以爵酬臣子之忠，臣子以忠誠彰顯君臣之義。貞觀君臣感情深厚，群臣感念明主在位，因而他們恪盡職守，忠貞奉國，唐太宗評價戴冑「忠直勵行，情深體國，事有機要，無不以聞。」〔註62〕太宗因其忠，而酬其誠。

（一）忠的含義

忠的本義是指忠於自己的本心。忠既是對自己的內心忠貞，也是對別人忠誠、誠信。忠自古以來就是一項美德，「居處恭，執事敬，與人忠」〔註63〕忠與恭敬一樣是對他人的一種禮貌行爲，忠由心發，是要人竭誠盡心，朱熹言「盡己之謂忠」〔註64〕「忠也者，發己自盡之謂。盡己之所可爲，盡己之所宜爲，盡己之所不爲而弗爲，而後可以其不欲者推於物而勿施。」〔註65〕忠由早期的忠於家主、諸侯，逐漸演變爲臣民對君王與國家的自下而上的效忠。

〔註60〕　《舊唐書・卷七十一・魏徵列傳》。
〔註61〕　《左傳・桓公二年》。
〔註62〕　《舊唐書・卷七十・戴冑列傳》。
〔註63〕　《論語・子路》。
〔註64〕　《朱子語類・卷二十一・論語・學而》。
〔註65〕　《讀通鑑論・卷二十・唐太宗二一》。

忠誠、忠貞、忠直是臣下事奉君主的態度，忠含有盡心、無私等含義，「忠者，中也，至公無私。天無私，四時行；地無私，萬物生；人無私，大亨貞。忠也者，一其心之謂矣。」〔註66〕忠，始終如一，公正無私，無私才能保持一心，「無私，忠也。」〔註67〕君主要求臣子能夠盡心盡力始終如一地對待自身及其社稷，「盡力以致功，竭智以陳忠。」〔註68〕要求臣子能夠公正無私，同時關愛百姓，「上思利民，忠也」〔註69〕「教人以善，謂之忠」〔註70〕。

忠臣事君「盡心焉，盡力焉」，即是應「公家之利，知無不為。上足以尊主安國，下足以豐財阜人。內匡君之過，外揚君之美。不以邪損正，不為私害公。見善行之如不及，見賢舉之如不逮。竭力盡勞而不望其報，程功積事而不求其賞。務有益於國，務有濟於人。」〔註71〕忠臣公正無私、正己安人，內匡君過、外揚君之美，而不嫉賢妒能，「不面譽以求親，不愉悅以苟合」，忠體現了為官者對君、民、同僚的態度，他們忠於公義、仁愛公正、豁達容人、恪盡職守等，表現出積極的忠誠，帶來統治秩序的穩定。

（二）忠的絕對性與相對性

忠的相對性是忠的絕對性是忠於社會公義，對君主個體的忠誠。忠的原義是盡己所能，忠於本心、公義，所以群臣之所以對君王盡忠乃是建立在對公義、公道等價值認同的基礎上，晏子認為「一心可以事百君，百心不可事一君」，此心，即是以公為心，以社稷百姓為重。而管仲相齊桓公，孔子稱其仁，也是因為管仲能使社會得治，具有大義，「故管仲相桓公，詘節事君，專心一意，……故聖人執一政以繩百姓，持一概以等萬民，所以同一治而明一統也。」〔註72〕臣子事奉君主要以道行之，一心一意，秉承始終如一的原則。

然而有一些變節之士也能受到肯定，是因為他們能夠為天下百姓著想，忠於社會公義。臨難死節是忠君最極端的表現，面臨危亡是選擇徇死以盡忠

〔註66〕《忠經・天地神明章》。
〔註67〕《左傳・成公九年》。
〔註68〕《韓非子・奸劫弒臣》。
〔註69〕《左傳・魯桓公六年》。
〔註70〕《孟子・滕文公上》。
〔註71〕《臣軌・至忠》。
〔註72〕《新語・懷慮》。

於君主，還是另擇新主為其盡力，是對臣節的考驗，盡忠死節被後世所頌揚，而另擇新君也被標以是棄暗投明、識時務者的俊傑，評價標準在於是否符合「一心」即是為天下的公心，如唐朝屈突通、尉遲敬德，都曾是隋朝舊將，因不同原因歸唐，然而卻都成為唐朝淩煙閣二十四功臣之一，屈突通諡號曰「忠」，尉遲敬德諡號「忠武」。從《舊唐書》與《新唐書》史臣對屈突通的評價上，能夠看到忠的這種絕對性：

> 或問屈突通盡忠於隋而功立於唐，事兩國而名愈彰者，何也？答云，若立純誠，遇明主，一心可事百君，寧限於兩國爾！被稠桑之擒，臨難無苟免；破仁杲之眾，臨財無苟得，君子哉！〔註73〕

> 屈突通盡節於隋，而為唐忠臣，何哉？惟其一心，故事兩君而無嫌也。敬德之來，太宗以赤心付之，桑蔭不徙而大功立。君臣相遇，古人謂之千載，顧不諒哉！〔註74〕

因為忠，可以一心忠於一個普遍的價值——社會公義，所以忠有絕對的一面，然而忠又具有相對性，他要忠於與之訂立君臣之契的君主，竭盡全力為君，忠臣總是受到謳歌，即使對方是敵對者，在朝代更迭時，忠沒有對錯之分，只是立場有別，所以是否忠，要看所忠的對象，忠的標準又由誰所定。

　　在君主專制的傳統社會，忠奸與否在於君上，君主是判斷忠臣與否的重要裁判，忠根源於君主的意志判斷，他需要忠臣來維護其統治的穩定，而威脅君權的則為不忠。古代的十惡〔註75〕多半是為維護皇權、皇威而定，所以「『不忠』的奸臣，不僅成為帝王通常令臣下致死的罪名，往往也形成政治生活中人們的心理上自戒自拘的沉重的枷鎖，有時甚至被用作精神上自刑自殺的殘厲的刀具。」〔註76〕君主為了維護皇權的穩定，將臣民按上「不忠」的名義，就能奪取臣民的性命，而「不忠」也會成為臣子互相攻訐的口實，所以忠與否取決於君主對臣子的判斷，「冢臣於君，可謂一體，下行而上信，故能成其忠。」〔註77〕君臣互信，才能成就明主忠臣。

〔註73〕《舊唐書‧卷五十九‧屈突通列傳》。
〔註74〕《新唐書‧卷八十九‧屈突通列傳》。
〔註75〕《唐律疏議‧名例一‧十惡》：謀反、謀大逆、謀叛、惡逆、不道、大不敬、不孝、不睦、不義、內亂。
〔註76〕王子今：《秦代專制政體的奠基和「忠」的政治規範的定型》，政治學研究，1995年第1期。
〔註77〕《忠經‧冢臣章》。

忠作爲一種君主制下的思想行爲規範，被大力提倡，君王通過對忠臣的讚譽引導臣民忠於自己，如爲忠臣立傳、建碑、設廟成爲宣傳封建倫常的常用方式，既是宣揚忠的絕對性，也是宣揚忠的相對性，忠的絕對性是忠於一個普遍的價值觀，即是爲天下的公心，是大忠；而忠的相對性則體現了評價標準的屬人性，是小忠。春秋時期，楚共王與晉厲公戰於鄢陵，戰爭期間，楚軍將領司馬子反口渴，豎谷陽進酒於他，司馬子反因醉酒不能參戰，楚師敗，楚共王還師斬了司馬子反，豎谷陽因忠愛之心害死了司馬子反。〔註 78〕小忠是對個體的忠誠，而不顧家國大義，那些諂媚戲狎之徒對君主個體的忠也是小忠，他們順從君主的欲望，僞裝成與君主性情相投，取悅於君，讓君主閉目塞聽，視他們如忠臣陷害忠良，「小忠，大忠之賊也。若使小忠主法，則必將赦罪，赦罪以相愛，是與下安矣，然而妨害於治民者也。」〔註 79〕君主偏信小忠者，但小忠者往往徇私枉法，「不恤君之榮辱，不恤國之臧否，偷合苟容，以之持祿養交而已耳。」〔註 80〕小忠者是敗壞政治秩序的國賊，小忠行小惠，危及大忠大義。

臣德所應具備的是大忠，以國家大義、公義爲忠誠的目標，大忠之臣是爲天下的社稷之臣，他們識大體，護百姓，「以德覆君而化之」、「以德調君而輔之」、「以是諫非而怒之」〔註 81〕當君主言行符合天下國家利益，忠君與忠於天下公義是一致的，而當君主意願與國家利益相背，忠臣要忠於公義，匡諫君主，使君主回復正道。士大夫所具備的政治理想即是建立在大忠的基礎之上，他們弘道而兼濟天下，是對社會普遍價值和社會公義的追求。

僅靠忠臣並不能保障社會的穩定，「將治亂，在乎賢使任職而不在于忠也。」〔註 82〕國家的治理還需要依靠國家制度、律法刑賞等，「治法」與「治人」互相依存，忠臣是爲了保障國家政策地順利執行，忠的無私、公正之義保證了賢臣能夠爲社稷而盡心、盡力。

黑格爾說君主制下的忠誠「是建築在不公平的原則上的一種維繫，這種關係固然具有一種合法的對象，但是它的宗旨是絕對不公平的；因爲臣屬的忠誠並不是對於國家的一種義務，而只是一種對私人的義務——所以事實上

〔註 78〕《韓非子‧十過》。
〔註 79〕《韓非子‧飾邪》。
〔註 80〕《荀子‧臣道》。
〔註 81〕《荀子‧臣道》。
〔註 82〕《慎子‧內篇》。

這種忠誠是爲偶然機會、反復無常和暴行所左右的。」〔註 83〕但中國政治文化中不僅僅只有他所說的小忠，對私人的義務，還有兼濟天下的大忠之心，因爲中國傳統政治的君並不是單純的個人，而是天命的象徵，是天下百姓命運所繫，所以忠君也是忠國、忠於百姓，因而士大夫可以將忠與天下萬民相聯繫，能夠以道屈君。

　　古代社會，忠的美德是必需的，它能規範人們的思想行爲，統治者要求臣民忠誠，需要臣民在承認其合法性的基礎上忠君奉國，成爲維護國家朝廷穩定的甲兵，他們所宣揚的「君失其國，臣亦不能獨全其家」，所內涵的是對共同利益的維護。忠代表了一種心理，君臣義合者產生君臣情義，形成對某個體、王朝的情感寄託，這種精神寄託根源於王朝統治者的德業，臣民受其惠感其恩，希望回復到美好的理想時代。忠也代表了一種文化認同，表達對名分秩序的向往，「到了政治運行脫出常軌的時代，『忠』又代表著政治規範的正統，在人們的意識中具有居高臨下的威勢。」〔註 84〕忠不僅僅是忠於個人，而是忠於君王所代表的理想和信仰，因而在亂世的盡忠，不僅是要挽狂瀾於既倒，而且也是傳承、堅守道義良心。

　　官德以忠爲大德，其他品德如仁智勇需要借助忠來發揮作用，「仁而不忠，則私其恩；智而不忠，則文其詐；勇而不忠，則易其亂，是雖有其能，以不忠而敗也。」忠，與敬、誠、信等美德密切相連，忠能保障政治方向的正確性，然而忠也需要借助其他的品性能力來發揚，「忠而能仁，則國德彰；忠而能智，則國政舉；忠而能勇，則國難清，故雖有其能，必日忠而成也。」〔註 85〕忠與仁智勇的相互配合構成了臣道、臣德。

二、仁、智、勇

　　官德要處理好公與私的關係，公即是公室、公門、國家的利益，私則是私人、家族的利益。爲政者主要職責即是維護公利，公利實際上是從朝廷（政府）的角度出發，協調君民之間的利益關係；而公的另一層含義即是道義，當君主意願與天下道義相違背時，提倡義高於利、道高於勢。因而官員要有

〔註 83〕　（德）黑格爾：《歷史哲學》，王造時譯，上海：上海書店出版社，2001 年版，第 367 頁。
〔註 84〕　王子今：《秦代專制政體的奠基和「忠」的政治規範的定型》，政治學研究，1995 年第 1 期。
〔註 85〕　《忠經・辨忠章》。

仁愛百姓之心，勤於政事之能，直道而行之勇。

（一）仁：愛民敬人

貞觀朝能夠爲民擇官，唐太宗讓臣子舉官，言到：「非朕獨私於行能者，以其能益於百姓也。」〔註86〕中國政治文化中，官員是百姓的父母官，理應愛民如子。愛民既能揚君之善、忠君之事，「夫事君者以忠正爲基，忠正者以慈惠爲本。故爲臣不能慈惠於百姓，而曰忠正於其君者，斯非至忠也。」〔註87〕忠君即要求爲官者以民爲本，因而愛民利民成爲忠君的表現，實現了忠與仁的合一。

貞觀時審覈臣子的四善之一就是「德義有聞」，即是要有仁愛之心，是孟子所言的不忍人之心，基於良知而應有的德性。在古代政治文化中，民眾是無知無識者，官始終是勞心的統治階層，其職責就是替君主牧民愛民，因而愛民即是不要殘害百姓，對百姓橫征暴斂，不奪民時。「當省徭輕賦，以廣人財；不奪人時，以足人用。」〔註88〕其次，愛民包括教化百姓，使百姓懂得仁愛、改惡向善，還應爲百姓營造良好的社會環境。

官德之仁，不僅包括愛民，還包括群臣之間對同僚的敬重。仁者無爭，仁者敬人，「何謂仁？仁者，憯怛愛人，謹翕不爭，好惡敦倫，無傷惡之心，無隱忌之志，無嫉妒之氣，無感愁之欲，無險詖之事，無闢違之行……如此者，謂之仁。」〔註89〕對待同僚要有仁愛之心，不要落井下石、陷人於不義，以公義爲上，對於別人的誣陷，能夠通過自己的智慧化解。仁者必敬人，「敬人有道，賢者則貴而敬之，不肖者則畏而敬之；賢者則親而敬之，不肖者則疏而敬之。」〔註90〕官員之間互相恭敬、尊敬，親近賢人，而見賢思齊，對不肖者敬而遠之，使自己遠離事端。所以愛民敬人也是爲官者處事保身之道。

（二）智：謹慎清勤

在君主制度下，君主掌握生殺予奪之權，因而爲臣者要謹慎從政，「智者見禍福遠，其知利害蚤。」〔註91〕智者即是要從其大體，知事之始終、物之

〔註86〕《舊唐書・卷七十・杜正倫列傳》。
〔註87〕《臣軌・至忠》。
〔註88〕《臣軌・利人》。
〔註89〕《春秋繁露・必仁且智》。
〔註90〕《荀子・臣道》。
〔註91〕《春秋繁露・必仁且智》。

利害，防微杜漸、善始善終，當其位謀其政，謹愼地對待自己的言行，做到清廉勤政。「當官之法，唯三事：清、愼、勤。知此三者，可以保祿位，可以遠恥辱，可以得上之知，可以得下之援。」〔註92〕清廉、謹愼、勤勞是爲官者智的表現，他們作忠君之事、利民之業，得君之信任，民之愛戴，這樣其官位才能長久。

1. 清廉

清正廉潔是要求爲官者能夠節制欲望，因爲他們作爲國家權力的使用者，發乎一念之惡，權力就會變質，因而爲官者應當克己，廉潔奉公，「廉者，政之本也。」〔註93〕貞觀群臣多能廉潔奉公，如李大亮「雖位望通顯，而居處卑陋，衣服儉率……死之日，家無珠玉可以爲啥，唯有米五石、布三十端」〔註94〕；戴冑「宅宇弊陋，祭享無所」〔註95〕；岑文本「居處卑陋，室無茵褥帷帳之飾」〔註96〕。貞觀時期，吏治清明，得益於群臣能崇儉自律。

清正與廉潔並舉，廉潔者，則不授人以柄，而能做到公正，正因爲他們能夠主持社會公義，執法有度，做到了清止，所以成就了其廉潔之名。因而傳統社會文化認爲廉潔的官員能使民眾信服，「公生明，廉生威」〔註97〕，心中無私欲雜念，以盡心公事爲務，所以群眾才能相信他們能夠處事公允。貞觀時劉德威爲綿州刺史，「以廉平著稱，百姓爲之立碑。」〔註98〕廉潔奉公才能使百姓得其利，百姓才能對官員感恩戴德。

清正廉潔，即是要區分公與私、義與利，人臣作爲公家之人，要爲公家盡心盡力，追求公家之利，而不應言私利、私欲，使權力爲己爲私所用，如此才能保身安位：

> 知爲吏者，奉法以利人；不知爲吏者，枉法以侵人。理官莫如平，臨財莫如廉。廉平之德，吏之寶也。……故君子行廉以全其眞，守清以保其身。富財不如義多，高位不如德尊。〔註99〕

〔註92〕《官箴》。

〔註93〕《晏子春秋‧內篇雜下》。

〔註94〕《舊唐書‧卷六十二‧李大亮列傳》。

〔註95〕《舊唐書‧卷七十‧戴冑列傳》。

〔註96〕《舊唐書‧卷七十‧岑文本列傳》。

〔註97〕《官箴》。

〔註98〕《舊唐書‧卷七十七‧劉德威列傳》。

〔註99〕《臣軌‧廉潔》。

清正廉潔是為官者的職業道德，要求為官者自律，奉公守法，是為了實現吏治的清明。

為官者不應是政治場上的「鄉愿」之士，處處逢迎，「為政當以公平正大行之，是非毀譽，皆所不恤。必欲曲徇人情，使人人譽悅，則失公正之體，非君子之道也。」〔註100〕但也不會刻薄他人，為官處事也要「合乎人情」〔註101〕，此「人情」即是古代律法所內涵的仁愛精神，此「人情」不是私情，而是對封建倫理的維護，是為官者仁愛的體現。

2. 勤政

勤政是為官之道，也是為官者必備的道德品質。勤即是要求為官者能夠盡心盡力地做事，盡心，則是要將心思用於政事；盡力，則是要求為官者能夠盡己所能地工作。要忠於本職，既不妄為，也不要「無作為」，「設廉靜寡欲，分毫無損於民，而萬事廢弛，分毫無益於民，也逃不得『尸位素餐』四字。」〔註102〕他們勤於政事能夠提高行政效率，使得消息能夠及時暢通，「當官者一日不勤，下必有受其弊者」。〔註103〕勤於政事是為官者盡忠的表現，「公家之利知無不為，忠也。」〔註104〕勤政，是指為官者應該以公事為念，不要以私害公，使私事阻礙公事的處理，以積極的態度處理政事。

智者懂得以天下利益為重，不會為了小利罔顧公義，如唐太宗要分封長孫無忌等在內的功臣以刺史的爵位，可以世襲罔替，然而他們卻拒絕，他們知道這種賞賜對國家及其後世子孫的危害，王夫之評價到：「夫人之情，俾其子孫世有其土，世役其民，席富貴於無窮，豈有不欲者哉？……時為之，則人安之，時所不可為，非貪叨無已、懷奸欲叛者，固永終知敝而不願也。」〔註105〕智者的行為能夠做到真正的福及子孫。

為官者應具備仁和智，「仁而不智，則愛而不別也；智而不仁，則知而不為也。故仁者所愛人類也，智者所以除其害也。」〔註106〕仁為智立方向，智則是為了更好地實現仁，而仁與智需要個體的勇來支持，勇是對仁之信念的

〔註100〕《五種遺規・從政遺規・薛文清公要語》。
〔註101〕《官箴》。
〔註102〕《呻吟語・卷五・治道》。
〔註103〕《西山先生真文忠公文集・卷四十・潭州諭同官咨目》。
〔註104〕《左傳・僖公九年》。
〔註105〕《讀通鑑論・卷二十・唐太宗十五》。
〔註106〕《春秋繁露・仁且智》。

堅持，是對智的堅定執行，爲官者應具備仁智勇這三德。

（三）勇：直道而行

貞觀群臣多以諫諍聞名，如魏徵、王珪等，魏徵「素有膽智，每犯顏進諫，雖逢王赫斯怒，神色不移。」〔註107〕劉洎「性疏峻敢言」〔註108〕王珪給自己的評價即是「激濁揚清，嫉惡好善」，當時唐太宗讓太常少卿祖孝孫以教宮人聲樂，太宗認爲他不盡職，王珪爲其做解，太宗以爲他附下罔上，王珪諫曰：「臣本事前宮，罪已當死。陛下矜恕性命，不以不肖，置之樞近，責以忠直。今臣所言，豈是爲私？不意陛下忽以疑事誚臣，是陛下負臣，臣不負陛下。」〔註109〕爲官者勇而爲之，並不是意氣用事，而是建立在對公正、公義的執著追求上，貞觀君臣能夠秉持公義，直道而行。

荀子分勇爲三等，上勇之人，能夠直道而行，行先王之道，事君治民，仁愛他人，能夠以自己的本心活於世間，「天下知之，則欲與天下同苦樂之；天下不知之，則傀然獨立天地之間而不畏」；中勇的人，則恭禮勤儉，與人有信，輕貨才，「賢者敢推而尚之，不肖者敢援而廢之」，下勇者，「輕身重貨」意氣用事〔註110〕，這裡所說的勇即是上勇、中勇，而不是意氣用事的勇，「有勇於氣者，有勇於義者。君子勇於義，小人勇於氣。」〔註111〕勇於氣者即是下勇，出於人的脾氣秉性，而真正的勇則以仁、智爲依託，靠理性、仁愛之心發揮作用，能夠做到直道而行，堅持道義，處事公允。

直道而行，即正而直，「所謂直者，義必公正，公心不偏黨也。」〔註112〕直道而行者以公心、忠心對待君主，公正無私，保持心裏靈明，不被利祿所惑，而能匡扶君主，直諫君王，甚至不惜性命。勇以仁爲原則，基於臣的王道信念和匡扶君王的責任，運用智慧而發出勇之諫，勇不是毫無原則、章法，而是根植於仁與智。直道而行的人，如漢武帝時的汲黯，唐太宗時的魏徵等人，他們以耿直著稱史冊，都曾犯言直諫，若不遇明主，他們是否能全身而退？勇而無仁、智的配合，那是意氣用事，真正的勇，是有智慧的勇，仁愛的勇。唐太宗評價蕭瑀，「此人不可以厚利誘之，不可以刑戮懼之，真社稷臣也。」賜詩蕭

〔註107〕《舊唐書‧卷七十一‧魏徵列傳》。
〔註108〕《舊唐書‧卷七十四‧劉洎列傳》。
〔註109〕《舊唐書‧卷七十‧王珪列傳》。
〔註110〕《荀子‧性惡》。
〔註111〕《二程集‧程氏外書‧卷七》。
〔註112〕《韓非子‧解老》。

瑀「疾風知勁草，版蕩識誠臣。」但蕭瑀時常對他人的微過不放，太宗對蕭瑀說，「卿之守道耿介，古人無以過也。然而善惡太明，亦有時而失。」〔註113〕蕭瑀忠誠無二，善惡分明，但性多疑，勇而有餘，智不足。

以勇而言，現代大儒錢穆認爲聖賢和豪傑，「二者貌離而神合，名異而實同」，「就其和平正大能明道淑世言，則謂之聖賢。就其崇尙氣節能特立獨行言，則謂之豪傑。」〔註114〕豪傑有志氣、骨氣，而特立獨行，聖賢也擁有浩然之氣，堅守自己的信念並堅定地直道而行。勇來自對道義、公正的追求，「有志有勇，所以能立節。」〔註115〕這樣的人才有所謂「氣節」，可以表現爲鋤強扶弱、犯言直諫、臨難殉國等不同形式，是對信念、精神的堅守。因而勇敢的人總是直道而行，堅持自己的公義原則，「夫君子直道而行，知必屈辱而不避也。」〔註116〕直道而行使爲官者實現了在君主制下盡大忠於天下、社稷的信念。

歷史中有許多忠直之士，以道事君，但卻不能全身而退，因爲犯言直諫是「逆龍鱗」，所以直道而行的順利進行是需要外部條件的，它建立在臣子的忠心和君主之信任的基礎上。唐太宗曰：「人君必須忠良輔弼，乃得身安國寧……朕今志在君臣上下，各盡至公，共相切磋，以成治道。公等各宜務盡忠讜，匡救朕惡，終不以直言忤意，輒相責怒。」〔註117〕貞觀時期吏治清明，很大原因在於君主能夠虛心納諫，臣子能夠從大體出發，放棄小利，忠心奉公，匡扶君主。

官德不僅在於個體德性的完善，還在於能齊家風。古代一些家訓教導子孫，都是強調忠孝、勤勞、節儉等品德，這些訓誡來自他們爲人處事的體驗。由於官員作爲社會權勢的佔有者，便於用權力爲其親屬謀取利益，容易造成社會不公，產生腐敗，因而官德內在地要求官員應齊家，「士大夫當爲子孫造福，不當爲子孫求福。謹家規，崇儉樸，教耕讀，積陰德，此造福也。廣田宅，結姻援，爭什一，鬻功名，此求福也。造福者澹而長，求福者濃而短。」〔註118〕王朝統治者樹忠臣惠及子孫，罰惡臣懲及子孫，從正反兩面來對例，

〔註113〕《舊唐書·卷六十三·蕭瑀列傳》。

〔註114〕錢穆：《國史新論》，第273頁。

〔註115〕錢穆：《國史新論》，第274頁。

〔註116〕《新語·辨惑》。

〔註117〕《貞觀政要·卷二·求諫》。

〔註118〕《五種遺規·從政遺規·張伺初卻金堂四箴》。

要求臣子約束家族成員的言行。房玄齡經嘗教誡諸子不要驕奢沉溺，不可以勢欺人，並集古今聖賢家誡，書於屏風。「夫建大功於天下者必先修於閨門之內，垂大名於萬。世者必先行之於纖微之事……此二者，修之於內，著之於外；行之於小，顯之於大。」〔註119〕這不僅在君主身上適用，也能體現在官員身上。

古代所提倡的忠「興於身，著於家，成於國，其行一焉」，〔註120〕身是忠之始，家是忠之中，國是忠之終。個體練達以修己，孝慈以齊家，公平以治民，家庭生活、社會生活成爲個體修身、盡忠的一個過程。然而史書中卻有許多孝子型奸臣，道德成爲只對家庭成員適用的私德，私德並沒有以推己及人的方式成爲對他人適用的德性，造成公德的缺失。雖然每朝每代都有對官員政績德能的考覈，但是驕奢淫逸、貪污腐敗等層出不窮，始終存在著理論與實踐、理想與現實的強大落差。爲官者面對權勢利益的誘惑不能自己，選擇了與自己曾經的王道理想、兼濟天下的理念相背離的生活方式，使得中國古代的現實政治與所倡導的政治文化有很大的背離。個體自律確實是最低成本的，但需要官員的極高的自控力，這卻又是最難做到的，制度性的他律雖然顯得更爲切實可行，但又容易導致體制內成員的僵化。古今中外的政治文化和政治制度都試圖整合自律與他律，但始終沒有找到萬全之策。

綜上所述，君主要體道行仁、勤政有爲、克己節儉、親賢納諫，君主踐行君道、修養君德，完成上天所命，才能長久地保有天命。而始終貫徹於臣德的是道義、公義，忠源於個體之間的普通德性，但是忠又超越了忠於個人的範圍，擴及天下、社稷。盡心於天下就可以做到忠君愛民敬人，清正廉潔、恪盡職守，直道而行，達到仁智勇的統一。

君道、君德與臣道、臣德是處理君、臣、民三種關係的原則、德性，對於君而言，要任賢使能、愛民如子，而對臣而言，則需忠君愛民、敬重同僚等，君德與臣德即是個體對自身的要求，也是君、臣對對方的要求，如臣子希望君主親賢納諫，君主希望臣子清廉奉公。而君德、臣德則在君臣同時面對民時體現出來，天爲民立君，君選臣治民，民成就了封建君臣這些爵位的存在，君臣仁愛百姓是踐行天道，履行天之所命，是保存其爵位、治國平天下之道。民成爲君臣觀中重要一環，因而君臣對民的態度體現了他們德性修

〔註119〕　《新語‧慎微》。
〔註120〕　《忠經‧天地神明章》。

養的程度，君德、官德內在地要求以民爲本，實現私德向公德地轉變，民的生活狀況成爲判定某一朝代盛世與否的標準。在君主制度下所提倡的德性，根本目的是爲了維護其統治秩序，維護統治階層的利益，然而經過歷史洗練依舊留下了一些積極成分，如仁愛百姓、清廉公正等，成爲我們今天執政的借鑒。

第五章　對君臣觀的反思

中國古代中央集權君主制度是建立在以自耕農為主的土地經濟制度、家國同構的社會形態和等級禮制的基礎上，它是一套以君主專制、君權統一為核心的完整制度。探討在這一體制下的君臣民的政治身份和地位，有助於我們認清傳統皇權的性質及其運作方式，以及君主制與官僚制度的關係等。傳統政治文化賦予了君權以無限性，但現實中，君主又受到天命、禮法、君道等觀念的約束，君權的無限性沒能得以徹底的實現。而君與臣、中央與地方的權力爭鬥，迫使君主制不斷地調整自身，這一過程反而加劇了君臣之間的矛盾衝突。

第一節　中國古代君臣觀的特點

君臣雙方經策名委質建立君臣關係後，又經天道、天命、禮制等形式鞏固了二者間的關係，使君尊臣卑的人倫關係成為在時間、空間上的永恒存在；在家國同構的社會形態下，家族之長充當了社會管理者的身份，家長調節、處理家庭內部矛盾，起到了穩定社會秩序的作用，而這一形態，為君主專制政體的統治者倡導移孝作忠做好了鋪墊。在傳統政治文化中，民眾是毫無政治地位的，雖然傳統政治文化都談論以民為本，但其實質無非是在理論上承認民意作為天意的反映，對統治者具有借鑒意義，民眾在傳統的君臣關係中作為一個潛在的參照體而存在，這也彰顯了他們的生存狀態，他們本應是權力主體，然而卻淪為一被動的潛伏體，只是在理論上點綴了傳統的政治文化。

一、君尊臣卑的恒定性

在傳統政治文化觀念中，君臣關係是傚仿天地之道而定，天尊地卑，因而君尊臣卑，所以君臣關係具有神聖性、永恒性。這種社會尊卑的人際關係，「無所逃於天地之間，」〔註1〕「君臣、父子、兄弟、夫婦，始則終，終則始，與天地同理，與萬世同久，夫是之謂大本。」〔註2〕五倫是與天地同理、與萬世同久的存在，它具有超時空的永恒價值，朱熹言君臣與父子一樣都是天理，君仁臣忠、父慈子孝是天理賦予人性之本然，內在於人心爲人的本性。

君臣關係的永恒性奠定了君臣對自我身份的認定。從社會學上講，一個群體需要一個首領來統一行動、觀念，協調眾人以提高效率。在君主制下，君主是一個必然的、合理的存在，他代表了至上權威，君主能調動國內所有的人財物等資源，設官分職，選立賢能來管理社會。但君主制下，君主賦予自身一切尊榮，使自己神聖化、完美化，在天的信仰支撐下，使天成爲他統治合法性的依據，他通過禮、法維護自己的獨尊地位。臣子只能作爲君主的輔佐者存在，而不是平等參與、合作共事者。臣子參與政治活動是君主的恩賜，他在君主面前尊君抑己、贊君貶己，以恭順的態度對待君主。韓愈詩曰「臣罪當誅兮，天王聖明。」最爲鮮明地表達了傳統政治中的君臣關係的特點。

中西君臣關係的演變呈現出不同的趨勢，其中原因之一，在於中國古代官僚階層沒有也不可能形成一個統一的與君主對抗的階級，他們缺乏經濟的獨立性，沒有固定的社會地位，君權本身也不會自行分化出一抗衡它的組織，因而他們只能甘於僕從的地位。不像西方封建社會形成了穩定的貴族階層。在這樣的君臣身份的認定下，傳統社會中的君主成爲天下至尊，他通過各種方式，使臣民忠誠於己，防止他們威脅其統治。史書中挑戰君主權威的大有人在，但當他們博得上位，也傚仿前代君主實行專制統治，各種權力被收歸於君主一人，加劇了君主的集權獨斷程度。

古代社會君尊臣卑是君臣關係的一個主要的基調，思想家們對君臣道合、君臣義合的提倡，試圖將君臣維持在和諧的狀態下，淡化這一尊卑關係，使君臣能夠認識到相互的重要性，而能以至公爲念，實現君臣共治。但他們卻不可能提倡消除尊卑關係、推翻君主制，因爲在他們的觀念中，等級制度、

〔註 1〕 《莊子‧人間世》。
〔註 2〕 《荀子‧王制》。

君主是必要的、神聖的存在，古代士大夫作為弘道者，他們批判君主又維護君主，在尊君與抑君間徘徊，始終不能衝破尊君這一大綱。

二、家國同構下的君臣

在古代文化中，禮將人放置在五倫、九族、五服等關係內，使個體在各種血緣親情等社會關係中來定位自己，也將個體以某種形式組織起來，最終使個體與國家這兩極「調和起來」〔註3〕，達到穩定社會秩序的目的。家國同構是對這一社會運作方式的具體描述，這種社會政治結構實現了家族與政治的連接，將家族視作社會的基本組織形式，建立自上而下的權力體系，君賦予父、夫以一定的特權，代替其處理族內成員衝突，「推其家以治國」，實現「一家仁，一國興仁；一家讓，一國興讓。」〔註4〕而家國同構也使家庭倫理轉變為政治倫理，移孝作忠打通了家庭倫理和政治倫理之間的界限。

（一）家國同構

國與家（家族）從其產生之時就存在緊密聯繫，國家由氏族社會發展而來，先有家後有國。私有制產生後，佔領統治地位的氏族之長成為一國之主。從政權結構上看，國成為家的延伸。在商周時期，天子分封子、弟為諸侯國君，諸侯國君分封子孫為大夫之家，「天子建德，因生以賜姓，炸之土而命之氏。諸侯以字為謚，因以為族；官有世功，則有官族；邑亦如之。」〔註5〕由自上而下的宗法分封制建構了國家政權的基本形式，秦漢之後雖然實行郡縣制度，但君主依然依靠血緣、姻親等關係維護皇統的延續，宗法關係延伸到社會的底層百姓，這些以血緣為紐帶建立的家族，構成了社會的基本單元。所以，對家庭倫理道德的注重，不僅是個體倫理修養的重要內容，也成為治國的重要內容。

〔註3〕 杜正勝：《吾土與吾民》，《中國文化新論》（社會篇），臺北：聯經出版事業公司，1982年，第16頁。

〔註4〕 《朱子語類·卷十四·大學上》。

〔註5〕 《左傳·隱公八年》。
杜正勝認為中國早期的姓、氏「都是政治術語，治理土地和人民的象徵，而與血緣沒有必然的關係。」天子分封土地和人民才賜姓，姓只是一象徵，西周時期，姓才成為血緣的表徵，這些姓氏因血緣而形成家族，擁有土地和治理其封邑的權力，因而先秦的「百姓」即是百官，戰國秦漢以下，封建體制崩潰和編戶齊民的需要，平民也有了姓氏，這些都體現其血緣關係，喪失其政治象徵的意義。杜正勝：《吾土與吾民》，第10～13頁。

　　家國同構的形式即體現在家族構成了國家的基層管理單元，家長管一家，君主管一國，父、夫擁有管理家族之權，劉師培在《古政原始論·宗法原始論》中總結宗主之權，認爲宗主最重要的權力即是懲罰族人，這種懲罰權與國家法權同等效力。顧炎武認爲：

　　　　古之王者不忍以刑窮天下之民也，是故一家之中，父兄治之；一族之間，宗子治之。其有不善之萌，莫不自化於閨門之內；而猶有不帥教者，然而歸之士。……是故宗法立而刑清。天下之宗子各治其族，以輔人君之治，周牧兼於庶獄，而民自不犯於有司，風俗之醇，科條之簡，有自來矣。〔註6〕

顧炎武認爲家長治理家庭內部事務，是輔佐君主的社會治理，同時也成就了王者的仁德，王者不忍刑罰萬民，因而授予父兄、宗子權威各治其家。家長享有賞善罰惡之權，這是君主賦予的司法權力，體現了政治權力的家族化。在中國傳統社會中，官方所制定的法律非常堅定地支持宗族的權利，若家族內部爭鬥，未經過家長、族長直接告到官府，要受到處分，「如有徑赴呈詞者，即爲目無尊長，先與議處，而後評其是非。」〔註7〕所以在傳統社會裏臣民盡忠於君主，是與修身、齊家、治國爲一體的，家長代替最底層的官員維持地方秩序，完成朝廷所交代的任務，如家長、族長（宗長）要督促其家族內部成員繳納賦稅等，「玩慢糧賦，家長告於祠堂，初犯責司會計者，再犯責司貨，三犯司貨者送官懲治。」〔註8〕有的大家族甚至擁有武裝，在戰亂時期，集合族內壯丁共同抵禦盜寇、反叛軍隊。

　　家族是社會的基本單位，不僅表現在家族自治上，還表現在他能維持倫常秩序。「人所以有姓者何？所以崇恩愛，厚親親，遠禽獸，別婚姻也。故紀世別類，使生相愛，死相哀，同姓不得相娶者，皆爲重人倫」〔註9〕姓氏的作用，在於使家族內的成員能夠生相愛、死相哀，在具體的家庭關係中，遵循父慈子孝，夫義妻順、兄友弟恭等家庭倫理，實現家庭內部關係的融洽，〔註10〕家族和睦成爲國家穩定的基石。

〔註6〕　《日知錄·卷六·愛百姓故刑罰中》。
〔註7〕　《光緒永定邵氏世譜·卷首·詞規》，轉引自王玉波：《歷史上的家長制》，北京：人民出版社，1984年版，第68頁。
〔註8〕　《霍渭崖家訓》，轉引自王玉波：《歷史上的家長制》，第72頁。
〔註9〕　《白虎通義·卷八·姓名》。
〔註10〕《禮記·大傳》。

倡導忠孝並舉，則是爲了進一步鞏固家族與國家的關係，使血緣關係融入了政治關係，「以孝悌爲本，以忠義爲主」〔註11〕，「如果有才德，能忠君愛民，而忝祿命，顯祖流芳者，亦何不可哉？」〔註12〕忠孝並舉以家訓、族規、祖訓的方式表現出來，以家庭教育的方式宣傳忠君觀念，是家族政治化、政治家族化的表現，政治家族化即「封建專制主義通過綱常倫理與父家長制相結合。」〔註13〕家族成爲維持社會秩序的基礎，很多屬於民事的事件都在家族內部處理，而所倡導的道德倫常形成了尊尊、親親的文化氛圍，調節人與人之間的關係，家族發揮了「輔人君之治」的作用，所以君權與父權能夠統理中國社會兩千年之久，這是由社會結構和倫理規範所奠基的。

（二）移孝作忠

中國兩千年的封建制度被描述爲「超穩定結構」，與自然經濟及土地制度相關，但也與這種三綱五常的教化原則息息相關。在家國同構的社會結構下，父權和君權重疊，統治者希望君臣關係如父子關係般親密。父子關係、父子之情建立在血緣的基礎之上，是人自然而然所具有的，而君臣之倫常，是通過策名委質而形成的非自然的社會關係，但君主制下統治者爲了尋求君臣關係的穩固，倡導臣民移孝作忠，以君比父，使臣自比子，君、父之死臣子要同守三年之喪，要求臣子能夠如孝順父親般，忠順於君主，希望臣子能夠盡職盡責，善事君父，「盡心對父母，盡心對君主。」〔註14〕。而古代尋忠臣於孝子之家，希望孝子的仁愛之心能由內及外地延及君、民：

> 大孝始於事親，中於事君，終於立身。……忠臣以事其君，孝子以事其親，其本一也。上則順於鬼神，外則順於君長，內則以孝於親，如此之謂備。〔註15〕

> 君子之事親孝，故忠可移於君；事兄悌，故順可移於長；居家理，故治可移於官。〔註16〕

> 人之事親也，不去乎父母之側，不倦乎勞辱之事。見父母體之

〔註11〕 《高忠憲公家訓》，轉引自王玉波：《歷史上的家長制》，第74頁。
〔註12〕 《華貞固先生家勸》，轉引自王玉波：《歷史上的家長制》，第74頁。
〔註13〕 徐連達、朱子彥：《中國皇帝制度》，廣州：廣東教育出版社，1996年版，第569頁。
〔註14〕 《官箴》。
〔註15〕 《禮記‧祭統》。
〔註16〕 《孝經‧廣揚名章》。

不安，則不能寢；見父母食之不飽，則不能食。見父母之有善，則欣喜而戴之；見父母之有過，則泣涕而諫之。孜孜爲此以事其親，焉有爲人父母而憎之者也。人之事君也，使無難易，無所憚也；事無勞逸，無所避也。其見委任也，則不恃恩寵而加敬；其見遺忘也，則不敢怨恨而加勤。險易不革其心，安危不變其志。見君之一善，則竭力以顯譽，唯恐四海之不聞；見君之微過，則盡心而潛諫，唯慮一德之有失。孜孜爲此以事其君，焉有爲人君主而憎之者也。故事親而不爲親所知，是孝未至也；事君而不爲君所知，是忠未至也。古語云：「欲求忠臣，出於孝子之門。」非夫純孝者，則不能立大忠。夫純孝者，則能以大義修身，知立行之本。欲尊其親，必先尊於君；欲安其家，必先安於國。故古之忠臣，先其君而後其親，先其國而後其家。何則？君者，親之本也，親非君而不存；國者，家之基也，家非國而不立。〔註17〕

孝者，善事父母，自家刑國，忠於其君，戰陳勇，朋友信，揚名顯親，此之謂孝。〔註18〕

中國傳統倫理提倡忠孝並舉，移孝作忠，將忠孝作爲同源的品質，如子事父般事奉君主，但強調忠君重於孝親，因爲君是親之本，親非君不存，家非國不立，自古忠臣都是先君後親，先國後家。

忠孝倫理不斷被昇華、絕對化，忠孝源於一，即是天理，被賦予人性之中。忠孝都是人性中的善念或仁愛之心，以此發源的言行都應是善的。從理論上假設孝子從政能夠推己及人、泛愛眾，並不認爲其爲政能力強，而是希望他們能夠發揮仁愛他人的精神去養民、牧民，維持社會秩序的穩定。

統治者極力提倡臣民孝親，如官員的父母辭世，要馬上辭官丁憂，普通百姓也可以「父爲子隱，子爲父隱」〔註19〕。對孝親的提倡，體現了統治者以德治國的理念，以至於舜「竊負而逃」〔註20〕也能夠受到後世的原諒。統治者提倡孝親思想，是想將孝親與忠君相聯繫，納君臣關係爲父子關係，使家庭倫理延及社會，但是臣民往往注重家庭倫理、家族利益，追求光耀門楣、

〔註17〕《臣軌・至忠》。
〔註18〕《舊唐書・禮儀志四》。
〔註19〕《論語・子路》。
〔註20〕《孟子・盡心上》。

封妻蔭子的名利，而漠視社會公義，沒有實現私德向公德的轉變。

基於宗法血緣親情基礎之上的家庭倫常在今天看來僅是私德，是「人人獨善其身」及「一私人與他私人交涉的道義」，私德是內心活動，支撐個體；公德是「人人相善其群者」〔註21〕，它是與社會中的他人相往來而表現出來的行為規範，即是個體在公共場所對他人的德性，它支撐了國家社會政治的正常運轉。學者李春成總結公德與私德的關係，認為二者在調節對象、要求、依靠力量等三方面存在不同，私德調節自我及與自己有直接利益關係的人，如家庭成員、朋友、同事等，依據親情、愛有差等的原則，主要依賴「情」來調節；公德調節自我及在公共場所與自己有偶發關係且不一定有直接利害關係的他者的倫理，依據正義和博愛無類的原則，主要借助人的理性反思和控制以及外在力量來維繫的規則。〔註22〕

古代公、私德的界定不清，導致了道德的政治化現象，本書認為私德是調節在血緣、親情、友情基礎上所形成的私人領域內的關係的德性，而公德則是基於社會關係，對國家、他人所表現出的德性。私德與公德同樣重要，不可或缺，「無私德則不能立。含無量數卑污虛偽殘忍愚懦之人，無以為國也。無公德則不能團。雖有無量數束身自好、廉謹良願之人，仍無以為國也。」〔註23〕「私德的功能是狹窄的」〔註24〕，要通過個體的智慧擴大其領域，實現向公德地轉變。統治者所倡導的忠，是對個體的小忠、私德，而只有以天下為己任、忠於天下之忠才體現了天道之仁，才是公德。所以誠如梁啟超所言：「吾中國道德之發達，不可謂不早，雖然，偏於私德，而公德殆闕如。」〔註25〕

學者劉清平認為儒家倫理導致了公德與私德的對立，「由於儒家倫理在處理二者的關係時，始終堅持『血親情理』的基本精神，特別強調家庭私德對於社會公德不僅具有本根性，而且具有至上性，結果就使它所提倡的社會公德（仁）受到了家庭私德（孝）的嚴重壓抑，而在二者出現衝突的情況下甚至還會被後者所否定。」〔註26〕儒家文化以仁義為修身內容，「苟能充之，足

〔註21〕 梁啟超：《新民說》，瀋陽：遼寧人民出版社，1994年版，第16頁。
〔註22〕 李春成：《孝行與官德：公德與私德間關係的案例分析》，復旦學報，2010年第3期。
〔註23〕 梁啟超：《新民說》，第16頁。
〔註24〕 （日）福澤諭吉：《文明論概略》，北京：商務印書館，1982年版，第73～103頁。
〔註25〕 梁啟超：《新民說》，第16頁。
〔註26〕 劉清平：《儒家倫理與社會公德》，哲學研究，2004年第1期。

以保四海。」〔註 27〕仁有公共的一面，推而行之以治國、平天下，孝悌是仁的重要體現，可以促進仁的公共性一面的發展，但是由於傳統三綱禮教的壓制，使孝成為發展仁之公共性的阻礙，所以儒者熊十力認為，國人「無國家觀念，無民族觀念，無公共觀念，皆由此。」〔註 28〕他將家庭看作造成中國公德缺失的重要原因，但這並不是儒家仁義理論的出發點和目的，私德與公德本非決然對立，社會環境和個體等原因導致二者的分離。

家庭，是個體發展其社會性的最初環境，「家庭正是個體將其自然本性（所謂「性」）實現為社會人性（所謂「德」或「人道」）的必要條件或前提。」〔註 29〕個體在家庭之內學會仁義禮智信，學會處理個體與他者的關係，並提倡推己及人，泛愛眾，實現個體社會性的發展。古代社會中，人們認為家庭和社會是同質的，只要實現一個外推的過程，建基於自然本性的私德就可以實現向建基於社會性的公德的轉變，實現家庭倫理向社會倫理的轉變，使君臣如父子、朋友如兄弟。但現實中，人們往往只關注家庭倫理，忘卻了外推的過程，使道德的發展過程從中間斷裂，沒有實現私德向公德的轉變，個體的社會性也不成熟。而古代社會的倫理教化，使個體德性始終囿於家庭關係中，其教化的原則是尊尊，也就使得建立在人人平等、互相尊重基礎上的公德沒能很好地發展出來。

中國文化中公德意識薄弱，有傳統道德教化過於注重家庭倫理的原因，也有政治原因。中國古代政治文化中有許多消極因素，如「不在其位不謀其政」的觀念，禁止人們在公開場合聚眾議論朝政等，大多數普通人認為朝廷的事情與己無關，百姓被排除在政權之外，沒有參與政治、表達意願的機會，除非農民起義，「民只是被動的放任而與國家無內在關係的潛伏體」〔註 30〕統治者基於私天下的視角，將天下人看成滿足其欲望的工具，只需要民眾順從他，而不需要他們的意見，沒有政治權利的民眾被動或主動地遠離政治，自然也就不關心「與己無關」之事，成為與政治的絕緣品，所以他們的視野即是與己有關的人和事，他們的德性只涉及與己有關的人，追求自身利益的最

〔註 27〕 《孟子‧公孫丑上》。
〔註 28〕 劉海濱編：《熊十力論學術箚》，上海：上海書店出版社，2009 年版，第 128 頁。
〔註 29〕 趙汀陽：《天下體系：世界制度哲學導論》，第 45 頁。
〔註 30〕 牟宗三撰，羅義俊編：《中國哲學的特質》，上海：上海古籍出版社，2008 年版，第 158 頁。

大化，而陌生人、社會之事不在他們的考慮範圍之內，其充分的社會性沒有完全地成長。時代的原因造成了個體社會性的不成熟，人們更多地依賴其自然關係，所以公德意識薄弱。

我們也能看到，中國古代社會不是絲毫沒有公德，如士紳、「善人」源於同情憐憫之心，主動救濟社會上鰥寡孤獨者或災民等，或是在國家危亡之際，一些有識之士慷慨赴國難等，都可以說是某種公德心的體現，因而只能說中國古代社會公德意識比較薄弱。我國傳統文化中，也有一些具備現代價值，如忠（盡己所能）、恕（推己及人）之道體現了個體在與他人相處時誠實守信、理解尊重他人的品性，這對於我們今天的社會文化建設都是具有積極意義的。如能在現代社會，運用這些積極因素，實現其現代轉換，對於實現個體平等、自由的社會性和獨立的人格必將具有參考借鑒的價值。

三、民——「被動的潛伏體」

古代對君臣民身份界定是：君是臣民之主，是出令者，「主者，人之所仰而生也」〔註31〕「君者，出令者也；臣者，行君之令而致之民者也；民者，出粟米麻絲、作器皿、通財貨以事其上者也。」〔註32〕臣是行君主命令而治理百姓的人，民則是勞作事奉君臣的人。雖然古代政治文化倡導民為國本，以百姓之心為心，但是現實卻是以君為本、以君心為心，民是君主的統治對象，是工具性的存在。

（一）民的生存狀態

專制下的百姓，為了生計，勞作於田地，繳納賦稅，但往往糧未離田，布沒下架，納稅官就已經等在門口，留下的口糧不足日用，徘徊於生死邊緣，還要面對自然災害和貪官污吏的剝削，漢代鮑宣說：「凡民有七亡：陰陽不和，水旱為災，一亡也；縣官重責更賦租稅，二亡也；貪吏並公，愛取不已，三亡也；豪強大姓蠶食亡厭，四亡也；貪吏徭役，失農桑時，五亡也；部落鼓鳴，男婦遮列，六亡也；盜賊劫略，取民財物，七亡也。」〔註33〕百姓承擔著朝廷的苛捐雜稅，受地方官吏、豪紳等的欺凌，凍無衣，饑無食，病無藥，日日勞作卻食不果腹，而只有寄希望於統治者「仁慈」，才能生存下去。在更多的情況下百

〔註31〕《管子·形勢解》。
〔註32〕《韓昌黎文集·原道》。
〔註33〕《漢書·卷七十二·鮑宣傳》。

姓生存無人問津，除非威脅到皇權、社會秩序等，統治者才會一顧，帶來的卻是殘酷的剿殺，認為這些「刁民」無理取鬧，並不去思考百姓為何如此！

有學者認為官民對立是中國封建制度的主要矛盾，君雖視天下為自己的財產，但需要百姓出粟、做器皿，意識到有民才有國，若百姓流離失所、聚眾叛亂，就有可能亡國，因而君主為了王朝的存續，不會竭澤而漁；官吏、豪強則一味地與民爭利，官官相護、權錢交易，使民不聊生。傳統社會始終充斥著君臣、君民、臣民衝突，表面上看是民被官逼迫而「反」，官民衝突激烈，而究其根本卻是由君主制本身的缺陷導致的。

古代禮制將個體分列為尊卑貴賤的等級次序中，使人們依名分而行臣服的義務，因而個體所確立的存在價值即是如何在等級次序中獲得認可，所以一些人為能博得上位，獲取「社會認可」，將權勢視為唯一目的，這些人因權勢，可以彎腰屈膝侍人，也能氣焰囂張地欺人，養成小人人格，造成人格扭曲，其價值觀以權、利為判斷標準，造成權勢崇拜、官本位意識，使自身成為權勢的奴僕。「群眾之所以順從，是因為他們缺乏按其他方式行事的集體組織，因為他們被嵌入了受他人支配的集體和個人權力組織之內。」〔註34〕民沒有自身所依恃的群體、組織為其利益辯駁、爭鬥，所以在沒有強大的實力與統治階層相抗衡的前提下，個人只能順從、臣服。

民的臣服的生存狀態，來自對權力的臣服，他們既懼怕權力，又希望拉近與權力的關係，成為權勢者和權勢的僕從，因而統治者利用刑、賞等方式來達到治理社會的目的。統治者方面利用手中的權勢、暴力使民恐懼，產生唯唯諾諾的臣服態度和順服的臣民心理。個體不會輕易抗拒權勢，惹來殺身、滅門之禍。另一方面統治者利用科舉等制度、政策，使民向權力靠攏，而對符合其「忠」、「順」標準的給予名、利、權的獎賞，為社會樹立一榜樣，使社會成員能夠以此為努力方向。統治者充分行使君權的作用，使民安於被統治的身份和地位。

（二）被動的潛伏體

在君主制度下，君主是無限皇權的擁有者，君主視臣民為其所有，他們之所以能生存在於君主的恩賜，並認為百姓是一個懵懂無知、無法自治的群體，只有通過君主和聖人的教化才懂得道德倫常，因而他們只能聽從君主的

〔註34〕 （英）邁克爾·曼：《社會權力的來源》（第一卷），劉北成、李少軍譯，上海：上海人民出版社，2002 年版，第 10 頁。

統治。「在中國，那個『普遍的意志』（君主）直接命令個人應該做些什麼。個人敬謹服從，相應地放棄了他的反省和獨立。」民沒有主體性，不會通過自我反省意識到「權力是和它自己的主要存在爲一體」、「它自己在那權力裏面是自由的」〔註35〕，民將權力看成是君主獨有的，而意識不到他本身應是權力的佔有者，因而不會形成與君主的對峙，只能順從於君主的個人意志，成爲一「被動的潛伏體」。

君主意志橫行社會，而沒有任何強力的約束，臣民以順服於君主爲美德，無需獨立的思考，「民起不來，君成爲一個無限制的超越體，則限制君的唯一辦法就是德與『天命靡常』的警誡。」〔註36〕通過德和天命所構建起來的君道只是道德宗教形態的，缺乏政治法律的形態，所以，牟宗三認爲這就是中國文化開不出民主制的原因，「中國以往知識分子只向治道用心，而始終不向政道用心。」〔註37〕並認爲中國文化精神在政治方面只有治道，而無政道，只有吏治，而無政治。中國古代的政治法律建設，主要是以維護社會統治秩序爲目的，是爲了使君權的無限性能夠得以無限地發揮，而非如現代政治法律以限制公共權力爲核心，因而從這方面說，中國無政治。古代政治文化主要對君臣進行理想設定，將民忽略在歷史角落，這才導致了中國只向治道努力，古代君主、士大夫無視民的政治身份，民也無法意識到其權力主體的身份，作爲「被動的潛伏體」無法參與政治活動中，使中國古代政治文化在缺少這一因素的前提下，不能完整地發展。

在中國古代社會，民沒有自己所依仗的權力組織，也沒有權利意識、制約權力的觀念，傳統的倫理教化基於等級禮制，不能培養平等、自由的觀念等，眾多的條件造就了這一「被動的潛伏體」臣服的生存狀態。如此看來，傳統政治文化不利於我國現代政治文化的建設，但是我們依然探究它，其目的主要是爲了認清它，探討它爲何如此待民，並實現其現代的轉換。培養公民意識，通過政治法律制度建設，使每一位公民都投身到公民社會的建設過程中，營造適合我們和後代生存的民主、自由、平等的社會環境。但傳統政治文化也並非一無是處，如士大夫兼濟天下的理想，以天下爲己任的使命感，其維護個體尊嚴、國家公義的行爲，表明其政治參與的自覺和爲天下盡責的態度。一代一代的民

〔註35〕黑格爾：《歷史哲學》，第121頁。
〔註36〕牟宗三撰，羅義俊編：《中國哲學的特質》，第158頁。
〔註37〕牟宗三撰，羅義俊編：《中國哲學的特質》，第159頁。

主人士、數以千萬計的華夏兒女爲中國命運奔呼疾走、揮灑熱血，而徹底推翻「三座大山」，建立人民民主專政制度，就是靠著這種天下責任，和對理想的追求，自覺自願地行動。新時期，公民文化的建設，應繼續發揚這種天下責任意識，使人們參與到政治活動中，推動現代政治文化健全得發展。

第二節　皇權無限性與有限性

皇帝、天子在傳統社會中是至尊無上的，除了天命沒有任何現實的事物能夠約束他，其命爲制，令爲詔，自稱朕，等等，顯示了皇權的絕對性。在傳統社會政治生活中，人們一面做著明主夢，一面又不斷地將平庸之輩推上權力的頂端，同時又以聖王的標準要求他們；人們從觀念上賦予君主以無上的權威、無限的權力，同時又以天命、君道、君德等來規範他們。這種自相矛盾的現象，一直伴隨著傳統社會的始終，它所折射出的是社會現實中理想和現實的矛盾，以及無限君權和有限個體的衝突。爲了化解這些矛盾和衝突，君主制本身也在不斷地自我調適。

君主爲維護其皇權的神聖性、一統性、繼承性，及皇權的正常運作，採取了很多措施，如注重太子的教育，讓他們熟悉爲君之道、治國之術，選任德才兼備的輔臣，輔佐他們學習治國平天下之道；建立嚴格的等級制度，通過禮儀教化宣揚忠君觀念；不斷強化皇權，建立龐大的官僚體系彌補君主個體能力的不足等問題，並通過顯和隱的方式監察臣民，使臣民服從自身的統治；收地方權力歸中央，預防地方勢力的叛亂等等，這些措施都極大地維護了君主的統治，但又不同程度地隱含了動搖君主專制的因子，對君王的絕對權力形成侵蝕和危害。因而，我們今天反思古代君權的運作過程、性質、運行機制，分析君臣之間的利害矛盾，有利於我們認清君主制下君臣的現實困境，有助於我們更好地理解和認識國家權力的本質等問題。

一、皇權的性質

我國古代的君主制賦予君主以無限的權力，沒有形成對君權的強力制約，使其呈現出無限的特性。但古代的禮法、君道等制度、觀念在維護君主統治時，也對君權產生了一定的約束作用，由於一些現實原因，君主並不能充分行使其無限的君權，使其呈現出有限的特點。

（一）君權神授

對天的信仰奠定了中國傳統政治文化的形上基礎，天賦予君主以神聖使命，賦予其行使使命的特權，爲其統治做合法性論證等，這些使君主成爲一神聖的社會存在。君主因此享有世間最高祭祀權、司法權、行政決策權、軍事統領權、人事任免權等，他可以利用權力調動天下所有的人、財、物爲其服務。

天授予君主以神聖的權力，而君主也需以完成上天的使命才配享有這一特權，因而古代思想家們在天人感應的理論基礎上，設定災異遣告之說，宣揚天視自我民視之說等，以提高君主的畏天心理，使其踐行君道，修養君德，並以祭祀的方式向上天稟告這一使命的完成情況。而在君權輪替、朝代更迭之時，君主也會以祭祀的方式告知上天，並昭告天下「皇天上帝，改厥元子」，以爲自己的統治尋求天的庇祐，增強自身的統治合法性。這種君權神授的現象不獨中國古代有，在西歐中世紀，王權要給過教會宗教儀式的塗油加冕來獲得最高統治權，經加冕禮才能被冠以「皇帝」這一神聖稱號，昭示其神聖性和權威，使國王成爲一王國的統治者，以此要求國民的效忠。通過宗教儀式賦予君權以神秘性、神聖性來穩定君主統治，成爲人類文明發展歷程中具有普通性的政治儀式。

但中西方君權神授的區別在於，西方的「神」還授予了他們「法」的觀念，並以習慣法、成文法的方式給君主以實際的約束，國王的世俗權力還是有限的；而中國君權神授，虛置了一個天命，沒有實際的約束力，天子在現實社會中具有絕對的權力。在西方雖然並不是全部君主都遵守這些法條，但是法的觀念深入所有人的內心，使他們具有民主、制約權力的觀念。西方在封建時代，也有絕對君主制時期，如伊麗莎白一世在位時，他們雖建立了中央集權的形式，但其多元的權力結構的存在，使中西王權呈現出不同的特性，中世紀時，教權、貴族權等都可以與王權形成對峙，他們在鬥爭的過程中，進一步深化了法的觀念，以及制約權力的觀念，並爲自己爭取更多的權利以保障自身的利益。而中國一系列的旨在維護皇權的政治法律制度，使皇權維護了權力一統的性質，穩定了專制君主制。

（二）皇權一統性

皇權的一統性是指國家權力的不可分離性和權力歸屬於一人的政治規則。在中國古代的君主制下，君主總攬所有最高權力，並能使自己的意志直

接體現爲詔令，成爲國家意志，而不受其他權力的限制。專制與民主政體的區別即在於權力歸屬於少數還是多數、權力是否受到制約的問題，從這一點看中國古代制度自然是君主專制的政治體制。學者張星久認爲，「所謂君權絕對、君權不受限制或制約，首先是指君主的意志凌駕於一切法律和機構之上，成爲一切法律和權力的來源，君主不對任何機構與法律負責，不受憲法或法律的限制，也缺少依法設立的分權機構的監督制衡。」〔註38〕君主專制的重要體現是君主意志可以高於一切，而這一特性是建立在權力唯一性、一統性的基礎上，因爲有權力的支撐，才可能實現高於一切。

因而君主專制與集權是分不開的，而君主設官分職管理社會事務，又將地方權力收歸於中央，使權力集於君主一身，全國如同一盤棋，都要遵守共同的遊戲規則，地方沒有權力自行定奪人事、經濟、軍事等政策。專制君主制就是君主個人獨攬一切國家權力的政權體制，「沒有絕對的、完全的個人集權制，往往就沒有中央集權制。也可以反過來說，沒有中央集權制，往往就沒有中央的完全的個人集權制。」〔註39〕皇權的不可分離性與歸屬於一人的性質是分不開的，這才體現了皇權的一統性。

但是從具體的權力運作過程看，雖然一切政令最終決斷於君主一人，通過皇帝的詔書體現出來，但整個決策的過程卻是建立在眾多君臣討論所形成的意見的基礎上，如通過朝會、內閣票擬等形式共同商定。君主通過定期的朝議等形式使群臣討論，如貞觀年間「凡軍國大事，則中書舍人各執所見，雜署其名，謂之五花判事。中書侍郎、中書令省審之，給事中，黃門侍郎駁正。上始早明舊制，由是鮮有敗事」。〔註40〕唐代實行的三省制，本身就是一種權力制約的體制，它不僅是對以往相權過大的約束，同時也具有限制絕對君權的功能。

君主在聽取群臣意見的基礎上作出衡量裁決，這體現了中國君主制下權力運作的「共議」色彩，類似於協商民主，但協商民主的一個重要表現是互相監督，古代的這種形式不具有這項特點，君可以監督臣，臣可以對君進行諫諍，但臣沒有與皇權相抗衡的機制和權力，雖有大膽的直臣敢於封駁皇帝

〔註38〕 張星久：《中國君主專制政體的起始時間──兼論中國君主專制政體形成的社會條件》，武漢大學學報（人文社會科學版），2000 年第 1 期。
〔註39〕 董崇山：《政體論》，北京：中國展望出版社，1986 年版，第 182 頁。
〔註40〕 《資治通鑒·卷一九三》。

的詔令，但皇帝可以對此不予理會，而徑直下達詔令。所以臣對君的制約和君對臣的監督是不對等的。臣實際上並沒有權力平等地監督君，君臣之間的協商、溝通並不是建立在對權力的約束、限制的觀念上，而是出於君臣共治的理念。這一理念實現的前提是君權一統，所以政治理性較高的君主，能夠通過君臣共治的方式，發揮其權力一統的積極性，實現社會的治理。

我們通常可以將君主專制劃分爲以下兩種類型：暴君型君主制、開明（溫和）君主專制。君主制有可能是一好的制度，也可以是一壞的制度，取決於君主個人的道德品質，所以中國的士大夫們多將希望寄託在君德上，希望成爲帝王之師，教導君主按照天道治理國家。但是如果沒有對國家權力的制度性約束，僅靠道德說教起不到很大的作用，君主仍會行使其無限的權力，干涉正常官僚運作體制，影響公共秩序。

（三）皇權世襲性

秦始皇統一六國，以郡縣製取代封國制，將各級官員的選任由任命製取代了世襲制，但卻留下了皇位的世襲，家天下自此成爲傳統社會政治的基本特徵。君主制下，君位不僅是終身制，且是世襲的，能父傳子，若是皇帝無子嗣，也要在皇族內尋找與他血緣最近的子弟即位，以保持血統的延續，使一姓之天下得以持續。血統是保障世襲繼任者身份合法性的一個條件，所以造成了權力的家族壟斷。歐洲中世紀的歷史上曾有選舉皇帝的形式，如 1356年，盧森堡王朝的查理四世頒佈《金璽詔書》，皇帝需七大選帝侯（可以選舉羅馬人民的國王和神聖羅馬帝國的皇帝的諸侯）推舉。但這些選舉往往局限在小範圍之內，有時王位會被某一家族霸佔幾個世紀，成爲該家族的王國，使選舉徒具形式，多數都是國王指任下一位國王，仍體現了世襲的特點。

君位雖是世襲，但也避免不了權力爭鬥，君主與權臣、宦官、外戚之間都存在著激烈的權力鬥爭，彰顯了皇權政治的殘暴性。如秦二世爲奪得繼承權以僞詔迫公子扶蘇自殺，即位後又將秦始皇的十幾個子女全部殺害；隋煬帝、唐太宗、明成祖等，爲帝位殺害親人之事不絕史書。皇權充滿了致命的誘惑，引得每個離權力中心很近的、并自認有實力勝任君主之職的人去爭搶，一旦登基，則將「處理」威脅其皇權的人，保護皇位，這即是皇權的自私性。

中國古代始終堅持以血統爲皇權繼任者的挑選條件，堅持嫡長子繼承的制度，即使是哺乳期的孩童也可以坐上至高無上的皇位，不以賢能挑選繼任者，這就有可能造成帝王素質的良莠不齊。如，明朝孝宗朱祐樘，堪比漢文

帝，其繼任者明武宗朱厚照，堪稱「史上第一頑主」。世襲的目的是爲了保障皇位的順利傳承，血統是一客觀標準，賢能與否則依靠主觀判斷，有學者認爲嫡長子世襲根據收益／成本的核算，這樣所選出來的君主雖有可能愚笨，但選立標準確定化，「標準模糊所帶來的政治衝突成本遠遠高於標準清晰所帶來的政治平庸成本，所以，即使按照現代的理性觀念，儒學支持嫡長子繼承制也具有相當高的政治合理性，而不是簡單的私天下所能概括得了的。」〔註41〕「嫡長子制度的建立在某種程度上也限制了君主在確定繼承人上的隨意性，如同其他的制度一樣，只要存在著公認的程序，對權力都是個約束。」以較低成本和較高效率實現了皇位的傳承，可是這種計算，沒有將其所造成的效果考慮在內，如明熹宗朱由校嗜好木工不事政事，權力被魏忠賢掌控，加速了明朝的滅亡，世襲保障了「換代」的穩定，能夠保持治國理念的延續，但卻容易產生一代不如一代的危險，國家就會從盛世走向衰亡。中國歷史上眾多朝代的不斷更迭就證明了這一歷史規律。

皇位血緣世襲的傳統，也使血統成爲即位皇帝獲得統治合法性、收攬人心的依據，如明亡之後，南方有人打著「朱三太子」的口號反抗清廷。血統表徵一個朝代，代表了名分、「合法性」，臣民對其血統的承認，是認可其統治權的建立，也是對這一血統所實行的等級禮制的承認，它在混亂時期能起到維繫人心的作用，是忠君觀念的反應，這裡的「忠」不是忠於個體，而是對其所代表的血統的忠誠，對其依血統所建立的統治的忠誠。所以，中國古代哲人提倡君主要積累功業、德業，其目的就是爲了能夠強化臣民對血統的認可，讓臣民感念這一王朝所給予人們的恩惠，自覺充當王朝的衛兵。

古代君主對皇位繼任者的培養是非常慎重的，因爲這是事關祖宗基業存亡與否的大事，一旦選立不好則容易亡國，如秦朝、隋朝，都是短短二世而亡。以史爲鑑，君主都重視對太子的教育以培養合格的繼任者。如貞觀時期，唐太宗教育太子李治應尊師重道、關愛百姓，並尋賢德耿直的良臣來輔佐，太宗言「自古嫡庶無良佐，何嘗不傾敗家國。公等爲朕搜訪賢德，以輔儲宮，爰及諸王，咸求正士。」〔註42〕，並讓魏徵搜尋古代帝王子弟成敗故事編成《自古諸侯王善惡錄》以賜諸王，這裡有愛子之情，也有爲公之心，使太子與諸王之間有定分，並勸導諸王不要僭越犯上，維護太子的身份、地位。

〔註41〕 儲建國：《中國古代君主混合政體》，政治學研究，2004 年第 4 期。
〔註42〕 《貞觀政要・卷四・太子諸王定分》。

二、維護與制約皇權的因素

為維護皇權的神聖性、一統性、世襲性，秦始皇創立了一套完整的中央集權的專制制度，這一制度在中國存在的兩千年間不斷的完善，在明清朝達到鼎盛，建立起了嚴密的行政運作體系。那麼，統治者如何維護這套機制？又有那些因素使得皇權的無限性沒有得以全部展現呢？

（一）維護君權及其運作的因素

首先從維護機制上看，後世仿秦漢建立了以刑賞為核心的律法制度。秦朝以吏為師，官吏充當刑律教員，又充當刑律執行者，秦始皇認為只要每個人都依法而行，整個社會秩序就不會混亂，就像一部機器，只要上好了法條，這一機器就會永遠不出差錯地運轉下去，其治國理念是依法而治，使人們因畏懼嚴刑酷罰而不敢反抗。刑律體現了統治階級的意志，保障了君主及皇家的利益，對能維護其統治的人給予功名利祿的賞賜，使他們更盡心地為其提供服務，利用國家權力處罰侵犯其皇威、皇位、皇權的言行，保障統治的穩定。

其次，禮是一種治國方式，也是一套教化原則，它建立在尊卑等級之上，維護了君主的至上權威。君主以禮治國，可以使臣民知道君尊臣卑，接受此資源配置方式，也通過禮儀教化，使臣民克制自身的欲望，不要作違背禮制的事情，「禮者君之大柄也，所以別嫌明微，儐鬼神，考制度，別仁義，所以治政安君也。」〔註43〕君主通過禮來正名，掌握資源分配的特權，並教化臣民依名分而行事，使臣民認可這一特權的合理性，實現君主統治的穩定。

律法制度與禮制共同維護了皇權的穩固，二者本身互相滲透，使得禮和法的精神趨於一致：維護皇權和社會的穩定。禮是德治手段，法則是法治手段，二者相輔相成使人們的言行有規範可循；禮與法一正一負，一內一外相互配合，禮以思想引導為主，而法則以行為約束為主，使得封建制度能夠長期存續。

（二）制約皇權的因素

禮、法是維護皇權的制度機制，同時也成了限制君主言行的因素，如禮制規定君主臨朝聽政、主持祭祀等政事活動時應遵循的某些規範、禁忌，若君主出現違禮背德之事，諫官、言官會發揮他們的勸諫職能。而其他一些制

〔註43〕《禮記・禮運》。

度、文檔、觀念，如史官制度、起居注，王朝的一些祖訓、遺旨等，都形成了對君主的有效制約。中國古代的政治文化所認定的理想君主以及由此形成的君道、君德也對君主起到規範、約束的作用。例如，儒家的理想君主是一個德性高尚，仁愛百姓、勤政節儉、親賢納諫的人；法家雖然極端維護皇權，但是他理想的君主也是一個以法爲原則的君主，同樣要求君主去私恩，賞罰有度；墨家的「兼君」更是一個具有兼愛天下、取天下之大義精神的君主，他親賢任能，節用愛民。他們普遍的具有對理想君主的約定，都是對君主言行的規範，使其能更好地行使皇權。這些維護和制約因素，都是針對君主而設定，反映了古代希望通過正君來達到正朝廷、約束君權的政治思維方式。

三、君主集權的強化

中央集權是君主集權力於一身，實行從上到下的管理模式，君主通過一套官僚隊伍來制定、實施政策法令，並監察百官及政策地執行。君主個體成爲皇權運作的核心，當社會治理出現問題，君主歸因於君權的分化，針對這一現象，君主不斷地集權。君主制被不斷地修補，體制越來越嚴密，但卻使君主制更容易從內部出現問題，如最高統治者開始利用宦官、特務等私臣控制行政和軍事官員，使中央通過科舉、監察等制度控制地方的體制遭到破壞，然而這些彌補措施不可能從根本上解決問題，反而加劇了行政體制的崩潰，使得政府的正常運轉失靈，以往有效的政治、經濟措施變得形同虛設。中央集權的君主制從其產生、發展、成熟到衰敗，始終伴隨著私臣與政臣的互鬥、君與相的相鬥、中央與地方的相鬥，朝堂成爲權力的博弈場，史書成爲帝王將相的權力演義史。

（一）君權集中、相權分化

皇權一統，使得權力掌握在君主一人手中，君主擁有最高的祭祀權、軍隊指揮權、司法處決權、行政決策權、最高監督權等。宰相是皇帝以下輔佐君主處理政事、統領群臣的最高官職。宰相制被漢承繼，並延續兩千多年。「宰相者，上佐天子理陰陽，順四時，下遂萬物之宜，外鎮撫四夷諸侯，內親附百姓，使卿大夫各得任其職焉。」〔註44〕宰相可以參知政事，並參與政策的制定，擁有選任、監督百官的職責。

〔註44〕《史記・卷五十六・陳丞相世家》。

　　相權是一個統稱，包括國家軍事、行政、財政等全部的權力。在西漢，中央實行三公制，包括行政（丞相）、軍事（太尉）、司法（御史）等三個部分，他們之間互相不統屬，東漢則為司徒、司空、司馬，但此時政事主要歸尚書臺統管，宰相被地位低的尚書臺控制。唐朝實行三省制，設群相，加「同平章事」之銜就可以參知政事，相權被分割，而到宋朝，皇權進一步強化，由君主定奪一切，宰相作為優待大臣的職位，但沒有事權。設中書省（行政）、樞密院（軍事）、三司（財政）分化相權，形成「二府三司制」：樞密院、政事堂東西二府，戶部、鹽鐵、度支主管財政，各自獨立，互不統屬，直接對皇帝負責，成為最高輔政機關。「三省制和集體宰相制以分解、牽制相權的方式，強化了君對相的控制和支配。這種權力配置方式有利於君權的穩定和加強。」〔註45〕洪武十三年，朱元璋因胡惟庸一案撤銷宰相，後設內閣大學士負責文書，並逐漸變性為宰相，內閣設首輔、次輔等多員，六部直接向皇帝負責，由君主決斷一切。清朝延續內閣和六部的設置，雍正時期增設軍機處處理政務軍務。「唐宋以降，宰相無權成為君主政治的痼疾和普遍關注的政治論題。」〔註46〕而宋以前宰相可以和君主「坐而論道」，而宋朝宰相只能站著，到了清朝宰相也如一般官僚跪著奏事。宰相的職權、地位呈現步步下降的趨勢。

　　古代政治文化中集權和皇權一統是相聯繫在一起的，君主希望一切都在自己的掌控中，因而反感相權的獨立自主，所以他躬身處事，不論大小都由自己決斷。但中國政治文化倡導君臣應分職，君主「垂拱」、「無為」，只需負責監督百官，宰相總攬其事，百官則是具體地執行者。然而一些雄才大略的君主，總試圖剝奪相權，將決策權與具體的行政權掌控在手，引發君臣權力的爭奪，政治傳統和權力的秩序格局遭到破壞。若後世子孫沒有能力使用這些權力處理事務，就加劇了權力的非理性使用，或是使權力被權臣掌握，如漢朝王莽、隋朝楊堅，為篡臣培植自身勢力創造了便利條件。

　　君主為了更好地集權，便會不斷削弱相權的職能，任用自己的親信、私臣來處理政事，以內朝干涉外朝。如尚書令一職，始設於秦朝，西漢時是皇帝近侍，掌管文書及群臣奏章，東漢時期發展出尚書臺處理政事，尚書令不

〔註45〕劉澤華：《中國政治思想史》（隋唐宋元明清卷），杭州：浙江人民出版社，1996
　　　年版，第55頁。
〔註46〕劉澤華：《中國政治思想史》（隋唐宋元明清卷），第55頁。

僅是尚書臺長官，且還屬於少府。南北朝時，尚書臺改爲尚書省，尚書令地位提升，而到隋唐尚書令成爲宰相之一。內朝官職不斷外化成爲外朝官職，分化外朝政臣的職能，而當這一職位成爲外朝職務，皇帝又會重新信用一批私臣以取代，如此反復，以由內而外的衍射方式建立起以皇權爲核心的政治運作模式。

君主依靠私人關係控制朝政，必然會導致政治秩序的混亂，出現宦官專權、朋黨之禍等現象。唐貞觀時，宦官充任外使，魏徵對唐太宗言「閹豎雖微，狎近左右，時有言語，輕而易信，浸潤之譖，爲患特深。今日之明，必無此慮，爲子孫教，不可不杜絕其源。」〔註 47〕太宗遂停止，但在唐玄宗時「宦官的權力和作用由輕入重，逐漸擔任供奉、監軍、出使、教坊等要職。」〔註 48〕安史之亂後，皇帝對地方節度使和朝廷官員失去信任，而使宦官「內則參秉戎權，外則監臨藩嶽」〔註 49〕造成宦官擁立十位皇帝的現象，明朝中後期皇帝多不臨朝聽政，內臣行司禮、掌印、秉筆掌控行政，與內閣權力相互鬥爭，明朝之亡也不能不說跟任用宦官有關。

君主制下，君臣之間本應依靠道義、利益、權勢來構建權力運作模式，但這種理想模式畢竟沒有形成制度性的規定，而是依靠明君和賢臣來共同維繫。如果二者不能相遇，或者二者都缺失的話，傳統的政治秩序必然遭到破壞。而當這些不能維繫君臣關係時，君主會轉而依靠與自身有著私人情感的集團，牽制相權，這些人與皇帝關係親近，容易獲得皇帝信任，皇帝依靠這一隊伍維持權力的運作，但是在外在監督不力的情況下，這些人反而成爲社會不安定因素的製造者，這是皇權運作的更大缺點。君主極力維護君主集權專制的運作但又不得不借助外在因素支撐，而這些外在因素卻從內部不斷腐蝕，造成機體的紊亂，形成了這一背反的現象。

（二）中央集權與地方分權

中央集權君主專制是相對於地方分權的分封制而言的。在古代的分封制下，諸侯封國具有世襲的權力，在其諸侯國內，諸侯擁有人權、財權、軍權。秦漢之後實現了郡縣制爲主的中央集權專制，權力集中於中央，地方在政治、經濟、軍事等方面沒有獨立性，受中央控制，服從中央的詔令。集權運作有

〔註 47〕《貞觀政要‧卷五‧公平》。
〔註 48〕韋慶遠、柏樺：《中國官制史》，上海：東方出版中心，2001 年版，第 131 頁。
〔註 49〕《舊唐書‧卷一八四‧宦官列傳》。

其優勢，比如能夠使政令統一，可以迅速有效地組織人力、物力、財力從事大規模活動的實施，維護國家領土完整，促進多民族地區文化交流等。集權運作也有弊端，容易造成體制僵化，如隨著皇權的加強，中央各部門成為政策的執行者，成為皇帝意願的執行者，容易形成君主獨裁；而地方自治權力較小，使其應急能力減弱，造成辦事效率低下等現象，但如果要尊重地方的特殊性，賦予地方以自治的權力，便會產生世襲割據的危害，威脅著國家的統一，不利於統治的穩定。

中央和地方的權力矛盾關係，是中央集權下的重要矛盾，自秦建立統一的中央集權後，由於地方權力過大而造成的「七國之亂（西漢）」、八王之亂（西晉）、安史之亂（唐朝）等，其原因都是地方大員權力太重，據《新唐書·志第四十兵》言地方節度使，「既有其土地，又有其人民，又有其甲兵，又有其財賦」。地方權力過大使皇權受到強大的威脅，因而各朝對於制衡地方權力都使出渾身解數，從官職設定、監察體制、人事制度等方面，多層多面地予以監督。

首先，使行政組織逐層分級，劃分統轄區。秦朝統一六國，劃天下為 36 個郡，由漢朝的郡縣二制，到隋的州、郡，唐安史之亂後形成道、州、郡三級管理，元朝增了行省，明清朝成道、府（州）、縣三級〔註50〕，建立了中央到地方的垂直管理，在中央和地方之間，設立中級行政機構，如唐之道、宋之路、元明清之行省，加強中央對地方的監控，實現地域上的「大一統」。

各地的地方長官都由中央直接任免，每個基層組織設立分別負責行政、軍事、監察、教育、財政等職能的官吏，而中央則定期考覈官僚政績。皇權為防止地方權力的擴大，定期或不定期地派官員監督。從歷史上看，這種臨時性的監察逐漸變成常駐性的機構，如刺史、巡撫，北周和唐時是臨時性的巡視各地軍政、民政的職務，而明朝成為定制，節制三司（承宣布政使司、提刑按察使司、都指揮使司）清朝時期在巡撫之上又加派總督，管理一或多個省，《清史稿·職官志三》總督「從一品，掌釐治軍民，綜制文武，察舉官吏，修飭封疆。」他們擁有治軍、治民之權，並監察百官，維護轄域內的穩定，並直接對皇帝負責。

其次，中央不僅將地方權力分化，而且建立了一套層層監察、巡視監察的監督體系，以配合對地方權力的監控。秦漢設立監察制度，在中央設御史

〔註50〕 寧可：《中國封建社會的專制主義中央集權制度》，文史哲，2009 年第 1 期。

大夫，地方設監察官；唐朝設御史臺（臺院、殿院、察院）行使糾劾百官諸事，辨明冤枉等，並派巡按御史全國巡察；宋代實行分察制度，在六部（吏、戶、刑、兵、禮、工）設立監察史，監察各部事務；明朝改御史臺爲都察院，設六科給事中（推舉人才、糾劾百官、督查六部、評議政事、隨時諫言）與十三道監察御史（糾察百官及違法行爲、巡按地方、監督州縣、考課官吏、整肅風紀），清朝加御史銜的總督、巡撫有彈劾一切官員的權限，也可互相彈劾；與監察制度相配合的還有一些特殊形式，如諫臺制度，諫官可以風聞奏事，明朝的廠衛等組織，使監察無孔不入；雍正時期實施的密折制度，密奏可以直達皇帝。這套監察體系有橫向的有縱向的，對約束地方權力的使用起到很大的作用。

再次，君主統一任命官員，將人事權收歸中央。我國古代的選官制度，如察舉制、九品中正制等，官吏的選任很大程度上掌握在選官者的手中，容易形成派系，但是實行科舉制度以後，中央統一選官，有了統一的標準，所有官吏成爲天子門生，經吏部審核任職，他們忠於君主，淡化了魏晉門閥世族所形成的二重君主觀，使皇權統治更加穩固。

通過科舉取士，不僅使權力集中到中央，而且還爲下層寒士進入公門提供了機會，爲官僚體系帶來新鮮血液，壯大士大夫群體〔註 51〕，深化他們的忠君報國觀念。另一方面，科舉制也束縛天下聰明才辯者，使其安於統治，「雖極智勇凶傑之輩，皆潛消默奪而不知其所以然，而後天下相安於無事。」取得與秦焚書之術相同的結果，前者巧而後者拙。〔註 52〕唐太宗看到進入考場的士子，說「天下英雄，入我彀中矣」，不知他當時是因爲能得到賢才而感慨，還是因爲能籠絡到天下讀書人而欣慰。明清以朱熹注的四書爲標準文本，以八股爲格式，僵化人的思想，而雍正、乾隆時期所實行的文字獄，更是讓讀書人噤若寒蟬，達到了思想的專制和一統。

中央集權的政治制度，能夠統一調度全國資源，使政令齊一，若能協調有度，是一種有效的管理方式。統治者爲了統治的穩定，加強君權，削弱相

〔註 51〕 唐五代進士的總數當在 7182 人以上，諸科當在 3125 人以上，因有些年份失載而不注人數，所以這只是最爲保守的統計數字」，「加之秀才、制科、上書拜官、上封拜官、賜及第等，總數當在 3 萬人以上。轉引自儲建國：《中國古代君主混合政體》，政治學研究，2004 年第 1 期。

〔註 52〕 （清）廖燕：《二十七松堂文集・卷一・明太祖論》，屠友祥校注，上海：上海遠東出版社，1999 年版，第 13 頁。

權；加強中央集權，而弱化地方權力，並配合監督制度、人事制度等，強化對百官的任免、監督、考覈，從言行到思想規範臣民，這些制度從始設到完善都是爲了維護皇權。而中央集權強化，提高了君主獨斷的實施幾率，對人們的思想、行爲的約束越來越強，使社會越來越封閉。以這種禁錮手段獲得的社會穩定，如暴風雨來臨前的寧靜，矛盾仍存在，且日益激化，最終通過群眾性的革命運動徹底打破了這些君民、君臣、官民之間的困境。

第三節　君臣的困境及其原因

　　君臣關係在天、君、臣、民的四維之中，君臣本應履行天命、共治百姓，而君臣困境也在這共同治國的過程中產生。君主需要臣子的輔佐，因而設定了一套官僚制度，但是它從其產生，即與皇權有了離心力，它成爲一客觀的制度形式，有自己的運行規範，使得皇權的任意性與官僚制度所具有的客觀性、程序性相衝突；君臣之間既存在利益的一致性，又存在利益的爭奪，君主即需要他們，又要防範他們，因而導致君臣互相猜忌，二者不能以至公爲原則統一思想和行動；君主制下，君臣因循天地之道而尊君卑臣，等級禮制鞏固了這一關係，使君主獲得獨尊的地位，但君主政體的原則即是「輕視人類，使人不成其爲人。」〔註 53〕君臣之間不僅有身份地位的區別，連人格也被貼以卑賤的標籤，臣子匍匐在君主腳下，以愚臣、奴僕自居，臣子無法自立，使得君臣共治成爲一種幻想。

一、專制與官僚體制的矛盾

　　中國歷史上的幾百位皇帝中很多是生於宮禁之中，長成於闇宦婦人之手，不習民間疾苦，不善文武之道的君主，其王朝仍然能夠繼續維持，並不是天命、祖宗的庇祐，也不僅僅是靠幾個賢臣、能臣的輔助，很大程度上是因爲官僚體制的存在。官僚體制是一套用以處理社會事務，進行社會管理的機制，被王亞南先生稱爲「專制政治的副產品和補充物」。官僚體制的設立是建立在權力的分化和監督的基礎上，規定了行政、司法、監督等程序，其運轉具有客觀化、自主化的特性，並對君主獨斷產生大小不一的影響。

〔註 53〕馬克思、恩格斯：《馬克思恩格斯全集》第一卷，北京：人民出版社，1954年版，第 411 頁。

我們知道，君主專制是建立在皇權無限的基礎上，理論上君主個人意志可以獨行在一切制度之上，是君主個人意志無限性的表現，所以通常會表現出非理性的傾向。君主總試圖操控官僚體制的運轉，如設置官職、革除官僚機構，以使新的官員和官僚機構能夠遵從自己的意願，更「順心」地完成某項任務，強化他們對自己的依賴和忠誠，以此維繫制度的運轉。而體制的客觀化會與君主的意志背離，如唐朝三省制度，中書省根據君臣討論意見草擬詔令，門下省複審中書詔令，若詔書不妥，有封還、駁正之權，後經皇帝批准用璽，尚書省奉旨而行，若不經中書門下，皇帝頒行的詔令稱爲「墨敕斜封」，墨筆書寫詔令，斜袋封印，被視爲不正規的詔令。《近事會元‧斜封》：「唐睿宗景雲元年八月，以中宗時官爵逾濫，因依妃主墨勅而受官者，時謂斜封，禁之。」，可見官僚體制對皇權具有一定的約束力。

官僚體制的程序化、制度化造成了它運行的客觀、自主化，但因它是君主設官分職產生，所以它的運作僅是「有限自主性」〔註 54〕，因爲君主能夠對它施加影響，即便這種影響「不合法」或是「有傷國體」，也會迫使官僚體系的設定按照君主自己的意願和目標進行。君主制下官僚體制在不斷地改變，一方面適應社會的發展需要，另一方面也是出於維護皇權的需要。雄才大略的君主其破壞力強，建設力也強，在其統治期間，君權被強化，整飭官僚隊伍，干預官僚體制的運轉，使其提高效率，實現君主專制與官僚制度的有機配合，這樣的君主本身具有很高的政治素養，能夠著眼於整個社會的穩定，而非個人意願的滿足去制定政策。他們的後繼者若倦怠朝政，則容易被強化的君權反噬，成爲階下囚；而肆意妄爲的君主則視個人意願爲最高原則，追求私欲的滿足，荒廢朝政，權力容易被篡奪。

君主爲了分化相權與集中中央權力，不斷擴充官僚體系，如駕駛馬車，君主握有韁繩，通過不斷的增加馬匹的數量與轡頭控制馬匹的前進，而當君權一旦弱化，其能力不足以駕馭，則整個國家運行更加混亂，從內部瓦解其統治。

官僚制度的設定、改變都建基在君主維護皇權的目標之上，而其運轉效果有時與君主意願發生了背離，一是因爲官僚體系運行的制度化，官僚體制的設定要處理好權力分配、職能安排和官僚隊伍的選拔、任用等問題，一旦

〔註 54〕 S.N.艾森斯塔得：《帝國的政治體系》，閻步克譯，貴陽：貴州人民出版社，1992年版，第 21 頁。

制度化，如同按照既定程序運轉起來的機器，不能完完全全按照君主的意志而運轉。二是對權力的監督不合理，使君主與官僚群體的意願不同一。官吏作爲具體政策執行者，在執行過程中會爲自己謀取私利，而古代的監察又總是官僚體制內部的監察，官官相護，君主容易被蒙蔽，如一些苛捐雜稅的繳付或救濟款項的派發，官吏在途中中飽私囊。有的蕭政廉訪官吏來到州縣，「各帶庫子檢鈔稱銀，殆同市道」〔註55〕，這些現象與君主安民止亂的意願產生嚴重背離。與君主意願嚴重違背。君主制下，與民眾關係最爲密切的是縣級的官僚，他們是獲得民情的最直接者，但是他們權能小、地位低，爲博上位獻媚於上；或是妥協於地方權勢，不能主持公道，使百姓怨聲載道，反而造成社會的不穩定。

君主以一人之力監管整個官僚隊伍，而他所任用的監督人員，又不能恪盡職守，成爲帝國運作的沉疴痼疾，而民始終被君擱置，沒能發揮他們的監督作用，因而倡導道德自律和「不能自律」的監管者，始終解決不了君主與官僚隊伍的這個矛盾。

二、君臣的利益衝突與權力爭奪

「王」本字是「斧」〔註56〕，斧代表了武力，是軍事之權，而君，從尹從口，即是用口令、武力來實施管理的人，「夫擅國之謂王，能專利害之謂王，制殺生之威之謂王」〔註57〕。皇權的一統性決定了君主不能容忍國家的權力被他人染指，君主「藏天下於筐篋者也，利不欲其遺其下，福必欲斂於上；用一人焉則疑其自私，而又用一人以制其私」〔註58〕，君主整日防範臣子奪權奪利於己，所以寢食難安。君主擁有生殺之權和天下之產，所以他防範任何對己構成威脅的集團、個體，這種對君主和君權的設定，使得君臣、君民之間的矛盾加劇。

（一）利益的爭奪

君主視天下爲一家之產，視臣子爲自己的奴僕，而臣子因事君而被賜予名利祿位，他們會利用職權爲自己謀取私利。如北宋朱勔的田產跨連郡邑，

〔註55〕　《草木子・卷四下・雜俎篇》。
〔註56〕　《金文詁林・卷一》。
〔註57〕　《戰國策・秦策三》。
〔註58〕　《明夷待訪錄・原法》。

每年收租課十餘萬石，甲第名園幾半吳郡，宋欽宗籍沒他的家產時，僅田地就有三十萬畝，〔註59〕明朝內閣大學士徐階有田四十二萬畝，「官僚大族們由於受到特權的庇護，他們更多的是關心家族利益，忙於占奪土地人口和權力之爭，而不以國事爲重，成爲一個無比貪婪和腐朽的階層。」〔註60〕他們大量兼併土地，而且享有免稅免役特權，使得自耕農的土地減少，這一方面導致國家稅收的減少，另一方面使國家賦稅勞役轉嫁到百姓身上，百姓生活更加勞苦，君主雖多次下令禁止土地的兼併，但仍然不能遏制。朱元璋痛恨官吏貪贓枉法，認爲他們「貴戚擅權，姦邪競進，舉用親舊，結爲朋黨，中外百司貪婪無恥，由是法度日弛，紀綱不振，至於土崩一瓦解，率不可救。」〔註61〕洪武十八年（1385 年），戶部侍郎郭桓等人吞沒浙西秋糧事發，官吏數百人被處死刑，下獄的達數萬人，追贓達數百萬石，〔註62〕官僚與民奪利，危害其統治秩序，其根源在於統治階級內部的矛盾，「君臣之利異，故人臣莫忠，故臣利立而主利滅。」〔註63〕君臣之間存在利益的爭奪，臣獲得的利益多，君主的利益就少。君臣雙方通過或顯或暗的方式竭力爲自己謀利，造成君臣不能通力合作而互相提防的困境。

（二）權力的誘惑

權力，拉丁文是「Potere」原意爲「能夠」，能夠做某事的能力，轉變爲英文「Power」意思是「實力、力量」；還有一個詞與權力意思類似，拉丁文「Autorias」即法令、權威，英文是「Authority」，（國家）權力附著了暴力和權威的含義，它本身是一種能力，這種能力能夠調節人與人之間的關係，解決人與人之間的問題，使社會資源按某一標準得以分配，掌握的權力越多，獲得的資源就越多。國家權力是治理社會的權力，它本身具有公共性，但在古代社會，權力成爲私人的佔有品，被某一家族長期據有。

皇權的一統性，使最高權力集於君主一人，君主能行賞罰、生殺之權，而中央集權下所呈現的君權與相權的爭奪，使許多人淪爲權力爭鬥的犧牲品，權力能夠保障及擴大自身利益，因而居於政治權力的中心的君臣，總是

〔註59〕翦伯贊主編：《中國史綱要》（增訂本），北京：北京大學出版社，2006 年版，第 399 頁。
〔註60〕劉愛玲：《魏晉時期的門閥世族》，前沿，2004 年第 1 期。
〔註61〕《明太祖實錄·卷一二八》。
〔註62〕翦伯贊主編：《中國史綱要》（增訂本），第 495 頁。
〔註63〕《韓非子·內儲說下》。

妄想實現權力的最大化，這是權力的誘惑，也是權力的陷阱，讓人們沉溺於權力的沼澤之中。

君主要維護自身統治的長久，應深諳統治之術，法家認爲君主應虛隱，使任何人不能窺其心，也不可信於人，防止被臣子利用，「人主之患在於信人，信人則制於人。人臣之於其君，非有骨肉之親也，縛於勢而不得不事也。故爲人臣者，窺覘其君心也，無須臾之休，而人主怠傲處上，此世所以有劫君殺主也。」〔註64〕在韓非子看來，君臣關係因權勢、利益而建，臣子無時不想掙脫權勢的束縛而逞其私欲，若人主信任某人，奸臣就會利用這些人實現自己的企圖，所以人主不可信任任何人，否則會受制於他們。如唐代君主任用宦官，導致宦官之禍，他們能廢君弒君，擁立穆宗、文宗、武宗、宣宗、懿宗、僖宗、昭宗，殺順宗、憲宗、敬宗、文帝；明朝亦發生閹黨之禍。一些奸臣之所以能夠出現，就在於他們能忖度帝心而獲信於君，或因君主惡忠言喜阿諛而善於逢迎，君主反而成爲臣子掃除異己的工具。

君臣關係實際上是建立在權勢、利益的基礎上，君主以戒備之心對待臣子，但又想讓臣子竭盡其心忠誠於君，君主便用帝王術或暴力來取得臣子對自身的順服，反而造成更大的離心。臣子依附於君主，並隱蔽內心順應君意，暫時性地滿足了君主的個人意願，其結果是使君主形成盲目、獨裁的行事作風，反而不利於其統治。這樣建基的君臣關係中，臣子出其智力希望獲得君主的認同，被賜予更高的爵位和更多的權力，來爲自己謀取私人利益。君臣如此互待，談何君臣同心？君臣同心關鍵在於雙方能互信，有共同的政治理念，貞觀時期君臣共治之所以被傳爲美談，因爲唐太宗能夠推誠待下，使臣子受到尊重，以互相輔佐而非互相防範的心態對待，他們都能克制自身私欲以公心爲上，追求王道的實現。君臣共治的實現需要很多條件，其前提是皇權一統，君臣分職，法爲大信，利用制度規範權力的使用。

君臣離心是由於對權力的認識不清。在君主制下，國家權力帶有很大的私有性，權力成爲君主個人意願的執行工具，而無對權力的約束，使權力助長了君主的個人欲望，加速了統治的滅亡。而國家權力本身應是公共的，是調節社會關係、配置社會資源、處理社會問題的能力。掌權者用公共權力爲自己謀取利益，必然陷入權力的陷阱之中。權力通常總是和利益連在一起，掌權者之所以能追求自身利益的滿足，在於這種權力能帶來權威和威勢，使

〔註64〕《韓非子·備內》。

人不敢反抗，這即是權威性的權力，「權威性權力實際上是集團或制度以意志力造成的。它是由明確的命令和有意識的服從組成的。」〔註65〕這種權威建立在暴力和人們的服從的基礎上，它成爲一種致命的誘惑，使掌權者在自我滿足中欲罷不能。

綜上所述，對中國政治文化中的君臣觀的反思，能夠讓我們認識到等級制度下君臣民的生存狀態。君主居於等級次序的頂端，利用皇權的神聖性、一統性和繼承性，爲自己和其統治樹立起絕對的權威，臣民唯上命是從，也因此喪失了自己的主體性，成爲被動的潛伏體。家國同構的社會形態下保障了等級次序中尊者、長者的權威，他們成爲君主的代言，替君主治理家庭，君主試圖通過禮儀教化實現移孝作忠，這反而使個體德性的社會性一面沒有得以全面地展開，個體以家族爲本位，爲家族謀私利，造成社會公德意識的薄弱。君主爲了維持統治的需要，不斷地完善中央集權的君主制度，保障皇權的無限性，但是由於制度、觀念等方面對君主形成一定的制約，君權並沒有實現其無限性的功能。現實存在的權力爭鬥、利益衝突等，使君主既利用又破壞官僚制度，最終君主成爲政治運作的核心，官僚制度成爲君主意志的實踐工具。君主試圖用暴力方式管制整個社會，但卻引發了更嚴重的君臣、君民衝突。

我們應以史爲鑒，從中總結經驗，促進我們現代政治文化的建設，首先應改變臣民的生存狀態，恢復其應有的政治身份、地位，實現民有、民享、民治，培養公民道德，完善個體的政治身份；其次正視權力的性質，使權力發揮其應有之性——公共性，以法取代君主成爲治國權威，以此來提高政府公信力，穩定社會秩序；再者，完善公民文化的建設，實現個體之間的平等，實現個體全面而自由的發展。

〔註65〕　（英）邁克爾·曼：《社會權力的來源》（第一卷），第 10～11 頁。

第六章　君臣觀的現代轉換

　　自 1912 年封建君主制在中國被推翻到現在，已經過去了 100 多年，在這期間中國發生了翻天覆地的變化，從制度上實現了臣民社會向公民社會的轉變，實現了君主制向共和制的轉變。君主專制下的君主作爲體制的產物已經消失，民眾改變了無知且贏弱、無權且無望的生存狀態，臣民實現了向公民身份的轉變。但是兩千多年的中央集權君主制和禮儀教化，留下了大量的封建殘餘，它們以各種方式影響著我們的現代政治生活。尊卑名分、官本位、權力崇拜等臣民意識，仍殘存於人們的觀念之中，公民的權利意識還沒有成爲普遍的共識和自覺，人們還沒有成爲一「合格」的公民。公民社會的建設還有很漫長的道路要走，而要更好地完善公民社會的建設，我們應實現樹立完整的政治權利義務觀，實現專制向民主的執政方式的轉變、等級向平等的思想觀念轉變，以此來推動中國政治文化的現代化建設。

第一節　臣民與公民的區別

　　政治文化是一個社會成員對現實政治的認識、情感和價值判斷與取向而形成的系統觀念。不同的政治文化塑造不同的政治人格，並形成不同的政治文化特點。傳統政治文化是一種專制文化、順從文化，臣民服從君主的專制統治，依附君主而生，聽從君主的主宰；而現代政治文化是公民文化，它是一種參與型政治文化，人人平等的公民享有同樣的權利和義務，法律保護公民的人身自由、財產安全等，使公民成爲獨立且完整的政治人參與到政治活動中。臣民向公民的轉變，不僅是法律身份、公民心態的轉變，還需以公民道德來充實，實現名實相符，成爲合格的公民。

一、身份的轉變：依附者到獨立者

臣民、公民從社會身份上講，都是一國之居民、人民，有集體身份，也有個體身份。公民是一個法律意義上的類概念，即擁有某國國籍的人，個體公民擁有各種政治權利，如選舉權與被選舉權，並承擔相應的公民義務，如服兵役、納稅、勞動等。公民相對國家而言具有憲法保證的各種人權，而臣民相對於君主而言，它們沒有現代人所謂的政治權利，只有臣服的義務。現代社會中還有一種政體是君主立憲制，與君主專制政體有本質的不同。君主立憲制下的君主，是這一國家的精神象徵，作爲一種文化符號而存在。在這種政體下的國民擁有公民身份，並不作爲臣民而存在〔註1〕。

君主專制的社會，臣民畏懼君主的威勢和暴力統治，依附於君主，形成順從、服從的意識，在君主所指定的原則框架內，進行有條不紊的活動，君主制下的臣民作爲非獨立的個人而存在，仰他人鼻息成爲他人的附庸，單方面的盡義務。「與意味著等級和被支配地位的奴隸、附庸或者其他依附群體不同，公民在社會中享有合法而平等的成員身份。」〔註2〕臣民與公民之間是臣服與獨立、工具性與目的性存在的區別，臣民是君主的奴役對象，是爲君主盡義務的工具，而公民則是國家主人，公民以實現自身利益和發展爲目的。

在我國，公民權利包括政治自由、人身自由權利和社會、經濟、文化方面的基本權利，不因性別、民族、地域等差別而平等的享有這些權利且法律效用等同，每個公民在法律面前平等。所以，人們從沒有任何權利的狀態到一個擁有政治、經濟、文化、社會權利的個體，已經實現了臣民向公民的法律身份轉變。這種轉變不僅體現在個體的身份轉變上，也使得個體與個體之間的關係，在法律意義上由不平等向平等發生了轉變，使得人與人之間的區分只是分工的不同，而無尊卑貴賤之別。

公民成爲一個完整意義上的個體，是一個自主的存在，其人身不受束縛，可自由地選擇自己的生活方式和信仰，自由地表達政治觀點，監督國家機關及其工作人員的違法、失職行爲，擁有人格尊嚴、財產不受侵犯的權利，在

〔註1〕 現在一些國家仍保留君主制，如英國、荷蘭、瑞典、比利時、日本，國王、天皇更多地是象徵意義，沒有實際的權力，如現任日本天皇主要職責是任命，批准法律、政令及條約，召集國會，批准國務大臣任免，出席禮儀性的外事活動和國家典禮等，政事由首相及其組建的內閣負責。

〔註2〕 （美）基恩·福克斯：《公民身份》，郭忠華譯，長春：吉林出版集團有限公司，2009年版，第3頁。

年老、疾病或喪失勞動能力的情況下，有獲得國家物質幫助的權利等（實施的前提是經法定程序），我國法律以保護個體的生存權、發展權，促使個體平等而自由的全面發展。

君主制下，君主依靠他所掌握的權力主宰臣民，法律成爲君主意志的表現形式，而在公民社會，法律保護個體的生命權、人身權、財產權等，個體享有生存以及更好地生存的權利，早在上個世紀初梁啓超就認識到人類區別與禽獸在於他不僅只保存生命，而應「以保生命、保權利兩者相倚，然後責任乃完。苟不爾者，則忽喪其所以爲人之資格，而與禽獸立於同等之地位。」〔註3〕個體因這些權利成爲一個完整的獨立的人，他不再是別人的工具，而成爲一個爲我的目的性存在。個體能夠參與到政治活動中，爲自己謀求更多的合法權益，擁有完整的政治人格，平等地享受權利和履行義務。

二、完整的政治人──權利、義務的統一

在我國古代社會中，個體只有對君主、國家盡無條件的服從的義務，他沒有權利觀念，不具備完整的政治身份。而在公民社會中，人們擁有權利、義務，並不是只有權利無義務，或是有義務無權利，以權利保障義務的履行，以義務促進權利的正常使用，人們擁有了完整的政治身份，成爲一個完整的政治人。

在古代個體的身份是在與他者（家庭、家族、國家）的關係中樹立，他們的存在意義即是爲了完成對家庭、家族、國家的義務，而很少意識到自己是一個自爲的存在。統治者也教導人們應摒棄私欲遵循天理，成爲順民、順子，並以暴力爲支撐要求臣民的絕對服從，這就使得無論是士大夫還是普通百姓都無法形成政治責任感、使命感。士大夫如果不遇明主，就算有很強的弘道意識，也會因在道與勢的對立中尋求不到保護自己的安全屏障，不敢犯言直諫。百姓畏於君主權勢，也只關注自己的一畝三分田，國家限制他們議論朝政，也因學識有限、消息不通、交通不便等因素，人們並不關心政事，只要沒有戰亂、災害，人們便自認爲生在盛世，毫無政治訴求，而一旦遇到戰亂、災害，朝廷應急不到位，他們所積蓄的怨憤被挑撥，就會形成覆舟的力量。如此往復，臣民沒有在改朝換代的過程中爲自己爭取政治權利，改變的只是人們所承擔的義務的輕重程度。

〔註 3〕 梁啓超：《新民說》，第 43 頁。

所以，我們看到，沒有政治權利的依託，臣民無法保護自身的安全和利益，也無法很好地完成所要承擔的義務。在現代社會，公民擁有各項政治權利，他們成爲社會的一份子，關心國家的安危、政治的穩定，能夠爲了國家的發展而努力，如此形成一個良性循環，只有很好地保障了公民的各項權利和保護了個體合法權益的國家、政府，才能使個體自願地完成他所承擔的各項義務，人們才會更信賴她，更加自覺地維護她。

臣民向公民的轉變，無疑是一種思想觀念的革命，帶來人們身份和觀念的全新轉變。身份由僕變主，權利由無到有，清除君主權威代之以法治權威，人們能行使對官員的監督，能表達自己的意見等，改變了不平等、不自由的精神狀態。但兩千多年的臣民文化沉積於人的潛意識中，如尊卑觀念、官本位等，使得臣民向公民的轉變困難重重，因而要通過民主法治建設和教育等多途徑來促進這種轉變，通過法治建設和教育，讓國民知曉和利用自身的權利，樹立法治權威，讓國民運用法律保障和追求合法權益；通過民主建設和教育，擴大政治參與的廣度和深度，讓國民參與到政治活動中，使百姓享受到做公民的益處。

三、公民道德的培養

臣民向公民的轉變，不僅僅是身份的轉變，還在於公民心態和公民德性方面的轉變，以更符合公民身份。公民與臣民的德性依據不同的社會標準而定，而進入現代社會，應培養這個時代的公民德性。

道德是維護社會公共秩序的需要而設定的行爲規範，公民道德區別於臣民道德，它建立在自由、平等和公民權利至上的觀念的基礎上，「公民道德是調節身份彼此平等的社會成員之間的倫理關係和行爲的準則，也是構成公民德行不可缺少的行爲準則。」〔註4〕公民道德不僅包括個體自身的德性，同時也體現在公民與國家、他人等社會關係中的行爲準則。

公民道德之一，即是要履行法定義務。公民要履行對國家的法定義務，如維護國家安全和民族團結，遵守憲法和法律，維護祖國安全、榮譽和利益等，也要履行法律賦予個體的義務，如服兵役、納稅、勞動和教育等義務。公民身份是權利和義務的統一，法律既保護個體的合法權利，也規定個體應

〔註4〕秦樹理：《公民道德導論》，鄭州：鄭州大學出版社，2008年版，第1頁。

平等地履行公民義務，若無權利，則只是盡奴僕之義務，若無義務，則個體將無所拘束，而社會也將混亂無章。法律所賦予的權利和義務對所有人都適用，因爲法律是爲了公共利益的實現，使公民之間能夠和諧相處，所以公民履行法定義務，是爲了更好地維持社會秩序，以保障自身權利的實現。這也體現了公民德性之二：愛國。「故權利義務兩思想，實愛國心所由生也。」〔註5〕公民自覺地維護國家利益，也是爲了保障自身能夠生存在一個安全的環境中。在公民社會，愛國的另一個表現，即是積極參與政府政策的制定，使國家健康運行，「公民如果要展示對於其祖國的熱愛，他就必須應用其政治判斷能力，以確保其國傢具有健全的憲制結構和政府決策。」〔註6〕個體的政治判斷能力不同，但他將自己的意見表達給集體，使政策的制定能照顧到更多人的利益，爲集體意見的形成提供一個參照，屬於最基本的政治參與，「發揮判斷力的整體目的在於促進決策制定的程序。這是整個公民德性中的一部分，也是行動的本質要素。」〔註7〕參與政治決策的目的是爲了使公共權力能更好地爲民眾服務，是履行公民權利的表現。

公民道德之三：誠信。在市場經濟條件下，經營者以不正當手段獲得非法利益，造成嚴重的社會問題，在拜金主義的助長下，引發社會評價體系的紊亂，這是法制不健全、公民道德缺失的結果，法律的作用在於保障個體間的平等，法制不健全則無法實現這一功能，使得一些投機取巧者獨佔社會資源，引發社會的不公。「歧視、權力濫用、財富和資源分配的極大不平等，所有這些都將侵蝕平等，破壞公平的氛圍，使公民身份的美德變成冷漠與異化。」〔註8〕商品經濟使公民之間的聯繫更爲緊密，人們之間的互動建立在對基本原則的認同和履行上，自私自利的競爭追求利益的最大化，無視社會公德，使公民之間的互惠原則被打破，使法制規範成爲空文，因而公民社會的建設，應提倡依法經商，以誠立商，使個體經營合法化，如此才能維持整個行業的良性競爭，使全體社會成員能夠安心放心地衣食住行，實現社會的和諧。

公民道德之四：友愛互助。傳統儒家文化以仁爲核心，提倡人與人之間和諧相處，現代社會所發展出來的社會保障制度，旨在提倡友愛互助，保障

〔註5〕 梁啓超：《新民説》，第146頁。

〔註6〕 （英）德里克・希特：《何謂公民身份》，郭忠華譯，長春：吉林出版集團有限責任公司，2007年版，第62頁。

〔註7〕 （英）德里克・希特：《何謂公民身份》，第63頁。

〔註8〕 （英）德里克・希特：《何謂公民身份》，第86頁。

每位公民都能體會到社會對他們的關心，這種關心是以對個體生命的尊重爲基礎的，彰顯了人道精神。

公民道德有很多內容，涉及個體德性的自尊自愛自信，涉及個體與他人的平等互助，涉及個體對國家的責任義務的履行，及對自然環境的保護等，它的提倡能夠使個體成爲一個獨立的、理性的存在，因而公民道德的建設能爲推進公民社會的發展提供軟動力。

傳統文化也有消極的一面，如，人們習慣於容忍謙讓，但是此種美德並不全是所謂的寬容大度，部分原因是因禮制的馴服而壓抑自我，雖避免了衝突，但使人的意見不能得到合理地表達。而且謙讓容忍有時是對舊規則的默認，反而縱容了一些人的枉法行爲，使得是非不分，黑白不明，成爲所謂的老好人。服從舊有權威，不尊重知識的創造，墨守成規，拘泥於己見，這都不利於民主氛圍的培養和社會的發展。因而培養公民道德，應對傳統道德審慎地對待，符合平等公正、人道等現代理念的應予以發揚。

臣民向公民的轉變，並不因爲法律上身份的轉變就成了一位合格的公民，公民是建立在具體行爲的基礎之上，不是口頭上、政策裏的公民，而是實踐活動中的公民。公民要有積極主動的參政意識、法治意識等，要依靠法律維護自身的合法利益，成爲行動中的公民。這種轉變不是一蹴而就就能實現的，需要社會制度、社會文化的建設，爲其營造民主而平等自由的社會氛圍。公民意識和德行的培養，應打破舊有權威和舊的社會評價體系，培養社會信心，尊重個體智力成果，以促進公民全面而自由的發展爲目的，通過法律制度的建設保障公民權利的實施，通過教育來培養公民意識，通過文化來宣傳公民道德的重要性，促進公民社會的建設。

我國君主制存在兩千多年，留下了濃厚的臣民文化，他們之所以順服於君主，就在於君主是掌權者，人們對君主的畏懼，其實是對權力的畏懼。而要實現公民身份，則應爲公民身份的實現營造民主的氛圍，使公民能夠發揮其政治權利，審視權力、權威，樹立正確的權力觀，完善公民的政治人格。

第二節　專制與民主

專制與民主是否是截然相反？又是從哪方面來界定它們是完全對立的？我們首先從權力的使用和政策的形成，以及權力的歸屬上，來探討二者的區別。

　　在君主專制下，權力擁有者總要爲自己的行爲所造成的後果考慮，無論是在有神論、無神論的社會，他都會受到各種限制，所以完全意義的專制是不存在的；而且由於國家權力要用於進行社會的治理，所以權力並非完全是爲了滿足君主的私欲；在君主制下，對社會事務的處理也需要君主和「智囊團」共議、商討，通過最高權威者發佈處理意見，在這裡僅是體現了君主的至上權威。民主則是通過參政者的共同參與，以多數人的意見爲決策的依據，以某權力機構的名義發表，體現了此機構的權威。所以從這裡我們看到古代社會雖沒有現代民主的參政議政形式，但多少體現了民主的成分，從這裡看將古代社會界定爲絕對的專制並不恰當。

　　民主是現代社會的一種政治理念，也是一種社會管理方式。其理念即是人民做主、集體決策，個體可以表達意願、決定行爲，在我國是人民當家作主，人民是一個集合概念，那麼民主必然是人民的集體決策；民主是一種管理方式，科恩認爲「民主是一種社會管理體制，而該體制中社會成員大體上能直接或間接地參與或可以參與影響全體成員的決策。」〔註9〕民主是民有、民享、民治的結合。

　　在這裡，我們看到了專制與民主的最核心的區別，即是權力的歸屬的區別。古代社會君主獨掌權力，使得權力具有私有性，而民主社會權力歸屬於人民，使權力體現了公共性。權力歸屬的區別導致了權力的運作和權力使用性的區別，所以本書從此意義上使用專制的概念，在此意義上將古代社會界定爲專制社會、臣民社會。

　　專製造就了等級臣民社會，而民主則與平等的公民社會相聯繫。阿爾蒙德把屈從或只是被動地不屈從政府機構法令和規章的人們定義爲「臣民」，把準備對掌握政府決策的人施加影響的人們定義爲「參與者」，即「公民」。民主是要人民能表達自己的意願，將自己的意願貢獻到公共政策的制定中。有學者認爲公民文化有兩個特點：一是理性，即公民有足夠的政治認知能力、政治信息和參與能力來進行政治參與；另一個特點是積極，即公民主動、積極地參與政治事務，在動機上具有政治責任，或認爲政治與個人關係密切，利害枚關。〔註10〕理性和積極這兩個特點都要求人民具有民主意識，如主體

〔註9〕　（美）科恩：《論民主》，聶崇信、朱秀賢譯，北京：商務印書館，2004年版，第10頁。

〔註10〕張華青：《論政治現代化與公民文化》，復旦學報，2003年第1期。

意識、監督意識、參與意識等。民主是一系列行爲，並不僅僅是結果，體現在民眾對社會問題的思考，如投票，在投票之前，「他們提出可供選擇的行動方案、抨擊或維護別人的提案，調查或彙報有關社會公義的問題，或者以各種方法影響其他社會成員的意見」，〔註11〕這就使得民主的實施需要很多的成本來擴大民主的廣度和深度，公民社會的建設，不僅要培養民主意識，也要讓民眾參與到政治決策中。

一、轉變政府職能：權力觀

君主制下，君主以統治者的心態、身份自居於萬民之上，用暴力來控制臣民防止其危害自身統治，因而其權力被更多地運用來管制、控制社會。而在公民社會，作爲使用公共權力的政府機關，則應轉變這種管制的執政心態，因爲人民是權力的擁有者，政府是民眾根據意願選舉出來的，政府機關及其接受公民委託管理社會事務的工作人員都要受到公民的監督。政府的權力既然來自人民，它就要爲民服務，以保障公民的權利，提高公民的福祉。因而臣民社會向公民社會的轉變要實現權力觀的轉變，使政府明確其職能。

（一）權力的公共性（公共權力）

公共權力有不同的含義，公共權力首先是國家權力，是「社會權力集中化的代表」〔註12〕，體現爲國家權力機構與公民個體的關係。隨著民主制度的深化，公民社會的發展，公共權力本身也逐漸出現了分化，表現在社會權力與政府權力的關係上，政府權力成爲公共權力的一部分，政府的存在目的是爲了履行爲公共服務的目的，「所謂公共權力，是指在公共管理的過程中，由政府官員及相關部門掌握並行使的，用以處理公共事務、維護公共秩序、增進公共利益的權力。」〔註13〕政府權力具有的強制力，在民主發展不完善之時，它會以行政命令的方式過多地、直接地干預社會行爲和社會生活，而當人們的民主意識提高后，社會會表現出自治的要求，此時公共權力是社會自治權，它要求政府應以服務者而不是主人的身份凌駕於公民社會之上，體現了政府──市場──公民社會的關係模式。突出表現在全球化與市場經濟背景下，政府以理性經濟人、「守夜人」的身份參與社會發展的過程中。公共

〔註11〕（美）科恩：《論民主》，第 22 頁。
〔註12〕周光輝：《論公共權力的強制力》，吉林大學社會科學學報，1995 年 5 期。
〔註13〕邱小玲：《論公共權力視閾下的官德建設》，道德與文明，2010 年第 4 期。

權力有國家權力、政府權力、社會自治權力三種，本書所用公共權力從政府權力的公共性上使用。

任何制度下權力都有管理公共事務的職能，因為這是政治統治得以存在的根基，恩格斯說：「政治統治到處都是以執行某種社會職能為基礎，而且政治統治只有在它執行了它的這種社會職能時才能持續下去。」〔註14〕公共事務的處理權是一種公共權力，但這裡要注意與專制下的權力的區分，後者處理社會公共事務的目的是為了鞏固其統治，是為了個人目的，是個人意志的彰顯，因而是私有性的。權力的公共性或公共權力區別於權力的私人性，首先從其來源和屬性看，權力來源自公民，人民委託權力機構管理社會公共事務；從其目的來看，公共權力是為了處理公共事務，維護社會公共秩序，合理利用公共資源，增進公共利益；從其運行程序來看，應符合公平公正的原則，並依照法定程序制定公共政策，接受公眾的監督。權力不是個體謀取私利、奴役他人的工具，不是藉以打擊報復的工具，權力並不歸個體所有，是共同體的權力，將「公共」的涵義突出。

公共權力（政府權力）有維護國家穩定的職能，因而從其產生之日起，「強制力量就成為公共權力不可或缺的構成要素，它在維護既定的政治關係與社會秩序過程中起著不可替代的作用。」〔註15〕強迫另一方服從統治者的意志，這種強制力保障國家發揮其保衛國家安全、捍衛國家利益，打擊違法犯罪行為，營造安全的社會環境的作用，這種強制力維繫國家主權、領土完整，人民不受侵害的作用。這種強制力是必要的，是一個國家之所以存在的前提。漢娜・阿倫特認為「政治的任務就是要努力為行動的破壞性設定一個邊界。國家、法律以及制度的作用就在於此。」〔註16〕公共權力是為了國家安全、社會穩定而實施其強制力，這種強制力是國家意志的體現，不是個體意志的體現，而當個體把握公共權力為少數人謀取私利時，屬於公共權力強制力的濫用，是不合法的行為。

專製表現為公共權力的私人化，它往往與「獨裁」、「殘暴」、「專橫」相關聯，指權力擁有者對被統治者進行不人道統治的形式或制度。專政類似於

〔註14〕馬克思、恩格斯：《馬克思恩格斯選集》（第三卷），北京：人民出版社，1995年版，第523頁。

〔註15〕周光輝：《論公共權力的強制力》，吉林大學社會科學學報，1995年5期。

〔註16〕俞可平：《西方政治學名著提要》，南昌：江西人民出版社，2000年版，第357頁。

專制，但專政更強調了權力的運作方式，如鎮壓叛亂者等，是一個中性詞，歷史上存在兩種專政形式，一種是少數人專政，如封建君主制，另一種是多數人對少數人的專政，如社會主義國家的無產階級專政、人民民主專政。專政在特定的時期是必要的存在，它可以用來處理階級矛盾、敵我矛盾，但很容易蛻變爲極權體制。從專政與專制的關聯上看，區分專制與民主的標準，即是權力的使用是否有利於大多數，且是否受到法律規定的監督。

公共權力不僅包括專政的強制力（控制力），還包括管理能力（服務性），公共權力的強制力是爲了保障公共利益和社會秩序的穩定，是營造公民社會的屏障。政府還需發揮其政治、經濟、文化、社會等管理職能，保護公民社會的安全、有序、合理、完善。

（二）管制與服務

公共權力帶有強制力、權威性、制約性等特點，能夠以命令、禁止等形式強制某行爲的執行，但權力本身還具有引導、指導的作用，引導社會以公平正義的原則發展，調節社會成員之間的關係。管制和服務都是公共權力的屬性，在新形勢下，政府應該轉變職能，將重點放在如何爲民服務上。

現代國家服務型的管理模式中，並不是不需要管制，對於危害社會公共利益的人、事、物應發揮國家權力的強制力。管制是爲了服務而管制，不是爲了管制而管制，管制的目的是爲了公共安全、公共秩序、公共利益。單純的管制性管理，會漠視公共權力的公共性，使權力私人化。所以，服務性管理模式是爲了「保證社會公平，保護廣大群眾不受少數不法分子侵害，促進社會發展；後者（管制性管理模式）卻主要是約束廣大社會群眾行爲，使其不致危及到統治階級的統治秩序。」〔註 17〕服務型管理模式依據一套體現公民意志而定的法律法規處事，而管制型有時會拋開法律爲所欲爲，前者範圍固定，內容明確，能夠承擔後果責任，並有一套糾錯、補救和後果追訴機制，後者則混淆不清，且後者沒有這些機制，民眾無法申訴、控告。在封建社會，君主對臣民的統治模式及其思維，即是以管制爲目的，突出君與民、官與民的對立，而現代政府則應區別於古代，將其主要職能放在如何發展社會公共事業，增進人民福利和提高人民生活水平上，發揮其服務職能，使民成爲權力的受益者。

〔註 17〕劉熙瑞：《服務型政府——經濟全球化背景下中國政府改革的目標選擇》，中國行政管理，2002 年第 7 期。

在政治轉型過程中，政府應起到引導作用，健全法制體系，爲社會各行各業的健康發展提供保障，政府不再是大包大攬的管理，而應放手讓市場調節和社會自治，實現社會資源的自由流動。服務型政府是有限政府，體現在其行政權力的有限性；也是責任政府，政府以對人民負責任的態度對待公共事業、公共利益，並監督公共政策、公共工程的實施，這樣法律成爲一種爲民服務的工具，而不僅僅作爲管制工具而存在。

今天，傳統的社會文化習慣仍在許多地方影響著政府管理觀念，會導致一言堂、人情政治等現象，因而要實現政府職能的轉變，要堅持公開透明的原則，同時也要提高行政人員的民主、法治意識，防止行政領導爲樹政績搞形象而損害人民利益，使他們能夠眞正爲民服務。

二、法治權威

權威是一種強制性力量，要求人們無條件的服從某個行爲規範，在現代，權威是否還需要？和古代的權威是否一致？在臣民等級社會，權力崇拜和官本位，這些封建殘餘思想建立的基礎即是權力的不法使用，權力成爲撈取資源的有效途徑，沒有得到有效地監督，因而要去除權力崇拜和官本位應當樹立法的權威。

權威的確立首先來自一個普遍的標準，並對所有人適用，否則這種對待只能帶來不公，這就決定了這一標準應該是客觀的、穩定的、行之有效的，權威應具有平等公正性，否則失掉了權威的特性。

（一）法治權威的建立

在古代，君主是道、天命的承擔者，君主法天而行天之所命，因而君主可以號令天下，他作爲現實的裁決者決斷社會言行、思想的正確性，他被天命所賦予的神聖性保障了這種權威的合法性。天道、天命不僅鞏固了君主的權威，也樹立了父、夫的權威，通過禮儀教化建立起了聖賢權威，天、地、君、親、師爲社會生活的方方面面樹立了絕對的權威。這五種權威有時會產生衝突，如天之權威可以凌駕於其他之上，君主權威也會無視其他權威的存在，而至聖先賢的權威有時會超越君主之威勢，這就使得這五種權威之間起著互相監督的作用，但這五種權威的存在目的是一致的，都是爲了教化臣民，使他們安於統治。現實政治生活中，起作用更多地是君主的權威，它憑藉天之所命的神聖性以及禮制教化樹立起來，這種權威本應當由仁德挺立，但現

實中更多的君主卻只側重暴力，以威懾、管制爲手段。

在中國古代文化中，神秘權威（天道、天命）和現實權威（君、父、夫），聖賢權威（孔孟等）的存在在一定時期也起到增強社會凝聚力的作用，但是權威一旦形成，以他們之是非爲是非，個體意願得不到表達。而這些權威要麼是虛幻的、要麼是主觀的，這樣的權威卻在古代成爲恒定的存在，使權威成爲一種暴力，成爲奴役人的工具。在民主制下，法律成爲現實的仲裁權威，它實現了人與人之間的平等，人們平等地享有權利、履行義務，法律提供給我們一個客觀、理性的標準，起到維護和實現公平正義的目的。通過對古代權威的審視，我們可以讓人們重新認識權威的來源和目的，提升個體的民主意識，推動公民社會、公民文化的建設。

權威之所以有效，在於它能使社會成員遵從其規範，古代「正君以正臣民」的思維模式，正是建立在君主權威的認識上。他們之所以遵從君主權威，在於他是權力的主體。他佔有的權力使人懾服，因而臣民社會中「服從」是一美德，「服從意味著承認權威具有超越於人的權力和智慧……權威絕不會使個體具有懷疑和批評的權力。」〔註18〕君主統治下所樹立的權威內化於人心中，使個體因取悅或害怕權威而心甘情願地臣服。

那麼，在公民社會，權力是否還是權威的來源？其性質是否和古代權威一樣？不可否認權力保障了權威，我國最高權力機關有權制定最高法即憲法，但是法律同時還規定了最高權力機構的權力來源於全體人民，不是天命，也不是最高元首。權力是法律的後臺，法律卻必須要對權力施加制約，「一切有權力的人都容易濫用權力，這是萬古不易的一條經驗。有權力的人們使用權力一值遇到有界限的地方才休止。」〔註19〕要防止權力的濫用，需以權力制約權力，建立法治的權威。

法治權威優於個人權威能保障權力的合法運用，以法律爲最高準則，「法律是摒棄了欲望的理智」〔註20〕，免除了個人意志在行使權力時所出現的偏頗，也取消了掌權者的特權，使權威對所有人都適應，體現了法治權威的客

〔註18〕 （美）弗洛姆：《爲自己的人》，孫依依譯，北京：三聯書店，1988 年版，第143 頁。

〔註19〕 （法）孟德斯鳩：《論法的精神》，張雁深譯，北京：商務印書館，1961 年版，第 154 頁。

〔註20〕 （古希臘）亞里士多德：《政治學》，顏一、秦典華譯，北京：中國人民大學出版社，2003 年版，第 110 頁。

觀性、公正性。古代的法保障了君主的權威，使法服務於君權，成爲其意志的表達，是一種暴力權威。而公民社會的法律，建立在人人平等的觀念上，賦予並保障公民行使其監督權力的權利，使公民成爲權力的監督者，法律也體現了人們的公共意願，成爲人們維護自身合法權益的有效途徑。公民社會的法律是一種保護性權威，捍衛了個體的尊嚴。

　　法治權威的強制性保障了法律的實施，但是法制權威並不全部依賴權力的強制性而建立，還需要公民的廣泛認可和接受，法與民的關係是法保護民，爲民服務，這種權威是爲了實現公平、公正，因而人們會尊重法律、信任法律，甚至信仰法律。伯爾曼認爲法律能夠喚起人們的法律情感，即將它看作是對生活終極意義之一部分的信仰，人們相信通過法律能夠實現對公平正義的追求。〔註21〕法律的信仰則是建設法治社會的必要條件，只有對法律信任、信仰，人們才會尊重法律，法治權威才能被樹立。法治權威的建設，使全民平等地受其約束，尤其是對國家機關和公務人員，他們作爲公共權力的使用者，其不作爲或是濫用私權而沒受到應有懲處，直接影響普通民眾對法律的感知和判斷，失去對法律的信任，而法律的執行者在權勢、金錢面前低頭，使法律喪失了尊嚴。法律的尊嚴和權威要被更好地樹立，以使公民能信任法律並依法而行。

（二）官本位意識的消解

　　「官本位」即是以權爲本位，以自身利益爲目的，無視甚至損害國家和公共利益，而將職位高低看作個人價值的評價標準。古代社會官員作爲權力的使用者，依靠權力建立自己的威勢，佔有和支配社會資源。他們將做官變爲攫取社會資源的便捷途徑，誘發社會形成對權力的崇拜，在社會形成向官的熱潮，官本位是「以政治權力爲中心，對政治權力的嚮往、追求以至崇拜的社會心理和社會文化」〔註22〕古代爲官途徑很多，如科舉、蔭襲、捐納等，將入仕作爲提高自身的社會地位、獲取利益的不二法門，因而一些官員爲了獲取更高的權勢，養成小人人格、鄉愿人格，他們媚上欺下或是借助人脈關係爲自己的仕途搭橋鋪路，官官相護或使自己成爲某勢力、集團的保護傘，

〔註21〕　（美）伯爾曼：《法律與宗教》，梁治平譯，北京：三聯書店，1991 年版，第
　　　　　48～49 頁。
〔註22〕　覃道明、徐龍福、劉小鈞：《官本位的成因及其消除對策》，中國井岡山幹部
　　　　　學院學報，2010 年第 11 期。

形成利益集團，腐蝕社會的統治。因而樹立法治權威，應該明確權力的性質，加強對權力使用者的監管。

官本位的產生原因，一方面是對權力的崇拜，另一方面也根源於權力使用者對自身身份和官民關係的誤解。為官者是社會管理者，從事行使國家權力的特殊職業，他們能夠利用手中權力調配社會資源。但他們在使用權力的過程中會經常忘記權力的公共性，忘掉自己的權力來自公民的賦予，並將官民關係看作是主僕關係，他們則高高在上。這突出反映了傳統政治文化的遺毒，繼承了古代官員的特權意識，在普通百姓面前擁有強烈的優越感，使得他們追求極度的虛榮。因而有人認為官本位是由於官貴民輕的社會群體心理造成的官職崇拜，「在官與民二者的關係中，官本位主張突出官權，泯滅民權；以官為主，以民為僕；官按其價值觀念來評價、決定和操縱民的行為，而民只有服從的權利。」〔註 23〕為官者無視百姓的意願，利用權力的強制性塑造自身的威勢，以實現自身的私利，容易造成社會仇官、崇官的矛盾現象。

造成官本位的第三個原因在於官德的缺失。在古代，為官者掌握司法、行政等權力，成為君主在底層社會的代言，他們是行為合理與否的評判者，百姓只有依靠官為自己主持「公道」。但是不自律的官員不顧法律，維護與其有親、有故、權勢者等人的利益，背棄公正廉潔的官德，造成權力的濫用。在現代社會也同樣，為官者違背職業道德、社會公德，使百姓利益受損，或是在權、錢面前彎腰低頭，造成社會不公平、不公正的現象。人們不相信法律的權威，只得各自跑關係、找門路，維護自身的利益，更加激化了社會的矛盾。

造成官本位的第四個原因是官僚體制的不合理，為官者陞官情節太重，而上級領導對為官者的評價能直接或間接影響其評定，這樣所塑造出來的官員，附庸上級，使上下級之間仍保留「主僕」隸屬關係，上級領導的家長製作風，阻礙了民主法治的建設。

所以，我們今天建設公民社會，應樹立法治權威，用法來約束權力的使用，監督權力使用者，並規範公共權力的行使範圍和界限，提高幹部思想素質，規範官職設置、權力運行程序以規範領導幹部的職務行為，健全考覈激勵機制以加強對幹部工作的有效管理，健全對權力運作的多方位、橫縱向的監督體系，落實領導幹部問責制，完善幹部隊伍的能進能出機制等，逐步消

〔註 23〕池如龍：《官本位產生和發展的歷史根源》，社會科學，1999 年第 2 期。

解官本位現象和心理。〔註24〕以此建立一批高素質的公務員隊伍。

法治權威的建立，官本位意識的消解，權力之間的相互制衡監督，使社會成員認清公共權力的性質，是提高政府工作效率和效能的有效途徑。法治權威的建設，使社會成員實現了在法律面前的人人平等，它能夠維持基本的公平公正，提升社會公眾對權力使用的認同。因而法治權威的對立並不是消除權力的權威，而是為了更好地使用權力。為政者應擺正心態，遵守法律法規，更好地提升自身的執政水平，轉變成服務型思維模式。

（三）政府公信力的提高

官本位的消解，能打破為官者的權威，並規範權力的使用和政策制定、實施的程序，促進政府公信力的提升。對於個體而言，誠信是個人的道德素質，是與人之間互守承諾、負責任的品行。而政府公信力，是百姓對政府機構的滿意度和信任度，是政府機關行為所積累的客觀效果，也是對政府履行其職責的客觀評價結果。

古代得民心者得天下，民心即是百姓的信任之心，「夫信者，人君之大寶也。國保於民，民保於信；非信無以使民，非民無以守國。……上不信下，下不信上，上下離心，以至於敗。」〔註25〕信任首先來自百姓相信這個政權能夠給自己帶來益處，其次，信任之心標誌著社會公平公正的實現。百姓對政府的信任則是現代國家政權合法性的一個表徵，提高政府公信力，能夠獲取社會成員更廣泛的認可和支持。

政府公信力的樹立和提升，會使人們自願地配合政府各項政策的展開，既節約執政成本，又能使群眾滿意，是雙贏的局面，「公眾對政府的信任有利於建立兩者之間的互動合作機制，能夠增進政府抵禦風險、化解矛盾的能力，是促進經濟發展和社會繁榮的社會資本。」〔註26〕因而規範權力的使用，能夠提升公信力，若單純地依靠權力的強制力只能激化社會矛盾。

政府公信力的下降，首先在於權力的濫用，沒有嚴格按照法律規範和程序辦事，使社會成員失去了對政府和法的信任。其次在政策的制定上，不顧社會公益，打著執法的名義，進行擾民的活動，或是干涉民眾的正常生活，

〔註24〕覃道明、徐龍福、劉小鈞：《官本位的成因及其消除對策》，中國井岡山幹部學院學報，2010 年第 11 期。

〔註25〕《資治通鑒・卷二》。

〔註26〕張旭霞：《試論政府公信力的提升途徑》，南京社會科學，2002 年第 7 期。

侵害他們的合法權益，盲目出臺政策或搞形象工程以爲自己的政績添光加彩，而不根據當地的實際情況合理爲之，片面的追求經濟利益，忽視民眾的根本需求。漠視民意、侵犯民權、侵奪民利的行爲，引發民眾與當地政府的矛盾衝突。再次，機關的一些工作人員，其官德缺失，如貪污腐敗，利用職權之便進行暗箱操作，謀取個人私利，破壞政府形象，致使民眾喪失了對政府的信任。而行政領導對政策擁有解釋權，這就加劇了以權謀私，爲權力尋租的機率，造成社會資源分配的不公。

政府是爲了民眾利益而服務的權力機構，因而提高公信力，政府必須依法行政，做到有法可依，有法必依。制定政策要始終以民爲本，維護民眾利益，經過科學的論證和預見性的決策，並讓民眾參與到政策的制定過程中，如以聽證的方式，擴大其參政行爲；在政策執行過程中，保障公民行使表達權、建議權、監督權等，建立信息公開機制，建立透明政府；實施問責制，事前明確責任，事中監督責任，事後追蹤責任，提高政府機關及其工作人員的責任意識、法律意識、爲民服務意識。

第三節　等級與平等

法治權威的建設，保障了公民權利使用的平等，然而臣民社會所遺留下來的等級心理，使得公民權利不能得以很好的實施，要實現眞正的平等，應發展標榜平等、自由的公民文化，要打破這些不自由的限制，使公民在思想上自由，實現人的全面的發展。

臣民文化以服從爲特徵，公民文化以平等自由爲特徵。臣民社會向公民社會的轉變，不僅是制度的轉變，也是思想文化的轉變。在臣民社會裏個體被安置在不同的等級次序中，自上而下的尊卑社會，突出了君主的獨尊，臣民依附於他人，養成順從、服從的德性。公民社會是一個權利社會，人們平等地享受平等的權利，履行法定的義務，擁有獨立完善的人格，法律保障每個人的人身自由、財產安全等，使個體實現了解放。

在臣民社會中，等級思想無處不在，因爲它是一個禮制社會，禮規範了人與人之間的等級次序及倫理道德，在社會中存在君臣民三個縱向等級，家庭中父子、夫婦、兄弟之間也有尊卑名分之別。這些等級次序的建立能夠維持社會的有序──「惟齊非齊」，但是這種「非齊」本身是不公平、不公正的，

壓抑在下位者的自我需求、意願，束縛個體自由。「尊卑是個名分而以權利不平等爲其內容，而所謂平等的也不外權利的平等。所以所爭實在權利。權利的有無，若自大家彼此間比對著看，便有平等不平等的問題，若自一個個人本身看，便有自由不自由的問題」〔註27〕因而尊卑等級實際上是與平等自由相對，平等自由的實現是建立在權利的基礎上。

公民社會中，應去除傳統的等級觀念，需完善法律面前人人平等的法律待遇、規範人的權利義務觀，使每個人都受法律保護又受它制約，實現人的身份平等。

一、公平公正

法治權威的建立離不開平等的觀念，因人人平等，法治權威才能被全體成員承認，人們才會尊重、信任、信仰法，運用法來實現社會的公平公正。法治權威的實現反過來會保護人們的合法權益，引導人們不斷地進行社會的改革，去除社會不平等的現象，進一步推動人與人之間的平等的實現。

（一）來自禮法規定的不平等

古代等級制度的存在，使得在上位者享有特權，只要不觸及「十惡」之罪，依八議、上請製度、官當、減贖等制度〔註28〕，他們獲罪都可以減輕刑罰處罰，造成了臣民在司法待遇上的不等的境遇。禮制本身即是尊尊親親的等級秩序，與儒家化了的法律相結合，強化了社會不平等的現象。

這種法律面前不平等的現象在古代社會普遍存在，如公元 5 世紀，法蘭克福王國《撒利法典》，規定同罪不同罰，若殺死一個國王親信，罰款六百索利達，殺死一個自由法蘭克人罰款二百索利達，殺死一個普通羅馬人罰款一百索利達，殺死一個奴隸賠償主人三十索利達。〔註29〕古代刑律中的個體因其身份的不同適用不同的刑罰，而古代民眾所期望的公平公正並不一定是同

〔註27〕梁漱溟：《梁漱溟學術論著自選集》，北京：北京師範學院出版社，1992 年版，第 20 頁。

〔註28〕八議：議親、故、賢、能、功、貴、勤、賓；

上請：八議者之近親屬及五品以上官員，若犯法不從司法程序，直接上請皇帝裁決；

官當、減贖：官吏犯法，用其官職折抵減輕刑罰。

〔註29〕轉引自何勤華：《中國古代等級法觀念的淵源及其流變──兼評西方法的等級觀和平等觀》，法學，1992 年第 9 期。

罪同罰、不偏不失，而是對犯罪者施以刑律所規定的處罰，在不平等基礎上尋求一定的公正，可是這種「公正」的刑罰也很困難，權錢交易使得司法公正被俘獲，因而人們盼望清官的出現。

在古代社會，民眾由於不理解國家權力的來源等問題，形成清官崇拜的心理，認為官員就是民之父母，只有官員才能主持公正，所以將自身託付在他人手上，偶一出現的清官主持了法律的公正，人們便對他感恩戴德。然而在現代社會，我們應認識到公平正義的實現，是通過法而非掌權者來保障的，人們訴諸公平公正的法來尋求客觀裁決，保護自身合法的利益。

等級往往與特權相聯繫，因為位於等級制度上層的人，佔有優先享用資源的機會，致使「富者田連阡陌，貧者無立錐之地。」這些即得利益者還享受減免賦稅徭役的特權，加劇了社會的不公程度，因而在現代社會要打破這種身份上的不平等，爭取機會的平等，在機會平等的基礎上，考慮差別原則，使富人與貧者、健全人與殘疾人在社會資源的使用和利益分配中都應受到公平合理的對待。

（二）新的不公

由於歷史發展的因素，中國現代社會也出現了一些新的不平等，如戶籍制度造成的城鄉區別，影響個體的升學、就業等；區域經濟發展不平等，造成城鄉、地域的差異，引發貧富差距等，人無形中被劃分為不同的類別，誘發新的機會不平等，增加了社會不公現象，「在傳統等級觀念殘餘作用下人們會把一些現代的東西加以異化，使其成為等級觀念殘餘的新的依賴物，而新依賴物的存在又強化了等級觀念的殘餘，這是一個惡性循環。」〔註30〕如同古代勞心者、勞力者的劃分，勞力者治於人，勞力者處於弱勢，是古代尊卑思想的延伸。梁漱溟認為像西方那樣通是「治人者」、「治於人者」，「自無所謂尊卑上下而平等一般了。」〔註31〕古代治人與治於人、勞心者與勞力者是官民的政治身份劃分，在現代變為精英與大眾的劃分，使得尊卑等級觀念依附於知識、能力等繼續存在。

這種尊卑不等是由於機會不等、資源分配不公等導致的，個體因家庭背景、個人能力、際遇等的差異導致了資源佔有的不平等現象，又以家族傳繼

〔註30〕 程同順、楊文彬：《傳統等級觀念與當代中國政治發展》，雲南行政學院學報，2002 年第 3 期。

〔註31〕 梁漱溟：《梁漱溟學術論著自選集》，第 20 頁。

的方式得以延續，而社會評價體系將物質生活的水平看成地位高低的評價標準，拜金、官本位等封建思想再次被追捧，加劇了社會矛盾。而要消解這種思想，不僅應健全社會評價標準，引入眞、善、美，樹立正確的價值觀，還應提高「勞力者」的待遇，給予法律的保障，使人平等而有尊嚴得活著。民主法治社會所倡導的公正，即使得「一切相等的情況必須平等對待；一切在這方面不相等的情況必須不平等對待；比較不平等的對待必須和比較不相等的情況保持對應關係。」〔註 32〕主張相應的平等，但不是以等級爲依據，也不是以平均爲原則，而是兼顧了公共利益和個人利益，實現個體之間均衡得分配。平等不是平均，而是在尊重個體勞動成果的基礎上，國家以繳稅、社會保障等方式縮小這種不平等的現象，緩解新形勢下的社會矛盾。同時還應樹立法的權威，使權錢在法的權威面前低頭，提高公民法治意識，爲平等意識的更好發展營造良好的社會氛圍。

二、平等與尊嚴、自由

古代社會存在君尊臣卑、官貴民賤、夫尊婦卑等觀念，它們經過理論的提升附加於天地之道、人性理論之上，使得尊卑觀念具有超越時間和空間的無限性，成爲不平等的發源地。陳獨秀認爲宗法制度有四大惡果「一曰損壞個人獨立自尊之人格；一曰窒礙個人意識之自由；一曰剝奪個人法律上平等之權利；一曰養成依賴性戕賊個人之生產力。」〔註 33〕這種尊卑等級制度不僅導致身份地位的不等，也內化爲人格的不等，造成了人的尊嚴和自由的受損，而平等爲尊嚴和自由的實現提供了條件。

（一）平等與尊嚴

尊嚴是個體對自身價值的認可，建立在人的自我意識和自我實現的基礎上。個體的尊嚴來自自尊、尊他與他尊，包括個體在其社會關係中維護自身的人格尊嚴等不受侵犯，和個體對他人的尊重、認可。古代士可殺不可辱，君子不食嗟來之食，以及氣節、貞節等，都是對尊嚴的維護。尊嚴不因個體的身份地位而有大小程度之別，它是個體作爲一個生命存在所具有的，「人的

〔註 32〕（英）A.J.米爾恩：《人權哲學》，北京：東方出版社，1991 年版，第 87～88 頁。

〔註 33〕任建樹等編：《陳獨秀著作選》（第一卷），上海：上海人民出版社，1992 年版，第 167 頁。

尊嚴既非由國家，也不是由法律制度所創造並授予的，它所依賴的是人自身的主體性，所以，尊嚴是每個人應當享有的權利，而且優先於國家法律所規定的所有權利。法治國家並不能爲人提供尊嚴，但可保障人的尊嚴。」〔註34〕國家法律所賦予個體的權利和自由保障了個體的尊嚴。

人的尊嚴是個體對自我的尊重，建立在人的主體性上，人以自己爲目的，是自爲的，可以自由地選擇。這種自由首先是一種人身自由，人身不受他人奴役，不是他人的工具，也不奴役他人，並尊重他人的權利，因而尊嚴使平等的自由個體間實現了共生。其次，人的尊嚴是人的自由選擇，是對個體理性判斷的尊重，「尊重個人的原則意味著個人應對自己行爲所造成的後果負責。」〔註35〕個體需要他人對自己的尊重，這種尊重的獲得是建立在自身權利不能干涉他人的權利的基礎上，如言論自由是基於自身的價值觀等內在需求而做出的選擇，但是若涉嫌誹謗他人，造成他人名譽權的損失，這種自由就不會獲得他人的尊重。因而人人平等爲個體自主、負責地選擇提供了一個限度，這種限度基於尊重他人。這樣就能保障每個人都能平等地受到他人的尊重，實現人與人之間的平等，同時也表現了個體對自我的尊重，實現個體的自由。

因人的人身自由和選擇自由，個體的意願就能夠得到合理的表達，成爲對自我的肯定，人能獲得一種存在感、實現感。通過尊嚴實現人作爲人的崇高性，體現生命的可貴性，「個人作爲人的價值靠社會成員之間的相互尊重和博愛來保障。」〔註36〕「生命具有某種內在的、基於對作爲個人的人格的尊重這個基礎之上的價值。」〔註37〕它需要的是一個人與人平等相處的社會文化。

傳統的禮制在其最初設定上雖然建立在等級次序上，但其出發點是爲了社會秩序的穩定，而教化的實行是使個體「成人」，禮制所內涵的價值是對人性的完善，但在後期發展中，禮制逐漸僵化，教條式的規範忽視個體的自我需求，以壓抑人的感性欲望爲目的，將個體束縛在禮制之內，甚至以理殺人，而以尊欺卑，以長欺幼，荀子言「少事長，賤事貴，不肖事賢，是天下之通義也。」

〔註34〕（德）喬治・恩德勒等編：《經濟倫理學大辭典》王淼洋等譯，上海：上海人民出版社，第 2001 年版，第 324 頁。

〔註35〕（英）彼得・斯坦、約翰・香德：《西方社會的法律價值》，王獻平譯，北京：中國法制出版社，2004 年版，172 頁。

〔註36〕（英）彼得・斯坦、約翰・香德：《西方社會的法律價值》，第 162 頁。

〔註37〕（英）彼得・斯坦、約翰・香德：《西方社會的法律價值》，第 243 頁。

〔註38〕「尊長既在，子孫無所自專」〔註39〕，無視卑者、幼者作爲個體的自尊，出現餓死事小失節事大的現象，倡導舍生取義，而此「義」是基於禮制，是爲了維護犧牲者的親屬等關係者的名譽。

　　韓德強認爲中國存在著「秩序性尊嚴」，「是指人基於特定的社會秩序或規則以及特定的人身屬性或倫理禁忌而具有的一種不可冒犯、不可褻瀆、不可侵越的社會地位、群體權威或生活狀態。」〔註40〕這種秩序性尊嚴建立在社會等級制度的基礎上，成爲有限制的、一部分的尊嚴，這就將尊嚴看作是特定身份地位者的特權，違背了尊嚴的普適性原則。君主「居辰極之至尊」，他通過律法保障自身的獨尊地位，如「大不敬」之罪，「謂盜大祀神御之物、乘輿服御物；盜及僞造御寶；合和御藥，誤不如本方及封題誤；若造御膳，誤犯食禁；御幸舟船，誤不牢固；指斥乘輿，情理切害及對捍制使，而無人臣之禮。」〔註41〕包括盜用或僭越禮制使用屬於皇帝及皇室的專屬物品，或所造之物威及皇帝及皇室人身安全，及對抗皇帝的欽命大臣等，都是觸犯皇帝尊嚴，對君主的不恭敬，被納入「十惡」之中。

　　君主用權勢強制臣民尊敬自身，臣民所敬畏的不是君主個體而是武裝個體的權勢，君主的尊嚴是建立在不尊重他人的基礎上，不是完整意義上的尊嚴，沒有尊他的內容。只有在自尊、他尊和尊他中，個體尊嚴才是完整的。在君主制下所設想的理想君臣相處之道即是師友關係，兩者因踐履「道」而成爲平等的個體，中國「士」代表的「道」，「自始即是懸在空中的。以道自任的知識分子只有盡量守住個人的人格尊嚴才能抗禮王侯。」〔註42〕現代社會的平等爲尊嚴提供了更有利的條件。公民社會保障個體之間的平等，保障個人人格尊嚴不受侵犯，即是要求個體之間互相尊重，即維持自尊，又尊重他人，並獲得他尊。

　　有學者認爲中國古代並不缺乏平等，只是實現方式和現代不同，如黃義英認爲「中國傳統家庭倫理並不拒斥人人平等的價值觀，只不過中國傳統家庭倫理中的人人平等，在內容上主要不是表現爲在法律（禮）面前的人人平等，而是在自然面前的人人平等；在實現方式上主要不是表現爲共時態的即

〔註38〕《荀子・仲尼》。
〔註39〕《唐律疏議・戶婚》。
〔註40〕韓德強：《論人的尊嚴》，北京：法律出版社，2009 年版，第 198 頁。
〔註41〕《唐律疏議・十惡》。
〔註42〕余英時：《士與中國文化》，上海：上海人民出版社，2003 年版，第 91 頁。

時實現的平等；而是歷時態的延時實現的平等。共時態的即時實現的平等必須遵循民主原則；而歷時態的延時實現的平等所遵循的是補償原則。」〔註43〕這就導致了「多年媳婦熬成婆」，「一朝權在手便把令來行」，將以前所遭受的不平等變本加厲的施加給後來者，使不平等無限期地延長，個體爲了家庭內部的和諧，忍氣吞聲，壓抑自我，是在個體尊嚴受損的條件下延續這種所謂的「平等」，美其名曰是爲大局考慮。尊嚴不是討價還價的交換，不是此時有彼時無，「不管每個人的個性如何，身心有無缺陷，也不管其對社會『道義』的價值有多大，他們每個人都擁有尊嚴。無論是尚未出生的胎兒；還是已經過世的死者，他們的尊嚴均應受到尊重和保護。」〔註44〕尊嚴是時時刻刻都存在的，是個體的自我確認。尊嚴是現代公民文化的立足點，『『人的尊嚴』成爲法律制度的指導思想和出發點。」〔註45〕法律以尊嚴爲指導思想來保障個體的人格及財產、名譽權、姓名權等不受侵犯。1993 年世界人權大會通過的《維也納宣言和行動綱領》在序言中指出：「承認並肯定一切人權都源於人與生俱來的尊嚴和價值」。

人人都擁有尊嚴，且不受他人侵犯，同時個體也要尊重他人，實現尊嚴的普適性，平等爲尊嚴的實現鋪平了道路，尊嚴提高了人的平等觀念，公民社會制度的建設應遵循平等、自由的理念，實現人更有尊嚴地活著。

（二）平等與自由

強權和等級的存在限制了個體的自由，在臣民社會中，個體沒有獨立性，他被束縛在倫理關係之中，因而臣民向公民的轉變，要實現個體的獨立。個體的獨立並不是指脫離父子、兄弟關係，而是指個體的自立，成爲一個完整、自由而理性的存在。因爲公民文化承認公民擁有能夠進行自我選擇並爲這種選擇負責任的自由和能力，這就要求公民也要在思想上自由和獨立，學會獨立而理性的思考。個體的自立首先建立在自由的基礎上，「自由僅僅是：一個人能夠做他應該做的事情，而不被強迫去做他不應該做的事情。」〔註46〕這種自由的實現則是建立在平等的基礎上，自由要尊重他人，不能以自己的自

〔註43〕黃義英：《等級、本分與補償：中國傳統家庭倫理設計的結構和功能探析》，孔子研究，2009 年第 4 期。

〔註44〕（德）喬治‧恩德勒等編：《經濟倫理學大辭典》，第 324 頁。

〔註45〕胡玉洪：《「人的尊嚴」思想的法律意蘊》，江蘇行政學院學報，2005 年第 4 期。

〔註46〕孟德斯鳩：《論法的精神》，第 154 頁。

由干涉別人的權利，以不妨礙他人的自由爲前提，否則會造成新的不平等現象。自由維持平等個體之間的關係，平等保障了公民自由的實現。所以這種自由不是絕對的自由，自由本身是建立在理性的思考之上，絕對的自由是對社會標準、權威的消解，人人以自己爲中心，以自我爲判斷標準，會導致社會秩序的混亂。

現代法律以維護人的尊嚴爲基本指導思想，它是爲了實現人與人之間平等相處，因而個體可以享受法律所賦予的自由權，同時要遵守法律的規定，在法律所賦予的自由內自由地選擇。而這要求法律能夠處理好個體和他人、制度的關係問題實現個體的最大自由，這是古今法的精神的區別所在，古代的法是爲了維護統治的穩定，需要個體的順從、臣服，而現代的法是爲了保障個體的權利、實現個體的平等自由，它雖然限制了個體的自由，但卻是爲了調節社會關係，使他人也能同等地享有各項權利和自由，實際上也是保護了個體自由的實現。

古代社會臣民沒有政治權利，也不享有政治自由、思想自由。官員進入仕途是盡忠君的義務，而不是實施自己的政治權利。因而他們只需要對君主負責，而非是爲百姓服務，百姓也無權對他們監督或控告。而民的政治地位更加低下，君主以其權威控制百姓的言論自由，庶民不得議政，這就使得萬民與政治絕緣。不僅如此，在君主眼中百姓不應也不會具有自主性，只要順服於上，天下就可大治。「天子之所是，皆是之；天子之所非，皆非之……天子唯能壹同天下之義，是以天下治也。」〔註47〕墨子認爲個體順從在上位者，社會混亂就能遏制。古代政治文化始終將百姓看作無意識、無政治身份的存在，墨子所謂的「兼君」也是建立在高揚個體權威的基礎上，通過對社會大義的提倡，實現天下的一體化。這種一體化的實現，建立在臣民的思想一致的基礎上，這種治國方式過於理想而無法實現。而現實的統治者往往以暴力、強制的方式灌輸名分禮教，實施思想上的專制，實現思想的一統，且統治者爲維護自身統治採用「堵」而非「通」的方式，限制民眾意見地表達，限制他們參與政治活動，使統治者成爲眞正的孤家寡人。臣民沒有政治權利的保障，只能順從於上，使君主養成專斷的作風。

中國古代政治統治存續兩千多年，皇權也在不斷調試和尋找解決君臣、君民衝突的途徑，如古代君主爲了皇權穩固，也會允許下民上書言事、直言

〔註47〕《墨子・尚同上》。

朝政得失，實現了一定的政治自由和思想自由，只是這種自由是有限度的、有條件的。臣民社會向公民社會的轉變是制度的改變，也是思想的改變，個體享有的政治權利保障了個體能夠參與政治活動表達自己的思想，思想的自由是對政治權利的實踐。

　　總之，君臣觀的現代轉變體現在臣民身份、君臣執政方式、社會思想的轉變。首先，個體從臣民到公民的身份轉變，建立在公民對自身權利的覺識和個體人格的完善上，應培養公民道德以更好地踐行政治權利和政治自由。其次，要實現執政方式由專制向民主的轉變。明確權力的公共性和政府的職能，讓民意識到自己是權力的真正主人，讓他們參與到政治生活中，監督權力機關及其工作人員更好地為民服務，使各項政策地制定能以提高人民生活水平為目的。樹立法治權威，打破明主聖賢的權威形象，使百姓不再依靠明主、清官來主持公正，而是通過法律維護自身合法權益。再次，新時期人們的關係不在圇於家族之內，社會公德的提倡顯得尤為重要，要實現社會思想觀念的轉變，使人與人之間互相尊重的出發點不是基於禮制的要求，而是出於對個體生命的尊重，在自尊、他尊和尊他中，使公民都能有尊嚴地活著，而法律所賦予的平等權，保障了公民的人身自由、政治自由和思想自由。

　　通過對臣民身份、專制方式、等級現象的考察，分析它們和公民、民主、平等自由的區別，以及對此三者在現代社會中所產生的消極現象、觀念，進行徹底地清理，能夠使我們更好地推進我國民主化進程和公民文化的建設。

結　語

　　君臣觀是中國古代政治文化的核心部分，對它的反思有利於我們正視古代的君臣關係，探討古代權力的性質，認識古代君臣的政治使命、政治心態、政治倫理等，也有利於我們將君臣民之間的關係完整地呈現，以更深入準確地評價古代的君主專制政體。

　　通過對君臣觀的考察，我們認識到古人對天的信仰支撐了整個君臣觀的理論基礎。我國古代的君臣關係有政治性、尊卑性、道德性等特徵，正是因爲天在傳統政治文化中的作用才塑造了這些性質。

　　首先，天是君主及其統治合法性的依據，君主是天命和神授之權的擁有者，而天也擇選聖人輔佐君主治理百姓，這裡天賦予了君臣以政治性的關係，使他們享有管轄社會的權力，同時也賦予了他們政治使命——安民止亂。其次，天決定了君臣之間的尊卑關係。傳統政治文化中的天賦予君主以獨尊的地位，君主做爲天之子而存在，他是天下的所有者，享有最崇高、最尊貴的身份、地位，而臣民則只能匍匐在他的腳下。君臣要踐行天地尊卑之道，這使得君臣之間的尊卑關係帶有時間和空間上的恒定性。再次，君臣關係的倫理性來自對天道的體認和踐履。君臣是五倫之一，君臣關係和諧社會秩序才會更穩定。而良好的君臣關係需君臣雙方各盡本職，完善德性。君主應體天道仁愛百姓，禮待臣子，臣子作爲弘道者應忠君愛民，君臣如此才能使家國社稷穩定，神人相安。

　　天決定了君臣關係的性質，同時也奠定了君臣的治國理念、政治理想、政治倫理。我國古代政治文化中有德治、法治、無爲等治國思想，這些都源自對天道精神的體會。天道體現了仁德有爲、公正無私、無爲不居功等精神，

因而君主在現實政治中採用這些治國思想，任用禮德、法刑來理國，設官分職行無爲之政，以維護其統治。

天賦予君臣以政治使命。君臣要完成安民止亂的任務，並將天道的仁德播及內外，實現社會秩序和天下秩序的穩定，這裡體現了中國傳統政治文化中「天下觀」的概念，君主以天下之主自覺，以實現天下秩序的穩定爲目的，而士大夫作爲弘揚天道的使臣，則應以天下爲念，以社會大義行社會大利。

天也決定了君臣的政治倫理。君主應體天而行，仁愛百姓，勤於政事以保守天命，同時親近天所遴選的賢能之士，這既是君道也是君德，君主只有踐君道、行君德，才能實現國泰民安。而臣子則應忠於天命的獲得者，輔助其完成天之所命，因而他要忠君愛民，以道來協調君民關係，並清正廉潔、直道而行，踐行仁智勇三德。

君臣觀中對天的彰顯，使得君臣關係擁有了超越性，君、臣要踐行天之所命，弘揚天道精神，以君臣道合、君臣共治的形式完成這一政治理想，實現對自我的超越。君臣要實現這一超越性，需因循天道治理天下萬民，實現天下大治。

傳統政治文化實際上也賦予了民以神聖性，他們作爲一個集體，成爲天心、天意的代言，使天民相通。然而這一神聖的關聯卻被統治者「絕地天通」而隔斷，統治者獲得了祭祀天地的特權，而民淪落爲低賤的存在。傳統政治文化試圖將民心、民意設定爲判定統治者政治得失的標準，但統治者卻自動地忽略這一標準，古代的思想家也無視百姓的政治身份，將其視作無知無識、後知後覺者，是勞力者、小人。民成爲一個隱性的存在，成爲政治文化的點綴，與政治無緣。在這些政治觀念下，我們可以看到他們在君主制度、等級制度下的生存狀態，在君主看來，他們是出粟米、做器皿者、載舟者，都是工具性的存在，在官員這些父母官看來，百姓是一群有待教化的人，他的職責即是利用君主授予的權力牧民、管制百姓，使他們安於統治，順服於上。這樣就使百姓無法認識到自身是權力主體，形成了崇尚權威、崇拜清官等意識，他們尋求百官庇護自身的安全，祈求他們爲自己做主。這樣的政治觀念塑造了君臣恃權淩民、爲民做主的習慣，養成了他們的專斷、暴力的行事作風和統治思維。

傳統士大夫試圖讓君主意識到百姓的重要性，倡導以民爲本的治國思想，以道來調和君民關係，但是君主視天下之人的性命如草芥，無視百姓的

生死，使得士大夫弘道使命的完成困難重重。沒有權力所依恃的諫諍只害得自身身首異處，使得政治使命的超越性無法落實到現實政治中。

綜上所述，我們看到傳統政治文化中的君臣觀，不僅僅包括君臣二人，它實際上涉及天君臣民四者，而我國現代政治文化體制中，天的信仰消失，臣民轉變爲公民，四者都發生了改變，使得古、今政治文化形成專制與民主、等級與平等的對立。那麼傳統政治文化能否與現代政治文化銜接，如何實現這一轉變？通過君臣觀的研究，我們試圖來回答這一問題。

在現代，對天的信仰的消解，使人們正視國家權力的性質和統治合法性的問題。國家權力不再是一私物，天下也非一姓之產，國家權力來源於人民，而作爲國家權力的使用者——各級政府機構，要以公共利益爲念，使公共權力發揮其公共性的作用。同時天所塑造的天地君親師的至上權威也被質疑和拋棄，人們開始反思如何約束權力，是否需要權威，需要什麼樣的權威。我們看到在共和制下，法的作用得到凸顯，它實際上代替了天成爲現代政治文化的基石。法由體現全民意識的權力機構制定，法規範了國家權力的性質和使用目的，各級政府工作人員的職權、責任，和各種社會關係，並保護個體的自由、尊嚴，實現人與人之間的平等相處。從天和法的特性上我們看到了古今政治文化的某些相通性，因爲它們解決了權力、國家體制、階級關係等問題，也代表了人們對公平正義的追求，因而可以實現傳統政治文化向現代的轉變。但並不是要重新建立對天的信仰，而是說要實現對法的尊重、信任、信仰，將統治的合法性建立在法、民主的機制上，塑造法治的權威。而此法的制定理念旨在實現公平正義，而非強權暴力的意志體現，這樣它才能替代天成爲一個客觀的仲裁者。

古代統治者和思想家對民的神聖身份的忽視，導致了傳統政治文化的不健全發展，而我國現代政治文化的建設，即是要凸顯民的政治身份，實現臣民向公民的轉變。公民是一完整的政治人，享有法律所賦予的一切政治權利，並要履行相應的法定義務。現代社會將傳統政治文化所賦予的民的神聖性全部展現出來，使民發揮他所享有的政治權利，監督國家權力的使用，所以在這裡實現了臣民身份向公民身份的轉變，而要成爲一個合格的公民，還需個體完善其社會公德，通過自尊、他尊和尊他等方式來實現人與人之間的互敬互愛。現代政治文化還保障了個體的平等、自由，使公民成爲一獨立自主的個體，使其自身價值的實現及其實現方式呈現出多元化，保障了個體自由而

全面的發展，爲實現公民文化的發展提供了條件。

通過對天、君、臣、民的考察，我們認識到傳統政治文化的特點，其中有積極因素，如兼濟天下，也有消極因素，如官本位，這些消極因素一直影響到現代，因而正視我國現代政治文化中的問題，分析其產生的原因、根源，並給予徹底的解決，才能推動我國政治文化更好地發展。

參考文獻

一、與貞觀君臣相關著作類

1. 魏徵等編纂：群書治要（叢書集成本），上海：商務印書館，1936 年版。
2. 司馬光：資治通鑒，北京：中華書局，1956 年版。
3. 令狐德棻：周書，北京：中華書局，1971 年版。
4. 姚思廉：陳書，北京：中華書局，1972 年版。
5. 姚思廉：梁書，北京：中華書局，1973 年版。
6. 魏徵等：隋書，北京：中華書局，1973 年版。
7. 李延壽：北史，北京：中華書局，1974 年版。
8. 李延壽：南史，北京：中華書局，1975 年版。
9. 房玄齡：晉書，北京：中華書局，1974 年版。
10. 李百藥：北齊書，北京：中華書局，1997 年版。
11. 虞世南：北堂書鈔，北京：中國書店出版社，1989 年版。
12. 虞世南撰，陳虎譯注：帝王略論，北京：中華書局，2008 年版。
13. 吳兢：貞觀政要，上海：上海古籍出版社，1978 年版。
14. 吳兢撰，謝保成集校：貞觀政要集校，北京：中華書局，2003 年版。
15. 李世民撰，吳雲、冀宇編輯：唐太宗集，西安：陝西人民出版社，1986年版。
16. 長孫無忌撰，劉俊文箋解：唐律疏議箋解，北京：中華書局，1996 年版。
17. 溫大雅撰，李季平、李錫厚點校，大唐創業起居注，上海：上海古籍出版社，1983 年版。
18. 劉昫：舊唐書，北京：中華書局，1975 年版。

19. 歐陽修、宋祁：新唐書，北京：中華書局，1975 年版。

20. 王雲五主編：魏鄭公諫錄、魏鄭公諫續錄、梁公九諫（叢書集成本）：上海：商務印書館，1939 年版。

21. 王雲五主編：忠經、臣軌、政訓、官箴（叢書集成本）：上海：商務印書館，1936 年版。

22. 范祖禹：唐鑒，北京：中華書局，2008 年版。

23. 范祖禹：帝學，呼和浩特：遠方出版社，1998 年版。

24. 董浩等編：全唐文，北京：中華書局，1983 年版。

25. 董誥等編：唐文拾遺，北京：中華書局，1983 年版。

26. 劉肅撰，許德楠、李鼎霞點校：大唐新語，北京：中華書局，1984 年版。

27. 杜佑撰、王文錦等點校：通典，中華書局，1988 年。

28. 王溥：唐會要，上海：上海古籍出版社，1991 年版。

29. 李林甫等撰，陳仲夫點校：唐六典，北京：中華書局，1992 年版。

30. 王定保撰，姜漢椿校注：唐摭言，上海：上海社會科學院出版社，2003 年版。

31. 宋敏求編：唐大詔令集，上海：學林出版社，1992 年版。

32. 鄭樵：通志，北京：中華書局，1987 年版。

33. 上海古籍出版社編：唐五代筆記小說大觀，上海：上海古籍出版社，2000 年版。

34. 董淮、楊士奇編：歷代名臣奏議，上海古籍出版社，1989 年版。

二、其他古籍類

1. 孫星衍：尚書今古文注疏，北京：中華書局，1986 年版。

2. 徐元浩撰，王樹民、沈長雲點校：國語集解，北京：中華書局，2002 年版。

3. 吳則虞：晏子春秋集釋，北京：中華書局，1962 年版。

4. 王斯睿：慎子校正，上海：商務印書館，1935 年版。

5. 黎翔鳳撰，梁運華整理：管子校注，北京：中華書局，2004 年版。

6. 李學勤主編：春秋左傳正義，北京：北京大學出版社，2000 年版。

7. 李學勤主編：孝經注疏，北京大學出版社，1999 年版。

8. 楊伯峻：論語譯注，北京：中華書局，1980 年版。

9. 楊伯峻：孟子譯注，北京：中華書局，2005 年版。

10. 陳鼓應：老子注譯集評介：北京：中華書局，1984 年版。

11. 陳鼓應：莊子今注今譯，北京：中華書局，1983 年版。

12. 吳毓江撰，孫啓治點校：墨子校注，北京：中華書局，2006 年版。

13. 高亨：商君書注譯，北京：中華書局，1974 年版。

14. 王先慎：韓非子集解，北京：中華書局，1998 年版。

15. 劉向：戰國策，上海：上海古籍出版社 2008 年版。

16. 王先謙：荀子集解，北京：中華書局，1988 年版。

17. 孫希旦：禮記集解，北京：中華書局，1989 年版。

18. 王肅：孔子家語，上海：上海古籍出版社，1990 年版。

19. 許維遹：呂氏春秋集釋，北京：中華書局，2009 年版。

20. 何寧：淮南子集釋，北京：中華書局，1998 年版。

21. 蘇輿撰：春秋繁露義證，北京：中華書局，1992 年版。

22. 賈誼、閻振益校注：新書校注，北京：中華書局，2007 年版。

23. 王利器：新語校注，北京：中華書局，1986 年版。

24. 劉向撰，向宗魯校證：說苑校證，北京：中華書局，1987 年版。

25. 陳立撰，王文錦點校：白虎通疏證，北京：中華書局，1994 年版。

26. 蔡邕：獨斷，北京：中華書局，1985 年版。

27. 王充：論衡，上海：上海古籍出版社，1990 年版。

28. 王肅：孔子家語，上海：上海古籍出版社，1990 年版。

29. 趙蕤：長短經，呼和浩特：內蒙古人民出版社，1997 年版。

30. 徐堅：初學記，北京：中華書局，1962 年版。

31. 韓愈：韓昌黎文集校注，馬其昶校注，上海：上海古籍出版社，1986 年版。

32. 歐陽修：歐陽文忠公集，四部叢刊本。

33. 王欽若：太平御覽，北京：中華書局，1994 年版。

34. 李昉：冊府元龜，北京：中華書局，1969 年版。

35. 姚鉉輯：唐文粹，上海：上海古籍出版社，1994 年版。

36. 程顥、程頤：二程集，北京：中華書局，1981 年版。

37. 朱熹：朱子語類，北京：中華書局，1986 年版。

38. 朱熹：四書章句集注，北京：中華書局，1983 年版。

39. 朱熹、呂祖謙：近思錄，上海：上海古籍出版社，1990 年版。

40. 陳亮撰，鄧廣銘點校：陳亮集，北京：中華書局，1987 年版。

41. 陳亮輯：蘇門六君子文粹，臺北：臺灣商務印書館，1986 年版。

42. 眞德秀：西山先生眞文忠公文集，上海：商務印書館，1935 年版。

43. 洪邁：容齋隨筆，上海：上海古籍出版社，1978 年版。

44. 馬端臨：文獻通考，北京：中華書局，1986 年出版。

45. 張居正：帝鑒，呼和浩特：遠方出版社，1998 年版。

46. 呂坤：呻吟語，上海：上海古籍出版社，2000 年版。

47. 李贄：焚書，北京：中華書局，1975 年版。

48. 顧炎武撰，黃汝成釋：日知錄集釋，上海：上海古籍出版社，1985 年版。

49. 黃宗羲：明夷待訪錄，北京：中華書局，1981 年版。

50. 王夫之：讀通鑒論，北京：中華書局，1975 年版。

51. 趙翼，王樹民校證：廿二史札記，北京：中華書局，1984 年版。

52. 趙翼：陔餘叢考，北京：商務印書館，1957 年版。

53. 唐甄：潛書注，成都：四川人民出版社，1984 年版。

54. 中央研究院：明實錄（太祖實錄），上海：上海古籍出版社，1983 年版。

55. 葉子奇：草木子，北京：中華書局，1959 年版。

56. 陳宏謀：五種遺規，上海：中華書局，1936 年版。

57. 廖燕：二十七松堂文集（卷一），屠友祥校注，上海：上海遠東出版社，1999 年版。

三、中國近現代著作類

1. 梁啓超：新民說，瀋陽：遼寧人民出版社，1994 年版。

2. 任建樹等編：陳獨秀著作選（第一卷），上海：上海人民出版社，1992 年版。

3. 陳寅恪：隋唐政治制度淵源略論稿，北京：三聯書店，2004 年版。

4. 賀麟：文化與人生，北京：商務出版社，1996 年版。

5. 劉海濱編：熊十力論學術箚，上海：上海書店出版社，2009 年版。

6. 錢穆：國史大綱，北京：商務印書館，1996 年版。

7. 錢穆：中國歷代政治得失，北京：三聯書店，2001 年版。

8. 錢穆：國史新論，北京：三聯書店，2001 年版。

9. 牟宗三：政道與治道，臺北：學生書局，1983 年版。

10. 牟宗三：歷史哲學，臺北：學生書局，1985 年版。

11. 梁漱溟：梁漱溟學術論著自選集，北京：北京師範學院出版社，1992 年版。

12. 張君勱：中國專制君主政制之評議，臺北：弘文館出版社，1988 年版。

13. 吳晗：皇權與紳權，天津：天津人民出版社，1988 年版。

14. 吳晗：朱元璋傳，北京：人民出版社，1985 年版。

15. 費孝通：鄉土中國，北京：三聯書店，1984 年版。

16. 費孝通主編：中華民族多元一體格局，北京：中央民族大學出版社，1999 年版。

17. 范文瀾：中國通史，北京：人民出版社，1978 年版。

18. 岑仲勉：隋唐史，石家莊：河北教育出版社，2000 年版。

19. 王壽南：隋唐史，臺北：三民書局，1986 年版。

20. 呂思勉：隋唐五代史，上海：上海古籍出版社，2005 年版。

21. 崔瑞德：劍橋中國隋唐史，北京：中國社科出版社，1990 年版。

22. 翦伯贊主編：中國史綱要（增訂本），北京：北京大學出版社，2006 年版。

23. 蕭公權：中國政治思想史，北京：新星出版社，2010 年版。

24. 王亞南：中國古代官僚政治研究，北京：中國社會科學出版社，1981 年版。

25. 吳宗國：中國古代官僚政治制度研究，北京：北京大學出版社，2004 年版。

26. 吳宗國主編：中國古代官僚政治制度研究，北京：北京大學出版社，2004 年版。

27. 吳宗國：唐代科舉制度，瀋陽：遼寧大學出版社，1992 年版。

28. 唐長孺、吳宗國等編：汪籛隋唐史論稿，北京：中國社會科學出版社，1981 年版。

29. 唐長孺：魏晉南北朝隋唐史三論，武漢：武漢大學出版社，1992 年版。

30. 薩孟武：中國政治思想史，三民書局，1980 年版。

31. 周桂鈿：中國傳統政治哲學，石家莊：河北人民出版社，2007 年版。

32. 晁福林：先秦社會形態研究，北京：北京師範人學出版社，2003 年版。

33. 余英時：士與中國文化，上海：上海人民出版社，2003 年版。

34. 余英時：朱熹的歷史世界——宋代士大夫政治文化研究，北京：三聯書店，2004 年版。

35. 高明士：中國中古政治的探索，臺灣：五南圖書出版有限公司，2006 年版。

36. 馬克垚：中西封建社會比較研究，上海：學林出版社，1997 年版。

37. 歷史研究編輯部編：唐太宗與貞觀之治論集，西安：陝西人民出版社，1982 年版。

38. 劉澤華：專制權力與中國社會，長春：吉林文史出版社，1988 年版。

39. 劉澤華：中國的王權主義，上海：上海人民出版社，2000 年版。

40. 劉澤華：中國傳統政治思想反思，北京：三聯書店，1987 年版。

41. 劉澤華：中國傳統政治思維，長春：吉林教育出版社，1991 年版。

42. 劉澤華主編：中國政治思想史，杭州：浙江人民出版社，1996 年版。

43. 劉澤華、葛荃：中國古代政治思想史，天津：南開大學出版社，2001 年版。

44. 劉澤華：先秦士人與社會，天津：天津人民出版社，2004 年版。

45. 張分田：亦主亦奴——中國古代官僚的社會人格，杭州：浙江人民出版社，2000 年版。

46. 張分田：中國帝王觀念——社會普遍意識忠的「尊君——罪君」文化範式，北京：中國人民大學出版社，2004 年版。

47. 張分田：民本思想與中國古代統治思想，天津：南開大學出版社，2009 年版。

48. 張分田：秦始皇傳，北京：人民出版社，2003 年版。

49. 徐大同、高健主編：中西傳統政治文化比較研究，天津：天津教育出版社，1997 年版。

50. 徐大同總主編：西方政治思想史（五卷本），天津：天津人民出版社，2005 年版。

51. 唐士其：西方政治思想史，北京：北京大學出版社，2002 年版。

52. 叢日云：西方政治文化傳統，大連：大連出版社，1996 年版。

53. 甘懷真：皇權、禮儀與經典詮釋：中國古代政治史研究，上海：華東師範大學出版社，2008 年版。

54. 韋慶遠：中國政治制度史，北京：中國人民出版社，2005 年版。

55. 韋慶遠、柏樺：中國官制史，上海：東方出版中心，2001 年版。

56. 葉林生、丁偉東、黃正術：中國封建官僚政治研究，南京：南京大學出版社，2008 年版。

57. 朱子彥：多維視角下的皇權政治，上海：上海人民出版社，2007 年版。

58. 徐連達、朱子彥：中國皇帝制度，廣州：廣東教育出版社，1996 年版。

59. 鄭海峰：中國古代官制研究，天津：天津人民出版社，2007 年版。

60. 賴瑞和：唐代中層文官，臺北：聯經出版事業股份有限公司，2008 年版。

61. 傅紹良：唐代諫議制度與文人，北京：中國社會科學出版社，2003 年版。

62. 李福長：唐代學士與文人政治，濟南：齊魯書社，2005 年版。

63. 周良霄：皇帝與皇權，上海：上海古籍出版社，2006 年版。

64. 吳光遠：權力與人性——中國古代皇權之爭，北京：光明日報出版社，2003 年版。

65. 卿希泰主編：中國道教史（第二卷），成都：四川人民出版社，1996 年版。

66. 張舜徽：周秦道論發微，北京：中華書局，1982 年版。

67. 王保國：兩周民本思想研究，學苑出版社，2004 年版。

68. 陳永森：告別臣民的嘗試——清末明初的公民意識與公民行爲，北京：中國人民大學出版社，2004 年版。

69. 楊建祥：中國古代官德研究，上海：上海古籍出版社，2004 年版。

70. 朱海鳳、史鴻文：治國範疇論，北京：中國政法大學出版社，1999 年版。

71. 蕭群忠：君德論——《貞觀政要》研究，蘭州：甘肅人民出版社，1995 年版。

72. 黃正建：中晚唐社會與政治研究，北京：中國社會科學出版社，2006 年版。

73. 王瑞來：宰相故事——士大夫政治下的權力場，北京：中華書局，2010 年版。

74. 王吉林：君相之間——唐代宰相與政治，北京：中國人民大學出版社，2007 年版。

75. 雷家驥：帝王的智源——貞觀政要，北京：東方出版社，2007 年版。

76. 陳志貴：貞觀之治新探——唐太宗政績興與衰，瀋陽：遼寧人民出版社，1990 年版。

77. 蔣慶：政治儒學，北京：三聯書店，2003 年版。

78. 陳明：儒學的歷史文化功能，北京：中國社會科學出版社，2005 年版。

79. 中國法律史學會編：中國文化與法治，北京：社會科學文獻出版社，2007 年版。

80. 中華書局上海編輯所編：中華文史論叢（第五輯），上海：中華書局，1962 年版。

81. 金尚理：禮宜樂和的文化理想，成都：巴蜀書社，2002 年版。

82. 張師偉：民本的極限——黃宗羲政治思想新論，北京：中國人民大學出版社，2004 年版。

83. 施治生、劉欣如主編：古代王權與專制主義，北京：中國社會科學出版社，1993 年版。

84. 白奚：先秦哲學沉思錄，北京：中國社會科學出版社，2007 年版。

85. 王子今：「忠」觀念研究——一種政治道德的文化源流與歷史演變，長春：吉林教育出版社，1999 年版。

86. 羅筠筠：法勢・權術・君道——中國古代君臣智道透析，南寧：廣西教育出版社；1995 年版。

87. 李平漚：主權在民 vs「朕即國家」，濟南：山東人民出版社，2001 年版。

88. 許紀霖主編：共和、社群與公民，南京：江蘇人民出版社，2004 年版。

89. 黃俊傑、江宜樺編：公私領域新探：東亞與西方觀點之比較，上海：華東師範大學出版社，2008 年版。

90. 秦樹理：公民道德導論，鄭州：鄭州大學出版社，2008 年版。

91. 胡如雷：李世民傳，北京：中華書局，1984 年版。

92. 趙克堯、許道勳：唐太宗傳，北京：人民出版社，1984 年版。

93. 牛致功：唐高祖傳，北京：人民出版社，1998 年版。

94. 楊生民：漢武帝傳，北京：人民出版社，2001 年版。

95. 匡亞明主編：李世民評傳，南京：南京大學出版社，2006 年版。

96. 韓德強：論人的尊嚴，北京：法律出版社，2009 年版。

97. 趙汀陽：天下體系：世界制度哲學導論，北京：中國人民大學出版社，2011 年版。

四、外國著作類

1. （古希臘）柏拉圖：理想國，北京：商務印書館，1986 年版。

2. （古希臘）亞里士多德：政治學，吳壽彭譯，北京：商務印書館，1981 年版。

3. （古希臘）亞里士多德：政治學，顏一、秦典華譯，北京：中國人民大學出版社，2003 年版。

4. （法）孟德斯鳩：論法的精神，張雁深譯，北京：商務印書館，1961 年版。

5. （意）尼科洛·馬基雅維里：君主論，潘漢典譯，北京：商務印書館，1985 年版。

6. （法）盧梭：社會契約論，何兆武譯，北京：商務印書館，2003 年版。

7. （德）黑格爾：歷史哲學，王造時譯，上海：上海書店出版社，2001 年版。

8. （德）黑格爾：法哲學原理，范揚、張企泰譯，北京：商務印書館，2009 年版。

9. （美）弗洛姆：為自己的人，孫依依譯，北京：三聯書店，1988 年版。

10. （英）詹姆士·哈林頓：大洋國，何新譯，北京：商務印書館，1981 年版。

11. （美）阿伯巴齊等著：兩種人——官僚與政客，陶元華等譯，北京：求實出版社，1990 年版。

12. （美）S.N.艾森斯塔得：帝國的政治體系，閻步克譯，貴陽：貴州人民出版社，1992 年版。

13. （美）列奧·施特勞斯、約瑟夫·克羅波西主編：政治哲學史，李天然等譯，石家莊：河北人民出版社，1993 年版。

14. （美）約翰·麥克里蘭：西方政治思想史，彭淮棟譯，海口：海南出版社，2003 年版。

15. （美）列文森：儒教中國及其現代命運，鄭大華、任菁譯，北京：中國社會科學出版社，2000 年版。

16. （英）約翰·阿克頓：自由與權力，北京：商務印書館，2001 年版。

17. （英）邁克爾·曼：社會權力的來源（第一卷），劉北成、李少軍譯，上海：上海人民出版社，2002 年版。

18. （日）福澤諭吉：文明論概略，北京：商務印書館，1982 年版。

19. （法）魁奈：中華帝國的專制制度，談敏譯，北京：商務印書館，1992 年版。

20. （日）渡邊信一郎：中國古代的王權與天下秩序——從日中比較史的視角出發，北京：中華書局，2008 年版。

21. （日）佐佐木毅、（韓）金泰昌主編：公與私的思想史（第一卷），劉文柱譯，北京：人民出版社，2009 年版。

22. （日）山本七平：《貞觀政要》的領導藝術，周君銓譯，北京：三聯書店，1990 年版。

23. （美）托馬斯·亞諾斯基：公民與文明社會，柯雄譯，瀋陽：遼寧教育出版社，2000 年版。

24. （美）基思·福克斯：公民身份，郭忠華譯，長春：吉林出版集團有限公司，2009 年版。

25. （英）德里克·希特：何謂公民身份，郭忠華譯，長春：吉林出版集團有限責任公司，2007 年版。

26. （法）愛彌爾·涂爾幹：職業倫理與公民道德，渠東、付德根譯，上海：上海人民出版社，2001 年版。

27. （美）伯爾曼：法律與宗教，梁治平譯，北京：三聯書店，1991 年版。

28. （美）科恩：論民主，聶崇信、朱秀賢譯，北京：商務印書館，2004 年版。

29. （英）彼得·斯坦、約翰·香德：西方社會的法律價值，王獻平譯，北京：中國法制出版社，2004 年版。

30. （德）卡爾·拉倫茨：德國民法通論，王曉樺等譯，北京：法律出版社，2003 年版。